인류의 역사를 뒤바꾼 **위대한 순간들** | The Great Accidents

인류의 역사를 뒤바꾼
위대한 순간들

지은이 | 황광우

초판 1쇄 인쇄일 2011년 7월 22일
초판 1쇄 발행일 2011년 7월 29일

발행인 | 한상준
기획 | 박재호, 이둘숙
편집 | 이헌건
디자인 | 김경년
마케팅 | 박신용
독자관리 | 이재희
종이 | 화인페이퍼
출력 | 경운 출력
인쇄•제본 | 영신사

발행처 | 비아북(ViaBook Publisher)
출판등록 | 제313-2007-218호(2007년 11월 2일)
주소 | 서울시 마포구 연남동 567-40 2층
전화 | 02-334-6123 팩스 | 02-334-6126 전자우편 | crm@viabook.kr

ⓒ 황광우, 2011
ISBN 978-89-93642-36-0 03100

The Great Accidents

인류의 역사를 뒤바꾼

위대한 순간들

황광우 지음

The Genesis of Humankind
Monogamy
Athenian Democracy
Roman Republic
The Transformation of Capitalism
The French Revolution
The Civil War
The Theory of Relativity
The Big Bang Theory

ViaBook
ViaBook Publisher

역사는 진보하는가?

펠로폰네소스 전쟁과 제2차 세계대전은 전혀 다른 각각의 특수한 사건이다. 그러나 역사는 이 두 사건을 모두 '전쟁'이라고 부른다. 또 어떤 역사가는 이슬람교의 등장과 로마의 콘스탄티누스 황제가 기독교를 공인한 것을 모두 '혁명'이라고 규정한다. 이와 같이 전혀 다른 사건을 하나의 카테고리로 규정하는 이유는 두 가지 특수한 사건에 공통된 일반적 성격을 드러내고자 하는 것이다. 영국이나 프랑스, 러시아, 중국 등의 혁명사를 읽을 때도 마찬가지다. 이처럼 역사를 읽는다는 것은 특수한 사건들을 매개로 하여 특수함 속에 내재한 일반적 성격에 관심을 갖는 일이다.

역사 속의 특수한 사건들을 일반화하는 이유는 그것을 통해 역사적 교훈을 끌어내기 위해서다. 이와 반대로 일반화를 거부하고 역사란 특수한 사건들의 집합일 뿐이라고 주장하는 사람은, 역사로부터 배울 것이 없다고 생각하는 것임에 틀림없다.

이 책은 인류의 탄생부터 20세기에 이르는 장구한 역사를 9개의 장면으로 구성했다. 고대부터 현대까지 인류의 역사를 뒤바꾼 대표적인 장면들 속으로 들어가서 그것의 인과관계를 파악하고, 역사적 교훈을 탐색하는 것이 이 책의 목적이다.

아시아 고대 문명도 마찬가지였지만, 그리스와 로마의 문명은 근본적으로 비역사적이었다. 헤로도토스는 역사의 아버지이긴 했지만, 역사의 자식을 낳지는 못했다. 전체적으로 고대의 저술가들은 과거나 미래에 대해 거의 관심이 없었던 것 같다. 그리스의 투키디데스[1]는 자기가 서술하는 사건 이전의 시대에는 중요한 일이 일어나지 않았고, 앞으로도 중요한 일이 일어나지 않을 것이라고 믿었다. 로마의 루크레티우스도 미래에 대한 인간의 무관심은 과거에 대한 인간의 무관심처럼 당연한 것이라고 말했다.

그들에게 '역사'란 어딘가를 향해 나아가는 것이 아니었다. 고대인들은 과거에 대한 의식도, 미래에 대한 의식도 없었다. 처음으로 역사의 과정에 하나의 목표점을 둠으로써 아주 새로운 요소를 끌어들인 것은 유대인들이었다. 그들은 역사를 하느님의 심판의 날인 종말을 향해 나아가는 것으로 해석했다. 이것이 최초의 목적론적 사관이었다.

아우구스티누스[2]는《신국론》을 통해 중세의 목적론적 사관을 정립한 인물이다. 그에 따르면, 역사는 인간의 타락에서 시작하여 하느님의 구원이라는 목적을 향해 나아가는 과정이다. 지상의 나라와 하늘나라 간

---

1 투키디데스(Thukydides 기원전 460?~400?) : 고대 그리스 아테네의 역사가. 교훈적 · 실용적 역사학의 시조라고 불린다. 저서로는《역사》가 있다.

2 아우구스티누스(A. Augustinus 354~430) : 기독교의 고대 교부 중 최고의 인물. 고대 신플라톤주의 철학과 기독교를 결합하여 중세 사상계에 결정적 영향을 줌. 저서로는《고백론》,《삼위일체론》등이 있다.

의 투쟁에서 마침내 하늘나라가 승리한다는 것이다. 서양 중세 1000년 동안은 이처럼 신의 섭리와 구속의 사건으로 역사를 파악하는 목적론적 사관이 지배했다.

르네상스는 인본주의와 이성의 우위를 부활시켰고, 그 연장선에서 계몽주의 시대의 합리주의자들은 기독교의 목적론을 현세화했다. 그들은 하느님의 구원 대신 '지상에서 인간의 완성'이라는 새로운 목표를 제시했다. 이후 19세기의 실증주의 역사가들은 번영의 시대를 대변하여 진보해가는 역사를 굳게 믿었다.

그러나 서구의 지성은 20세기에 들어서면서 낙관주의를 잃어버렸다. 그 대신 '서구의 몰락'이라는 용어가 인용부호가 필요 없을 만큼 흔한 말이 되어버렸다. "전반적으로 100년 전에 비해 오늘날의 세상이 자유가 훨씬 적다"고 말한 버트런트 러셀 역시 시대의 비관주의를 대변한 것에 지나지 않는다.

과연 우리는 진보의 시대에 살고 있는 걸까, 아니면 몰락의 시대에 살고 있는 걸까? 이 이야기를 하려면 먼저 진보의 개념에 관한 몇 가지 오해를 씻어낼 필요가 있다.

첫째, 혼동되기 쉬운 진보와 진화의 개념을 정리해보자. 계몽주의 사상가들의 사고에는 중대한 모순이 있었다. 그들은 역사법칙이 자연법칙과 동일한 것이라고 믿었지만, 그 근거는 설명하지 못했다. 역사는 10년, 100년 단위로 변화해왔지만 자연은 변화가 없었기 때문이다. 계몽주의 사상가들의 난처한 입장을 해결해준 사람은 다윈이었다. 자연도 끊임없는 진화의 과정을 걸어왔다는 다윈의 발견은, 역사의 진보를 믿는 합리주의 사상가들의 곤혹을 일거에 해결해주었던 것이다.

그러나 사람들은 자연 진화와 역사 진보의 차이를 성찰하지 못함으로써 또 다른 오해 속에 빠져들었다. 진화의 근원인 생물학적 유전과 진보의 근원인 사회적 획득에는 서로 큰 차이가 있음을 간과한 것이다. 유럽인이 낳은 아이를 중국인 가정에 맡기면, 그 아이는 피부는 희지만 중국어를 배우게 된다. 피부색은 생물학적 유전으로 결정되는 것이지만, 언어는 인간의 두뇌활동을 통해 전해지는 사회적 획득물이기 때문이다.

또한 유전에 의한 진화는 몇 만 년, 나아가 몇 백만 년을 단위로 측정되는 것이다. 그래서 역사 이래 인간에게는 아직 이렇다 할 생물학적 변화가 일어나지 않은 것으로 알려져 있다. 그런데 사회적 획득에 따른 진보는 세대를 단위로 측정할 수 있다. 이성적 존재로서 인간의 본질은, 선대의 경험을 전수받음으로써 자신의 잠재적 능력을 발전시켜 나가는 데 있다. 현대인이라고 해서 5000년 전 조상보다 더 큰 두뇌를 가진 것도 아니고, 선천적으로 뛰어난 사고능력을 가진 것도 아니다. 하지만 현대인은 과거 여러 세대의 경험과 지식을 습득함으로써 이전 세대와 비교할 수 없을 만큼 높은 수준의 사고를 하게 된다. 이처럼 생물학에서의 획득 형질은 유전되지 않는 반면 역사에서 획득한 경험과 지식은 진보의 기초가 된다.

둘째, 진보에는 시작과 종말이 없다는 점에 대해 생각해보자. 우리는 인류의 4대 문명이 대략 4000~5000년 전에 나일 강, 황하, 유프라테스 강, 갠지스 강 유역에서 발생했다고 배웠다. 그러나 이것은 천지창조가 기원전 4004년에 이루어졌다는 주장과 마찬가지로 믿을 만한 것이 못 된다. 문명은 어느 한 시점에 개시된 것이 아니라 한없이 완만한 발전과정을 걸어왔으며, 이따금 특수한 비약이 있었을 따름이다.

문명 탄생 가설은 문명의 종말을 내포한다는 데 문제가 있다. 역사의 시작과 끝을 설정함으로써 오류에 빠져든 대표적인 사상가가 헤겔이었다. 헤겔은 자신이 몸담고 있는 프로이센의 절대주의 국가가 진보의 끝이라고 믿는 해프닝을 벌였다. 확실히 역사에 목적을 설정하고 그 목적을 완수하는 날 역사의 진보는 정지할 것이라는 사고는, 시작도 끝도 없이 무한한 진보의 도정에 있다는 사고보다 매력적으로 다가온다. 하지만 진보의 가설을 옹호한다면, 진보는 하나의 과정임을 굳게 지켜야 한다. 여행자에게 있어 나침반은 없어서는 안 될 소중한 길잡이다. 그러나 나침반이 갈 길을 제시해주는 지도는 아니다. 이와 마찬가지로, 역사는 인간이 가야 할 목표점을 미리 정해놓지 않았다. 역사는 인간이 만들어가는 것이다.

　셋째, 진보의 과정은 역전이나 탈선, 후퇴가 없는 일직선의 발전 과정이라는 상식에 대해 생각해보자. 진보는 모든 사람에게 똑같이 적용되는 것이 아니다. 예를 들어 인도의 독립은 영국에게는 문명 몰락의 한 징후로 읽혔을 것이다. 시민혁명을 통해 자유를 획득한 시민들은 역사는 진보하는 것이라고 생각했겠지만, 귀족이나 성직자 계급은 역사의 퇴보라고 보았을 것이다. 프랑스혁명 과정에서 출현한 공포정치[3]는 혁명의 탈선으로 여겨졌고, 나폴레옹 몰락 이후 등장한 왕정은 역사의 역행으로 비추어졌다. 그러나 역사는 이러한 탈선과 후퇴와 역행을 거치면서 진보해나갔다.

　한 시대를 이끈 민족이나 계급, 집단은 자신들이 영원히 역사 발전의

---

3 공포정치 : 프랑스혁명 때 자코뱅 당이 행한 과격한 보복 정치. 1793년 로베스피에르 등이 이끄는 자코뱅 당은 국민공회에서 지롱드 당을 추방하고 정권을 장악한 뒤 반대파를 탄압했다.

주도자가 되어야 한다는 열망을 갖기 쉬운데, 이는 큰 착각이다. 오히려 역사는 이와 정반대의 길을 걸어왔다. 그리스 로마 문명은 한때 인류 역사의 횃불이었지만, 그 불은 영원하지 않았다. 태양이 지지 않는 나라의 영광이 일시적인 것이었듯, 오늘날 세계를 지배하는 서양의 과학기술 문명 또한 그러한 운명을 맞을 수 있다는 점을 배제할 수 없다.

그럼에도 불구하고 역사는 진보할 것이다. 왜냐하면, 진보란 인간 능력의 계속적인 발전을 의미하기 때문이다. 진보의 역사는 인간의 완전성이나 미래의 낙원을 기약하는 것이 아니다. 진보는 기본적으로 추상적 개념이며, 그것의 구체적인 내용은 역사 속에서 살아가는 인간들이 채우는 것이다. 그 역사 속에서 인간은 당대의 문제를 해결하기 위해 연구하고 땀 흘릴 것이며, 이런 열정과 도전이 있기에 역사는 끊임없이 진보한다고 말할 수 있다. 이 책에 실은 9개의 역사적 장면 속에서 역사의 진보를 이끌어온 수많은 이들의 숨결을 느껴보기 바란다.

인류의 역사를 뒤바꾼
위대한 순간들

1장

잃어버린 고리의 발견,
천상의 루시

—— 인류의 출현

The Genesis of Humankind

우리들 가운데는 우주와 지구상의 다양한 생명체를 신이 창조했다는 믿음을 가진 이들이 적지 않다. 그러나 인류의 기원을 고찰하는 가운데서 우주도, 지구도, 생물도, 인간도 장구한 세월을 통해 진화하여 오늘에 이르렀음을 보았다. 그리고 그 과정에서 '인간이란 무엇인가?'라는 질문에 대한 몇 가지 움직일 수 없는 대답을 손에 쥐게 되었다. '인간은 도구를 만드는 동물이다.' '인간은 사회적인 동물이다.' '인간은 언어를 사용하는 동물이다.' '인간은 생각하는 동물이다.'

인류가 20세기에 이룬 가장 위대한 성취 가운데 하나는 우주의 기원을 합리적으로 설명할 수 있게 된 것이다. 빅뱅 이론의 등장 덕분이었다. 빅뱅 이론에 따르면, 태초에 우주는 극도로 작고 뜨겁게 응축되어 있던 물질이 어느 순간 대폭발하여 만들어졌으며, 그 이후 지금까지 계속 팽창하고 있다. 그렇게 우주가 태어난 것이 약 150억 년 전의 일이고, 우주 공간에 지구라는 별이 생성된 것은 약 45억 년 전이다.

그러면 우리 인간을 비롯한 다양한 생명체들은 언제부터 지구에 발붙이고 살게 되었을까? 지구에 생물이 살기 시작한 것은 지구가 탄생한 지 5억 년 뒤인 40억 년 전부터라고 한다. 원시 생명체가 생겨나기까지는 무기물에서 유기물로, 그리고 더욱 복잡한 유기물로 성장해가는 물질 진화의 과정이 있었다. 그리고 이렇게 탄생한 생물들의 진화 과정에서 현생 인류의 조상인 호모 사피엔스 사피엔스가 지구에 등장했다. 그것이 약 15만 년 전이라는 것이 정설이다.

45억 년에 이르는 지구의 역사를 1년으로 환산해보면, 지구에 생물이 처음 살기 시작한 것은 2월부터였고, 인류가 나타난 것은 12월 31일 23시 42분에 해당한다. 1년의 마지막 날 자정을 겨우 18분 앞둔 '최근'에서야 비로소 매우 복잡 미묘한 생물인 인간이 지구에 첫선을 보인 것이다. 바로 이때부터 실질적인 인류의 역사가 시작되었다. 15만 년은 분명 장구한 세월이지만 극히 짧은 시간이라고도 생각할 수 있다. 우리의 이야기도 바로 이 시점에서, 몇 가지 질문과 함께 출발한다.

'인간은 어떻게 출현할 수 있었는가?'
'도대체 인간이란 무엇인가?'

♌ 최초의 인간, 루시

지금까지의 연구 성과에 따르면, 인류의 조상이 처음 나타난 곳은 아프리카다. 지구상의 많고 많은 원숭이들 가운데서 400만 년 전 아프리카 남쪽에 살았던 '오스트랄로피테쿠스'라는 종의 원숭이가 진화하여 인간이 된 것으로 알려져 있다.

'오스트랄'은 남쪽이라는 뜻이며, '피테쿠스'는 원숭이의 학명이다. '남쪽에 사는 원숭이'라는 뜻을 가진 오스트랄로피테쿠스는 보통 원숭이들과 다른 독특한 능력을 가지고 있었다. 그것은 바로 '직립의 능력'이었다.

1974년, 도널드 요한슨Donald Johanson이라는 고고학자가 원숭이와 인간 사이의 '잃어버린 연결고리'를 찾기 위해 에티오피아로 원정을 떠났다. 그곳에서 그는 놀라우리만치 오래된 고대의 뼈들을 발굴하게 되었는데, 그 가운데 60%는 어디론가 사라져버렸기 때문에 남은 뼛조각들을 가지고 그 동물의 모습을 복원해내야 했다. 고통스러운 노력의 결과 요한슨은 이 동물의 키가 1.07미터임을 밝힐 수 있었다. 이 동물은 사람이 되기에는 너무 작았지만, 중요한 인간의 특성을 갖고 있었다. 똑바로 설 수 있었던 것이다. 발을 구부린 채 걸을 수밖에 없는 침팬지나 고릴라와는 달리 똑바로 걸을 수 있는 무릎 관절을 가지고 있었다.

인간의 기원에 관한 새로운 발견이 윤곽을 드러내던 바로 그때, 요한슨이 틀어놓은 레코드 플레이어에서는 비틀스[1]의 '다이아몬드를 가진 천상의 루시'Lucy in the sky with diamond라는 노래가 울려 퍼지고 있었다. 요한슨이 발견한 이 작은 동물은 마침 여성이었기에, 그는 이 화석에 '루시'라는 이름을 붙여주었다. 이렇게 발견된 최초의 인간 루시에게는 다시 '오스트랄로피테쿠스 아파렌시스'Australopithecus afaransis라는 학명이 매겨졌다.

이로부터 40년 가까이 지난 2011년에 "인류 조상 루시, 현생 인류처럼 걸었다"는 연구 결과가 전해졌다. 미국 애리조나 주립대학 연구진은 루시로 불리는 오스트랄로피테쿠스 아파렌시스의 뼈 화석이 발견됐던 에티오피아에서 최근 새로 발견된 뼈를 분석한 결과, 이 뼈의 주인공이 휜 발등을 갖고 있었으며, 이는 당시 인류가 현생 인류처럼 지속적으로 직립 보행을 했음을 뜻한다는 결론을 내렸다. 지난 1974년 루시의 화석이 발견된 이래 학자들은 이들이 어느 정도 직립 보행을 했을 것이라는 사실은 알고 있었지만, 정작 중요한 발뼈가 발견되지 않아 직립 보행 시간이 어느 정도 지속되었는지 알아낼 방법이 없었던 것이다.

270만 년 전, 지구 표면에 커다란 변화가 일었다. 빙하가 지구의 표피를 덮기 시작한 것이다. 빙하기의 내습으로 지구의 온도는 섭씨 11도 정

---

1 비틀스(The Beatles) : 1960년대 젊은 세대 문화의 정점을 이룬 영국의 록 그룹. 존 레논·폴 매카트니·조지 해리슨·링고 스타 등 네 사람으로 구성되었다. 대표곡으로 〈예스터데이〉, 〈헤이 주드〉 등이 있으며 1970년에 해산되었다.

도 내려간 것으로 알려졌다. 아프리카의 삼림지대는 건조한 사바나[2]지대로 변했고, 이런 환경 변화에 따라 포유류들의 서식에도 거대한 변화가 나타났다. 많은 산양들이 소멸되었고, 물소나 다른 초식동물이 등장했다.

그때까지 나무 위에서 자고, 나무 위에서 열매를 따 먹고, 맹수가 오면 나무 위에서 피신처를 구하던 오스트랄로피테쿠스도 커다란 환경 변화에 적응해야 했다. 환경에 적응하지 못하면 도태되는 자연법칙 앞에서 오스트랄로피테쿠스는 어떻게 해야 했을까?

숲이 사라진다. 숲은 원숭이들의 집이요 피신처였다. 집이 없어지고 피신처가 없어지니 어떡할까? 초원으로 기어나갈 수밖에 없다. 그런데 초원엔 보장되어 있는 먹을거리가 없다. 도리어 자신을 잡아먹으려는 맹수들이 우글거린다. 사자 · 표범 · 하이에나 · 재칼……. 아마도 수많은 원숭이들이 굶주려 죽고, 맹수들에게 잡혀 죽었을 것이다. 만약 오스트랄로피테쿠스가 이때 멸종되어버렸다면, 오늘날 인간은 존재하지 않을지도 모른다.

♌ 잃어버린 고리를 찾아서

오스트랄로피테쿠스가 현생 인류의 조상이라는 데는 많은 학자들이 동의하고 있다. 하지만 그들이 어떻게 진화하여 인간이 되었는지, 구체

2 사바나 : 열대 · 아열대 지방에서 볼 수 있는 건조한 초원. 건계와 우계와 뚜렷하며, 연 강우량은 200~1000밀리미터이다.

적인 진화의 과정에 대해서는 아직 논란의 여지가 많다.

그동안 고고인류학자들은 인류 진화의 과정을 다음과 같이 정리했다. 오스트랄로피테쿠스^{원인猿人}(유인원과 인류의 중간적 존재, 400만 년 전) → 호모 하빌리스^{Homo habilis}(손재주가 있는 사람, 250만 년 전) → 호모 에렉투스 ^{Homo erectus}(똑바로 서서 걷는 사람, 200만 년 전) → 호모 사피엔스^{Homo sapiens} (지혜로운 사람, 50만 년 전)

오스트랄로피테쿠스가 현생 인류인 호모 사피엔스로 진화하는 데 350만 년이라는 시간이 걸렸고, 그 사이에 호모 하빌리스와 호모 에렉투스라는 중간 단계의 종이 차례로 존재했다는 것이다. 그러나 2000년 대 들어 새로운 화석 유골 발굴과 연구가 진행되면서 이 정설을 위협하는 주장들이 잇따라 나오고 있다.

2007년, 과학잡지 〈네이처〉에는 2000년 케냐에서 발견된 호모 하빌리스의 위턱과 호모 에렉투스의 두개골을 분석한 결과, 이 둘이 조상과 후손의 관계가 아니라 같은 시대에 공존한 서로 다른 종이었다는 결론을 담은 논문이 실렸다. 하빌리스는 주로 채식을 한 반면, 에렉투스는 육식을 즐기면서 서로 경쟁을 피한 덕에 50만 년 가까이 공존했다는 것이다.

또 2010년에는, 남아프리카공화국 스테르크폰테인 지역의 동굴에서 발견된 원인 화석을 통해 호모 하빌리스 이전에 '호모 가우텐겐시스' ^{Homo gautengensis}라는 인류가 존재했다는 연구 결과도 발표됐다. 연구진은 이들이 직립 보행을 하고, 불을 사용했으며, 식인 풍습을 가졌던 것으로 분석했다.

이처럼 새로운 발굴과 연구를 통해 인류 진화의 과정은 더욱 정확하고 풍부하게 밝혀지겠지만, 여기서는 지금까지의 학계 정설을 바탕으로 호모 하빌리스와 호모 에렉투스에 대해 좀 더 자세히 알아보자.

호모 하빌리스는 좀 더 큰 두뇌를 가졌을 뿐, 그의 조상과 현저히 다른 모습은 아니었다. 하지만 루시와는 결정적으로 다른 한 가지 능력, 곧 '도구를 만들 줄 아는 능력'을 가지고 있었다. 오스트랄로피테쿠스의 많고 많은 후손들이 자연 환경의 변화에 적응하지 못하고 멸종했지만, 그 가운데 한 종인 호모 하빌리스만은 도구를 만들 줄 알았던 덕에 생존의 전쟁터에서 살아남을 수 있었던 것이다.

호모 하빌리스는 뿔이나 뼛조각을 가지고 땅을 파거나 땅속의 흰개미들을 잡았으며, 조심스럽게 바위를 깨뜨려 유용한 도구를 만들어냈다. 그들의 평균 신장은 1.52미터, 체중은 45킬로그램밖에 되지 않았으므로 아프리카 초원을 누비는 사자나 표범들과 겨룰 수 있는 상대는 되지 못했다. 다만, 식물 채집만으로는 주린 배를 채울 수 없어 사자나 표범이 죽여놓은 동물의 시체들을 뜯어먹었을 따름이다. 아마도 호모 하빌리스는 맹수들의 습성을 잘 파악하고 예측하는 지력을 가지고 있어서, 죽은 동물의 시체를 재빠르게 안전지대로 옮겨 올 수 있었던 듯하다.

선사 시대의 아프리카라는 거친 환경에 훌륭하게 적응한 호모 하빌리스는 이후 50만 년 동안이나 존속했다. 그 후 대략 200만 년 전에, 이들 가운데 한 종이 키도 크고 힘도 세며 더 잘생긴 인간의 한 종으로 진화하게 되었다. 우리는 이 시기의 조상을 호모 에렉투스라고 부른다.

호모 에렉투스의 목 아랫부분은 현생 인류와 거의 구별되지 않는다. 다만, 목 윗부분은 아직 원시적인 면모를 벗지 못한 상태였다. 앞머리는 납작했고, 이마는 침팬지나 고릴라와 비슷했다. 두뇌 용량은 세월과 더

불어 더욱 커져 갔지만, 성인 호모 에렉투스의 두뇌는 오늘날 네 살짜리 아이의 두뇌보다 크지 않았다. 하지만 네 살짜리 아이와 놀아본 경험이 있는 사람이라면 그 아이의 두뇌가 대단한 추리력과 창의력을 발휘한다는 것을 알 것이다.

호모 에렉투스는 육식의 맛을 아는 인종이었다. 육식을 하려면 초식과는 비교되지 않을 정도로 왕성한 활동을 해야 한다. 호모 에렉투스는 대단히 광범위한 지역을 생계의 무대로 삼아 기동력 있게 이동해야 했다. 어찌나 멀리 여행을 다녔던지, 그들의 화석은 고향 아프리카에서 수천 킬로미터나 떨어진 아시아에서도 발견된다.

1890년대, 네덜란드의 내과 의사 유진 뒤부아[3]는 군의관 자격을 얻어서 머나먼 인도네시아 수마트라 섬을 향해 떠났다. 그는 모험심이 강하고 매우 열성적인 사람이었다. 원숭이에서 인간으로 이어지는 잃어버린 고리를 찾기 위해 그는 수마트라 섬을 종횡으로 파헤쳤다.

한 달, 두 달, 석 달이 지나도 '연결 고리'의 흔적조차 나오지 않았다. 하지만 뒤부아는 원시 인류와 원숭이가 밀접한 연관이 있다는 다윈의 진화론을 확신했고, 많은 오랑우탄이 살고 있는 인도네시아 어디엔가 연결 고리가 될 화석이 있을 것이라는 가설 위에서 탐색을 계속했다.

그렇게 3년의 세월이 흘렀다. 수마트라에서 아무런 성과를 내지 못한 그는 자바 섬으로 발굴의 삽을 옮겼다. 고향의 친지들은 이런 그를 미치광이로 여길 수밖에 없었다.

마침내 뒤부아는 한 강변에서 행운을 만났다. 하지만 그가 발견한 것

---

3 뒤부아(E. Dubois, 1858~1940) : 네덜란드의 해부학자 · 인류학자. 인도네시아의 자바 섬에서 1891년에 직립 원인의 화석을 발견했다.

은 루시처럼 생물의 실체를 명백히 복원해낼 수 있는 화석이 아니었다. 뒤부아가 솔로 강변의 침전층에서 발견한 것은 대퇴골 하나와 발뼈 한 개가 고작이었다. 그러나 지금 우리의 교과서에서는 뒤부아가 고난 끝에 발견한 것을 '자바 인'이라고 부른다.

그로부터 수십 년이 지난 뒤, 중국 베이징의 거리를 돌아다니던 스웨덴의 한 학자는 한약방에서 짐승의 이빨도 아니고 인간의 이빨도 아닌 이상한 이빨을 보게 되었다. 이 이빨을 박물관에 보낸 지 20년 뒤에 베이징 근방의 어느 석회 동굴에서 그와 같은 모양의 이빨이 두 개 더 나왔다. 지금 우리의 교과서에서는 이 이빨의 주인을 '베이징 원인'이라고 부른다.

1950년대에는 아프리카 여러 지역에서 이와 유사한 화석들이 발굴되었다. 인류학자들은 이 모든 화석이 하나의 종인 호모 에렉투스에 해당한다는 것을 점차 깨닫게 되었다.

이 가운데 아프리카 지역에서 발견된 것은 발견 순서로는 맨 마지막이었지만 실제로는 다른 지역에서 발견된 화석들보다 훨씬 오래된 것이었다. 가장 원시적인 아시아 지역의 화석은 100만 년 전의 것으로 추정되는 반면, 아프리카의 화석은 180만 년 전으로까지 소급된다. 게다가 호모 에렉투스의 조상이 되는 화석들이 오직 아프리카에서만 발견된 것으로 미루어 과학자들은 호모 에렉투스가 아프리카에서 나타나 전 세계로 여행을 한 것으로 결론지었다.

♌ 도구를 사용하는 동물

지금까지 우리는 원숭이에서 인간이 분화되어 나온 족보를 알아보았다. 400만 년 전 나무 위에 살던 원숭이 오스트랄로피테쿠스는 인간의 고조할아버지, 250만 년 전 나무 밑으로 내려와 돌도끼로 나무뿌리를 캐먹고 흰개미를 주워 먹던 호모 하빌리스는 인간의 증조할아버지, 200만 년 전 육식의 맛을 알고 아프리카 초원을 누비다가 마침내는 아시아와 유럽으로 퍼져 나간 호모 에렉투스는 인간의 할아버지인 셈이다.

그러면 인간의 아버지는 누구일까? 50만 년 전에 나타나 동굴에 거주하면서 수렵과 어로를 하고 시체를 매장하는 풍습까지 갖고 있었던 독일의 네안데르탈[4] 인과 같은 호모 사피엔스를 그렇게 부를 수 있을 것이다. 그리고 오늘의 인간이 지상에 출현한 것은 15만 년 전으로 알려져 있다.

그렇다면 오스트랄로피테쿠스에서 현생 인류에 이르는 400만 년이라는 장구한 기간 동안 우리가 조상으로부터 물려받은 유산은 대체 무엇일까? 인간이 동물과 구별되고, 지구에 서식하는 모든 동물의 왕자가될 수 있었던 비결은 무엇일까?

원숭이에서 인간으로 진화하는 첫걸음은 직립 보행이었다. 직립 보행의 능력이 아니었다면, 인간의 조상은 진작 소멸되었거나 기껏해야 침팬지나 고릴라와 같은 존재로 명맥을 유지하고 있을 것이다. 빙하기[5]와

---

4 네안데르탈 인 : 1856년 독일 뒤셀도르프 근교의 네안데르탈에서 최초로 발견된 화석 인류. 뇌 용량은 현대인과 다르지 않으며, 매우 진보된 구석기를 사용했고 종교적 감정을 가졌던 것으로 보인다.

5 빙하 시대 : 지질 시대 중 기후가 한랭하고 빙하가 발달한 시대. 이 중에서 온대에까지 빙하가 발달한 시기는 빙기라고 하며 고위도 지방으로 빙하가 후퇴한 시기를 간빙기라고 한다.

함께 아프리카 생태계에 큰 변화가 시작되었을 때, 오랫동안 적응하며 살았던 숲을 버리고 초원으로 나올 수 있었던 것은 직립 보행의 능력 덕이었다.

직립 보행이란 두 발과 두 손을 사용할 수 있는 능력을 의미한다. 인간의 두 손은 가만히 놀고 있기를 거부하고 끊임없이 자신의 역할을 찾아왔다. 손이 처음에 할 수 있는 일이라곤 돌 조각을 드는 정도의 조잡한 수준이었지만, 마침내 베토벤의 〈달빛소나타〉를 연주할 수 있을 만큼 정교하게 발전해온 것이다.

손은 도구를 만들었다. 처음에는 들에 널려 있는 돌조각을 손에 쥐는 것으로 만족하다가, 다음에는 바위를 깨서 거기서 나오는 날카로운 돌을 선택했다. 그리고 나중에는 돌을 갈아서 돌도끼와 돌칼을 만들었다. 우리는 이렇게 도구를 가지고 자연에 대해 의식적으로 작용하는 과정을 '노동'이라고 정의한다. 손은 노동을 가능하게 했고, 노동은 다시 손을 더 세련된 모습으로 발전시켜주었다. 그리고 인간은 이 세련된 손으로 자기 몸에 없는 여러 가지 연장들을 제조해냈다. 길고 짧은 것, 굵은 것과 가는 것, 예리한 것과 힘센 것, 뚫는 것과 자르는 것, 파는 것과 두드리는 것 등 다양한 연장을 만들어낸 것이다. 하나하나 연장이 새로 만들어질 때마다 인간은 자유를 향한 한 걸음을 내딛곤 했다.

이처럼 원숭이가 인간이 되기까지 여러 가지 도구, 아니 무기가 개발되었지만 그 가운데 가장 결정적인 무기는 불이었다. 인간은 굶주림과 추위와 맹수의 습격이라는 세 가지 적과 힘겨운 싸움을 벌여야 했다. 상상해보라! 손에 주먹만 한 돌조각 한 개를 쥐고, 십수 명의 인간 무리들이 들판을 방황하는 모습을. 어린것들은 배가 고프다고 울어댄다. 그러나 보이는 것은 흙과 풀뿐, 힘이 되어줄 먹을거리는 좀처럼 보이지 않는다. 그들은 아침부터 저녁까지 숲과 초지를 돌아다니며 먹을 것을 구해 자식들에게 갖다 주지 않으면 안 되었을 것이다. 이 때문에 잠자는 시간을 뺀 거의 모든 시간을 먹이를 찾는 일에 소비했을 것이다.

게다가 먹을거리란 것이 딸기나 달팽이, 나무의 새싹, 잎사귀, 애벌레 같은 자질구레한 것들뿐이라면, 얼마나 많이 먹어야 배가 불렀을까? 또 밤이 되면 춥다. 어디서 잠을 자야 할까? 그러다 맹수라도 나타나면 어쩌지 하는 끝없는 공포, 불안 속에서 하루하루 연명했을 것이다. 이처럼 참담한 처지에서 생명을 이어가던 인간에게 불이 구원자처럼 나타났다.

일리인[6]은 《인간의 역사》에서 인간이 어떻게 지상의 왕자가 되었는가를 이렇게 묘사한다.

그 무렵 숲속을 돌아다니는 짐승은 그다지 많지 않았다. 숲속의 평지에는 이끼를 따먹는 사슴이 거닐고 있었다. 숲에는 흙을 파헤치는 멧돼지가 살고 있었다. 큰 짐승들은 숲속보다 벌판에서 많이 살았다. 끝없이 넓은 들판에는 거칠고 털이 많은 말이 무리지어 풀을 뜯고 있었다. 등이 굽은 들소떼가 폭풍처럼 대지를 뒤흔들며 몰려다니고 있었다. 털짐승 가운데 가장 거대한 매머드가 마치 살아 있는 산처럼 천천히 둔한 몸을 움직였다. 이러한 짐승들이 모두 원시인의 눈에는 도망쳐가는 고깃덩어리였다.

인간들은 떼를 지어 매머드의 뒤를 쫓았다. 한 자루가 아니라 수십 자루의 창이 털북숭이의 옆구리를 꿰뚫었다. 인간들은 매머드를 사방으로

---

6 일리인(M. Iliin, 1895~1953) : 소련의 작가. 시인 마르샤크의 동생이다. 아동을 위한 과학 이야기와 과학 계몽 서를 많이 썼다. 대표작으로 《10만의 질문》, 《위대한 계획의 이야기》, 《인간의 역사》 등이 있다.

에워싼 다음 그 주위의 풀밭에 불을 질렀다. 매머드는 활활 타는 불빛 때문에 눈이 뒤집혔고, 털이 타고 그슬리면서 정신없이 불길이 몰아대는 방향으로 도망친다. 그러나 그 불은 인간들의 계교에 따라 매머드를 곧바로 늪지 쪽으로 몰고 간다. 늪지에 들어선 매머드는 늪 위에 세워진 돌집처럼 가라앉아간다. 매머드는 천둥 같은 울부짖음으로 대기를 진동시키며 발을 늪에서 빼내려고 버둥거리지만, 몸을 움직일 때마다 늪은 더욱더 깊이 매머드를 끌어들인다.

이제 인간과 다른 동물의 경쟁은 끝났다. 가장 거대한 짐승까지 쓰러뜨린 인간은 식물을 채집하기 위해 이리저리 옮겨다닐 필요가 없어졌다. 인간을 대신해서 들소나 말, 매머드가 풀을 뜯어주었으며, 인간은 이들을 잡아 비축된 에너지를 취하면 그만이었다.

아울러 인간은 오랜 방황을 청산하고 일정한 거처에 정주할 수 있게 되었다. 더 이상 광대한 벌판을 돌아다니며 추위에 몸을 떨지 않아도 되는 자기만의 작은 세계를 갖게 된 것이다. 인간은 동굴 입구나 큰 바위 밑에 짐승 가죽이나 나뭇가지로 인공의 하늘을 만들었다. 그리고 이 하늘 밑에 밤에는 어둠을 비춰주고 겨울에는 따스함을 주는 인공의 태양을 들여놓았다.

대지의 지층은 인간의 역사를 담고 있는 책갈피다. 원시인들이 살았던 지층을 파보면 어디에서나 검은 목탄층이 나온다. 베이징 인이 살았던 동굴에서는 2000점 이상의 연장과 함께 7미터나 되는 탄층이 발견되었다. 이는, 그들이 매우 오랫동안 동굴 속에서 살았고, 또 지속적으로 불을 피우고 있었다는 것을 말해준다. 아마도 그들은 자연 발화로 일어난 산불에서 나뭇가지 불씨를 얻은 다음 비바람에 꺼지지 않도록 동굴 안에다 소중하게 보존했을 것이다.

이처럼 직립 보행이 원숭이가 인간이 되는 첫걸음이었다면, 도구를 사용해서 자연을 의식적으로 변화시키는 행위인 노동은 인간을 인간답게 만들어준 제1의 표지였다. '인간은 도구를 사용하는 동물'이라는 벤자민 프랭클린[7]의 명제는 진실이다. 돌과 불은 200만 년 동안 인간의 생존을 가능하게 해준 생명줄이었으며, 200만 년 동안 생존해온 조상들이 현생 인류에게 남겨준 가장 소중한 유산이다.

♌ 사회적 동물

인간이 생존에 필요한 식량을 획득하고, 추위와 맹수의 위협에서 살아남을 수 있었던 비결이 도구의 사용이었다면, 무리를 지어 협동하면서 살았던 것은 눈에 잘 띄지 않는 또 하나의 중대한 비결이었다. 인간은 결코 혼자 행동하지 않았다. 매머드와 싸워 이긴 것은 고립된 인간이 아니라 무리를 지은 인간이었다. 매머드의 옆구리를 찌른 것은 한 자루의 창이 아니라 수십 자루의 창이었다.

매머드를 늪지에서 끌어내어 강 언덕까지 옮겨올 때, 그 거대한 체구를 운반한 것도 두 개의 손이 아니라 수십 개의 손이었다. 인간들은 돌촉 끝으로 끈덕지게 매머드의 두꺼운 가죽을 찢고, 단단한 힘줄을 끊고,

---

7 프랭클린(B. Franklin, 1709~1790) : 미국의 정치가, 과학자, 출판 인쇄업자로서 성공하였고, 피뢰침의 발명, 번개의 방전 현상 증명 등 과학 분야를 비롯하여 고등교육기관의 설립 등 문화사업에도 공헌했다. 미국 독립선언 기초위원이며, 헌법 제정회의에도 출석했다.

억센 근육을 잘라야 했다. 이때 경험이 풍부한 노인들은 어디를 자르면 쉽게 턱뼈가 빠지고 다리가 몸체에서 떨어지는가를 젊은이들에게 가르쳐주었다.

프랑스에 솔뤼트레[8]라는 지방이 있다. 암석이 많은 험준한 이 지역의 고지 기슭에서 고고학자들은 거대한 퇴적을 이룬 뼈를 발굴했다. 조사 결과 대부분이 말뼈이며, 줄잡아 10만 마리분이 되는 것으로 나타났다. 이 많은 말뼈들은 어디서 온 것일까?

초원에서 말의 무리를 발견한 사냥꾼들은 무성하게 자란 풀숲 속에 몸을 감춘 채 조심조심 말에게 다가간다. 그들은 사슬처럼 대열을 지어 말떼 주위를 에워싸고 점점 그 간격을 좁혀간다. 마침내 사람 냄새를 맡은 말떼는 흠칫 놀라 도망치려고 한다. 그때 사냥꾼들의 투창이 새떼처럼 날아와 말의 다리와 목덜미에 사정없이 꽂힌다. 이제 말은 어디로 도망쳐야 할까?

말을 포위하고 있는 인간 사냥꾼들의 벽에는 오직 한 개의 출구만이 뚫려 있다. 말의 무리는 거친 울부짖음과 어지러운 발걸음으로 유일한 출구를 향해 밀려 나간다. 그러나 그것은 이미 계산해놓은 함정. 인간들은 말떼를 낭떠러지가 있는 곳을 향해 위로, 위로 몰아간다.

공포 때문에 거의 미칠 지경이 돼버린 말떼는 전방에 무엇이 있는지 알지 못한 채, 마치 하나의 살아 있는 물결인 양 격렬하게 꼬리를 흔들며 고지로, 고지로 올라간다. 그런데 돌연 낭떠러지가 나타난다. 앞서 달리던 말은 이미 낭떠러지의 가장자리까지 와 있으므로 위험을 발견하

---

8 솔뤼트레 문화 : 프랑스의 솔뤼트레 유적으로 대표되는 서유럽의 후기 구석기 시대 문화. 스페인에서 동유럽까지 폭넓게 분포한다.

고 콧김을 불어대며 뒷다리로 선다. 하지만 뒤에서 밀어 닥치는 동료들에 밀려서 멈추지 못하고 그대로 떨어지고 만다. 이렇게 살아 있는 말떼의 물결은 절벽 위에서 폭포를 이루며 낭떠러지 밑으로 떨어져 내려갔고, 골짜기에는 시체가 산을 이룬 것이다. 사냥은 끝났다. 절벽 아래에서는 모닥불이 붉게 타오른다.

매머드 사냥이나 말떼 사냥에서 우리는 집단을 이루어 일하는 인간의 힘을 실감할 수 있다. 만일 인간이 혼자였다면 끝내 짐승 같은 상태에서 벗어날 수 없었을 것이다. 우리의 조상들은 몇 십만 년에 걸친 공동의 노력과 집단 노동을 통해 비로소 짐승에서 인간으로 변모한 것이다.

다니엘 디포[9]의《로빈슨 크루소》는 실제로 있었던 어느 뱃사람의 이야기를 소설로 옮겨 놓은 것이다. 그는 배에서 폭동을 일으킨 벌로 어느 작은 무인도에 혼자 내버려졌다. 오랜 세월이 흐른 뒤 그 섬을 찾은 사람들은 그 뱃사람이 인간보다 짐승에 더 가까운 생활을 하고 있는 모습을 보게 되었다. 이렇게 무인도에서 혼자 살아남은 인간을 주인공으로 그린 이 소설에도 '프라이데이'라는 흑인, 즉 또 다른 '인간'이 등장한다. 그래서 '인간'의 정확한 뜻은 '인간들'인 것이다.

그리스의 철학자 아리스토텔레스Aristoteles는 '인간은 정치적 동물'이라는 명제를 남겼다. 물론 여기서 '정치적'이라는 말은 '사회적'이라는 말과 같은 뜻이다. 사람은 당시 그리스의 생활단위였던 폴리스를 떠나서는 살 수 없다는 맥락에서 이렇게 말한 것이다. 아리스토텔레스는 자신이 살고 있던 폴리스 생활을 관찰하면서 인간의 사회성을 피력했지만,

---

9 디포(D. Defoe, ?~1731) : 영국의 소설가. 저널리스트로 활약하다가 만년에는 소설에 손을 대어 영국 소설 전성기의 선구자가 되었다.

우리는 인간의 기원을 공부하는 과정에서 '사회성'이 인간의 본성과 뗄 수 없는 속성임을 확인하게 된다.

♌ 언어를 사용하는 동물

'인간은 언어를 사용하는 동물'이라는 명제가 있다. 호모 로퀜스^{Homo} loquens라고도 부른다. 도구를 이용해 노동하고, 집단을 이루어 서로 힘을 합하거나 역할을 나누어 일을 하려면 필연적으로 서로 의사를 전달할 필요가 생긴다. 예를 들어 집단적인 매머드 사냥이나 말 사냥은 의사소통이 되지 않았다면 애초부터 불가능한 일이었을 것이다.

그러나 말을 할 수 있는 특수한 기관이 발달하지 않았던 원시인은 온몸을 사용해서 말을 해야 했다. 오늘의 청각장애인들처럼 원시인이 가장 많이 사용한 의사전달 기관은 손이었다. 손을 휙 저어 보이면 '자르라'는 뜻이고, 손바닥을 아래로 몇 번 구부리면 '이리 오라'는 뜻이다. 또 오른손 손가락으로 허공을 향하면 '저걸 쫓으라'이다. 물론 이때 부르짖고 외치는 각양각색의 목소리도 손짓을 도왔을 것이다.

아메리카 인디언들은 이러한 몸짓 언어가 매우 발달했다. 양쪽 손가락 끝을 맞붙여 지붕 모양을 만들어 보이는 것은 집을 뜻한다. 두 손가락을 앞으로 내밀어 양쪽 귀와 같은 모양을 만들어 보이는 것은 여우를 뜻한다. 손가락을 모로 세워 공중에서 좌우로 흔들어 보이면 물고기다. 머리 위에 두 주먹을 얹고 덮어 내리는 모양을 하면 구름을 가리킨다.

'말 없는 말'이 얼마나 다양한 상황을 표현할 수 있는가는 연극배우를 떠올리면 쉽게 알 수 있다. 능숙한 배우는 30분 이상 말 한 마디 없이 단지 눈과 눈썹, 입술만으로 수백 가지의 의사를 전달하지 않는가?

하지만 몸짓 언어는 결정적인 결함을 드러낼 때가 있다. 캄캄한 밤에는 몸짓이 전혀 보이지 않는다. 또 울창한 숲속에 들어가면 나무에 가려서 몸짓이 잘 통하지 않는다. 무엇보다, 몸짓만으로는 명확하게 의사 전달이 되지 않는 경우가 매우 많았을 것이다. 그래서 몸짓 언어의 조수에 지나지 않았던 목소리가 이제 의사 전달의 주역으로 등장하게 되었다. 처음에는 손의 보조역에 지나지 않았던 혀가 똑똑히 발음을 할 수 있게 되면서부터 의사 전달의 주역으로 나서게 된 것이다.

처음에는 돌을 쥐는 능력밖에 갖지 못했던 거친 손이 수십만 년 동안 도구를 제작하는 과정을 거치면서 정교하게 진화했듯이, 처음에는 외마디 비명밖에 내지 못하던 인간의 혀가 어느 동물도 감히 흉내 낼 수 없을 만큼 복잡하고 다양한 소리를 낼 수 있는 기관으로 진화한 것이다.

원숭이가 인간으로 '진화'할 때 도구의 힘과 사회의 힘에 의지했듯이, 도구를 가지고 무리를 지어 자연과 싸우는 과정에서 인간은 언어라는 또 하나의 무기로 무장했다. 노동과 사회가 인간의 한 본성이듯이, 언어의 사용 역시 인간으로부터 떼어낼 수 없는 속성이다. 만약 언어가 없었다면 인류 문명도 없었을 것이다.

♌ 생각하는 동물

인간은 하나의 갈대에 지나지 않는다. 자연 중에서 가장 약한 갈대다.

그러나 인간은 생각하는 갈대다. 그를 부수는 데는 전 우주가 무장하지 않아도 된다. 한 줄기의 증기, 한 방울의 물을 가지고도 그를 죽이기에 충분하다. 그러나 우주가 그를 부순다고 해도, 인간은 자기를 죽이는 자보다 존귀할 것이다. 인간은 자기가 반드시 죽어야 한다는 사실과 우주가 자기보다 힘이 세다는 사실을 알고 있지만, 우주는 그것을 전혀 모르고 있다. 그러므로 인간의 모든 존엄성은 사고 속에 있다.

너무도 유명한 파스칼[10]의 말이다. 인간의 본질을 이보다 잘 표현한 글을 찾아보기는 쉽지 않다. 생각할 수 있는 능력, 이것 때문에 인간이 위대하다는 정의에 대해 이견을 제기하는 사람은 없을 것이다.

그렇다면, 인간의 생각하는 능력은 어디에서 나온 것일까? 태초에 하늘에서 뚝 떨어진 것일까?

우리는 세계사 교과서에서 별 의미도 없이 두뇌 용량을 외운 적이 있다. 오스트랄로피테쿠스의 두뇌 용량은 400~700시시[cc], 호모 에렉투스는 800~1400시시, 네안데르탈 인은 1300~1600시시, 현생 인류인 크로마뇽 인은 1400~180시시, 하고 말이다. 참으로 어렵게 외웠던 이들의 두뇌 용량은 지능 발달과 정비례한다. 오스트랄로피테쿠스에서 크로마뇽 인에 이르기까지 인간의 두뇌 용량이 점점 커졌다는 사실이 바로 인간의 지능에 관한 중요한 정보를 제공하고 있는 셈이다.

33쪽의 그림을 보자. 원숭이 가운데서 인간에 가장 가깝다는 오랑우탄의 두뇌 구조와 인간의 두뇌 구조 사이에 결정적 차이가 있음을 확인

---

10 파스칼(B. Pascal, 1623~1662) : 프랑스의 사상가 · 수학자 · 물리학자. 종교적 회심을 거쳐 얀센주의에 공명하고 예수회의 방법에 의한 이단 심문을 비판했다. 사상적으로는 현대 실존주의의 선구로 인정받고 있다.

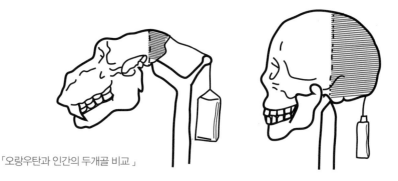
「오랑우탄과 인간의 두개골 비교」

할 수 있다. 인간은 두개골의 중심선에 목뼈가 닿아 있는 반면, 오랑우탄은 두개골의 가장자리에 목뼈가 결합되어 있다. 이 때문에 후두부의 용량이 서로 비교가 되지 않을 만큼 큰 차이가 난다는 사실을 알 수 있다.

이제 우리는 '인간의 사고하는 능력은 어떻게 성장해 왔을까?' 하는 문제를 풀 첫 단서를 갖게 되었다. 인간의 두뇌를 발달시킨 첫 번째 요인은 역시 직립 보행이었다. 직립 보행은 두 손을 자유롭게 해주었으며, 손은 인간에게 도구를 만들도록 해주었다. 그리고 도구는 다시 자신을 더욱 효율적으로 가공해줄 정교한 손을 만들어나갔다. 손과 도구의 긴밀한 상호작용, 무수히 반복된 이 과정에서 손과 도구를 잇는 신경중추가 발달했고, 이는 곧 두뇌 발달을 가져왔다.

언어 역시 두뇌 발달의 견인차였다. 오늘날 우리 두뇌에서 펼쳐지는 대부분의 사유 과정은 언어를 매개로 이루어진다. 이는 곧 인간에게 언어가 없다면 사고능력도 가질 수 없다는 것을 의미한다. 다시 말해 생각하는 능력의 발달과 두뇌의 성장은 언어의 발달과 떼려야 뗄 수 없는 관련이 있다.

몸짓, 손짓의 언어가 많아질수록 인간의 두뇌 속에 있는 중앙교환국의 일은 불어났다. 중앙교환국의 새로운 확장이 불가피해지면서 뇌수 속에서는 끊임없이 새로운 세포가 만들어졌다. 세포 사이의 연락체계는 복잡해졌고, 뇌수는 더욱 확장되어 갔다. 불의 발견도 이러한 뇌의 성장을 도왔다. 고기를 구워먹을 수 있게 됨으로써 뇌수의 성장에 필요한 단백질이 풍부하게 공급되었던 것이다.

《성서》의 창세기에서는 선악과[11]를 따먹었기 때문에 여자들이 출산의 고통이라는 벌을 받게 되었다고 말한다. 실제로 출산의 고통은 다른 동물에게서는 찾아볼 수 없다. 인간의 두뇌가 다른 신체에 비해 상대적으로 크기 때문에 밖으로 빠져나오기가 그만큼 힘든 것이다. 만일 선악과가 '지혜의 과실'을 상징한다면, 창세기 설화는 이렇게도 해석해볼 수 있을 것이다. 원숭이에서 인간으로 진화하는 과정에서 비대한 두뇌를 갖게 된 우리는, 다른 동물이 겪지 않는 유독 심한 출산의 고통을 운명적으로 겪게 된 것이라고 말이다.

사고하는 능력을 가진 인간은 무수한 시행착오를 기억하고 반성하는 가운데 자연을 개조하는 정확한 방법을 체득해나갔다. 그리고 후세들이 선조가 체득하고 전수해준 방법에 기초해서 더욱 목적의식적으로 자연을 개조함으로써 인간은 마침내 지구의 주인이 된 것이다.

1930년대의 어느 날, 미국 남부의 테네시 주에서 이른바 '원숭이 재판'이 열렸다. 창조론과 진화론의 대립이 급기야 법정으로 비화한 것이다. 이 재판에서 테네시 주가 제정한 '반진화론법'을 어기고 학생들에게 진화론이 옳음을 암시한 과학 교사 스콥스는 유죄 판결을 받았다. 이

---

11 선악과 : 먹으면 선악을 알게 된다는 선악과 나무의 열매. 아담과 하와가 야훼의 계율을 어기고 따먹음으로써 에덴동산에서 쫓겨났다고 한다.

세기의 재판은 42년이 지난 뒤에야 대법원이 반진화론법을 위헌이라고 판시함으로써 일단락되었다.

우리들 가운데는 우주와 지구상의 다양한 생명체를 신이 창조했다는 믿음을 가진 이들이 적지 않다. 그러나 지금까지 인류의 기원을 고찰하는 가운데서 우리는 우주도, 지구도, 생물도, 인간도 장구한 세월을 통해 진화하여 오늘에 이르렀음을 보았다. 그리고 그 과정에서 '인간이란 무엇인가?'라는 질문에 대한 몇 가지 움직일 수 없는 대답을 손에 쥐게 되었다.

- 인간은 도구를 만드는 동물이다.
- 인간은 사회적인 동물이다.
- 인간은 언어를 사용하는 동물이다.
- 인간은 생각하는 동물이다.

다윈,《종의 기원》

"태초에 신이 우주를 만들고 지구상의 온갖 생물을 창조했다." 만약 인류가 아직도 이 같은 믿음을 가지고 있다면, 인간의 기원을 다룬 이 책의 1장은 필요가 없었을 것이고, 나아가 인류학이라는 학문은 아예 존재하지 않았을 것이다. 찰스 다윈의 저서《종種의 기원》이 인류 정신에 크게 기여한 점은, 신중하고 끈질긴 관찰과 탐구를 통해 수많은 생물종들이 불변하는 것이 아니라 변화한다는 사실을 과학적으로 입증한 일이다. 그것은 창조론에 결정적 타격을 주면서 과학을 신학으로부터 완전히 분리시킨 대사건이었으며, 인간도 동물의 일종이라는 사실을 증명함으로써 인류의 기원을 밝히는 데 결정적으로 기여했다.

1859년 11월 24일, 역사적인 저서《종의 기원》이 출판되었다. 다윈의 나이 쉰한 살 때였다. 책은 출판되자마자 매진되었고, 2판도 시판 즉시 매진되는 성공을 거두었다. 다윈은 책에 대한 수정 작업을 계속하여 1872년에 6판을 출판하였다.《종의 기원》이 화제가 된 만큼 이 책 때문에 다윈이 겪은 고초도 컸다. 많은 사람들이 존엄한 인격체인 인간이 원숭이의 자손이라는 주장을 쉽게 수긍하지 못했기 때문이다. 사실 인간의 존엄성과 인간의 기원은 서로 다른 영역의 문제이다. 인간의 기원을 탐구하는 것은 과학의 문제이고, 인간의 가치를 추구하는 것은 윤리학의 문제인 것이다. 이 두 가지를 혼동하는 것은 자칫 윤리학의 문제를 내세워 과학을 억압하는 결과를 낳을 수 있다.《종의 기원》을 출판한 후 다윈이 겪어야 했던 핍박은 이러한 억압의 대표적인 예라고 할 수 있다.

다윈은 청소년기에 세 명의 인물로부터 사상적 영향을 받은 것으로 보인다. 첫 번째 인물은 다윈의 친할아버지인 자연과학자 에라스무스 다윈이다. 그는 18세기 영국의 대표적인 진화 사상가로서, 생물의 진화는 외부의 직접적인 영향보다는 이에 반응하는 생물 내부의 힘에 기인한다는 주장을 폈다. 두 번째 인물은 아버지의 강권에 따라 입학한 케임브리지의 크라이스트 칼리지에서 만난 식물학자 존 스티븐스 헨슬로이다. 표본 채집에 열을 올리는 다윈의 열정에 감동한 헨슬로는 장기간의 식물 채집 여행에 다윈을 데려가기도 했다. 그러나 헨슬로는 열렬한 창조론 지지자로서 종의 변화 가능성을 인정하지 않았다. 다윈은 또 지질학자인 아담 세즈위크와 친교를 맺었는데, 그와의 사귐을 통해 지구의 형성 문제에 관심을 가지게 되었다.

다윈은 이 시기에 두 권의 책을 읽고 감명을 받았다. 근대 지리학의 기초를 세운 독일 학자 훔볼트의 《남아프리카 여행기》와 영국의 천문학자 허셜이 쓴 《물리학 입문》이라는 책이었다. 다윈은 훔볼트의 책을 읽으면서 여행에 대한 동경심을 갖게 되었고, 허셜의 저서로부터는 추측과 사실을 연결하는 일의 어려움, 신중함과 대법함의 조화 등 과학자가 갖춰야 할 덕목을 배웠다.

1831년 8월, 다윈은 헨슬로로부터 지질학자로서 해군 조사선에 동승해 보지 않겠느냐는 편지를 받았다. 아들이 목사가 되기를 바랐던 아버지의 강한 반대에도 불구하고 다윈은 해군 조사선 비글Beagle호를 타고 여행을 떠나게 되었다. 그때 다윈의 나이 스물세 살이었다. 소형 군함인 비글 호는 1831년 12월 10일 출항하여 전 세계를 돌며 탐사를 했는데, 이 탐사 여행은 예정보다 길어져서 무려 5년이나 걸렸다.

비글 호 탑승은 다윈에게 세계 각지의 동식물을 직접 관찰할 수 있는 기회를 주었고, 다윈은 이 탐사 여행에서 많은 새로운 사실을 발견해냈다. 4267미터 높이의 안데스 산꼭대기에서 찾아낸 바닷조개 화석, 현존 동물에 가까운 파타고니아 평원의 절멸 포유류 화석, 특이한 변이를 한 갈라파고스 섬의 도마뱀과 바다거북, 칠레 대지진의 놀라운 위력 등이 그것이다. 이런 관찰을 통해 다윈은 지각의 변동, 종의 변이 또는 절멸과 생활 조건의 관계 등을 암시받았다.

이런 사실들을 낱낱이 기록한 다윈은 귀국하자마자 선상에서 기록한 노트들을 정리하기 시작했다. 그리고 1837년부터 '종의 변화'에 관한 글을 쓰기 시작했다. 그리고 맬서스의 《인구론》에서 힌트를 얻어 생존경쟁과 적자생존의 개념을 세운 그는 1839년에 자신의 사상을 체계화하였다. 1844년 여름에는 230쪽 분량의 시론을 작성했는데, 이 시론에는 "나에게 예기치 않은 죽음이 찾아왔을 때 출판해달라"는 부탁의 말까지 써놓았다. 이처럼 1844년에 이미 책의 윤곽을 잡았지만 실제로 책이 출판된 것은 그로부터 15년이나 지난 뒤였다.

왜 이렇게 출판이 늦어진 것일까? 책을 발표한 뒤 닥쳐올 논쟁과 박해에 대한 두려움도 틀림없이 한몫했겠지만, 더 큰 이유는 다윈의 학문적 신중함이었다. 진화는 직접 관찰할 수 있는 것이 아니라 간접 증거를 통해 추론을 할 수밖에 없는 것이기 때문에, 이 문제를 해결하는 유일한 방법은 최대한 많은 간접 증거를 모으는 것이었다. 그래서 다윈은 오랜 시간 동안 이 일에 집요하게 매달렸던 것이다.

2장

'인형의 집' 노라가
행복을 꿈꿀 수 없는 까닭은?

—— 일부일처제

Monogamy

고대 그리스의 철학자 헤라클레이토스는 이렇게 말했다. "사람은 같은 강물에 두 번 들어갈 수 없다." 강물은 끊임없이 흐르기 때문에 사람이 두 번째로 들어설 때의 강물은 원래의 물이 아니라 새로 흘러내려온 물이라는 것이다. 헤라클레이토스는 이 말을 통해 세상에 고정 불변한 것이란 없으며, '모든 것은 늘 변화한다'는 진리를 설파했다. 많은 이들이 영원히 변하지 않을 것이라고 믿는 일부일처제도 그렇게 변하는 제도와 관습의 하나일 뿐이다. 일부일처제는 영원불변의 진리가 아니며 당연히 변화를 겪을 것이다. 그런데 우리는 대부분 이 엄연한 사실을 망각하고 살아간다.

노르웨이의 극작가 입센^{H. Ibsen}(1828-1906)의 희곡《인형의 집》은 근대 여성운동의 모태가 된 문제작으로 꼽힌다. 교양 있고 능력 있는 젊은 법률가 헤르마와 현모양처를 꿈꾸는 여인 노라는 많은 사람들의 축복을 받으며 결혼한다. 그들이 이룬 가정은 초기 자본주의 사회의 전형적인 가부장적 일부일처제 가정이다. 젊은 주부 노라에게 그곳은 '행복의 집'이었다. 그러나 돈에 얽힌 가혹한 사건을 겪으면서 노라는 자신이 결혼해서 이룬 가정이 '행복의 집'이 아니라 '인형의 집'이었음을 깨닫고, 남성 위주의 결혼제도를 벗어나 한 인간으로서 새로운 삶을 살기로 결심한다.

'인형의 집'을 탈출하는 노라의 이야기는 지금 우리가 부딪히고 있는 여성문제를 아주 명쾌하게 드러내준다. 여성문제는 동양, 서양을 막론하고 현재 인류 사회가 풀어야 할 대표적인 과제 가운데 하나다. 또 이것은 매우 오랜 역사를 가지고 있으며, 인간의 의식과 사회 속에 아주 깊이 뿌리내리고 있는 문제이다. 노라의 이야기에서 알 수 있듯이, 여성문제는 일차적으로 '결혼과 가족'의 문제와 결부되어 있다. 현재 문명세계의 가장 보편적인 결혼제도인 가부장적 일부일처제가 그 문제의 뿌리를 이루고 있는 것이다.

인류는 왜, 언제부터 오랜 군혼 생활에서 벗어나 지금과 같은 결혼 · 가족 제도를 만들어낸 것일까? 우리 삶의 조건을 근본적으로 뒤바꾼, 일부일처제 등장이라는 역사적 사건을 추적해보자.

♌ 가족의 탄생

인류의 가족제도가 어떻게 변천해왔는지를 처음으로 과학적으로 밝힌 책은 모건[1]의 《고대 사회》이다. 이 책에 따르면, 인류의 가족제도는 군혼 → 혈연 가족 → 푸날루아 가족 → 대우혼을 거쳐 오늘의 일부일처제로 바뀌어왔다.

돌도끼를 들고 다니면서 연명해야 했던 인간은 처음부터 무리를 지어 살았다. 이 무리 내에서 인간은 남자 전체와 여자 전체가 서로 성관계를 맺는 군혼群婚 생활을 했다. 인간이 동물에서 인간으로 이행하는 첫 시기에는 다른 동물과 마찬가지로 규율 없는 성교로 종족을 번식한 것이다. 우리의 조상들이 군혼으로 살아왔다는 사실은 어쩌면 매우 받아들이기 힘들 수도 있겠지만, 인류의 조상이 질투와 배타적 소유를 본질로 하는 문명인의 사랑을 갖지 않았음은 분명한 사실이다.

인류가 종족 보존을 위해 가장 오랫동안 의존했던 방식은 군혼이었다. 따라서 오늘날 에스키모 여성들에게서 군혼의 관성을 발견하게 되는 것은 자연스러운 일이다. 베링 해협의 카비아트 인, 알래스카의 카디아크 섬 주민, 북아메리카의 틴네 인들이 이 유습을 오늘날까지 물려받

---

1 모건(L. Morgan, 1818~1881) : 미국의 문화인류학자. 아메리카 인디언의 사회를 실증적으로 연구하고 진화론의 입장에서 원시 사회의 발전을 체계화했다. 주요 저서인 《고대 사회》는 엥겔스 등에게 큰 영향을 주었다.

고 있는데, 만약 이들을 향해 야만적이라고 삿대질하는 영국인이 있다면 로마의 카이사르가 영국을 정복했을 때 목격했던 사실을 들려줄 수밖에 없다.

그들은 10~12명이 아내를 공동으로 소유하고 있으며, 그것도 대부분 형은 동생들과 함께, 부모는 자녀들과 함께 소유하고 있다.

질투의 감정도, 근친상간 금지의 도덕도 초기 인류에게는 발달하지 않았다. 근친상간이 종족 번식에 해롭다는 지혜가 자리 잡기까지 수십만 년에 걸쳐 오류가 반복되었을 것이다. 그리고 적자생존의 법칙에 따라, 근친상간의 폐해를 일찍 깨달은 종족은 강성하였고, 근친상간의 군혼에서 벗어나지 못한 종족에 비해 우월한 세력을 보여주었을 것이다.

모건이 발견한 군혼 이후 최초의 진보는 '혈연 가족'이다. 혈연 가족은 혼인 집단이 세대별로 분화되어 있는 가족을 말한다. 가족의 범위 안에 들어 있는 모든 아버지와 어머니는 그들의 자녀들 모두에 대하여 부모가 된다. 집단 내에서 동일한 세대 간에는 자유로운 성교가 이루어지지만, 세대와 세대 사이에는 성교가 금지된다. 따라서 혈연 가족 내에서는 형제와 자매가 부부가 된다.

가족을 조직하는 데서 부모와 자녀 간의 성교를 배제한 혈연 가족이 제1의 진전이라면, 제2의 진전은 형제와 자매 사이의 성교를 배제한 '푸날루아punalua 가족'이었다. 모건이 만난 하와이의 한 종족에서는 가족의 모든 자매들이 공동의 남편에 속한 공동의 아내가 되었다. 그러나 그들의 형제는 공동 남편에서 배제되었다. 남자들은 다른 가족들 사이에서 자신의 아내를 만나는 것이다. 그리고 외지에서 온 남편들은 서로를 푸날루아, 곧 친근한 동료 또는 동반자라고 부른다. 그래서 모건은 형제 · 자매 간의 성교를 금하는 가족을 푸날루아 가족이라고 이름 지었다. 푸날루아 가족은 군혼의 무리가 '씨족'이라는 배타적 집단으로 나아가기 바로 전 단계의 군혼 가족이라고 할 수 있다.

　군혼 가족의 경우에는 누가 아이의 아버지인지는 알 수 없어도 누가 어머니인가는 알 수 있다. 그래서 어머니는 전체 가족의 모든 자녀를 자기 자녀라고 부르며, 그들에 대해 어머니로서 의무를 진다. 군혼이 이루어지는 한 혈통은 오로지 어머니에 따라서만 확정될 수 있다. 즉 모계만이 인정되는 것이다.

　친자매 · 형제 간의 성관계를 금하는 푸날루아 가족의 규율은 이제 사촌 형제 · 자매 간으로, 또 더 먼 촌수의 방계 친족 사이로 확대되어 나간다. 그리하여 상당히 방대한 규모로 성관계가 금지되는 집단이 형성되는데, 이것이 바로 씨족이다. 이때 씨족의 성원을 어떻게 구별할 것인가는 군혼의 필연성에 따라 결정되었다. 예를 들어 내가 곰의 성을 가진 어머니에게서 태어났으면 나는 곰 씨족이다. 왜냐하면 내 아버지가 소 씨인지, 말 씨인지, 호랑이 씨인지 알 수 없기 때문이다.

　모건은 푸날루아 가족이 '대우혼' 가족으로 발전했다고 말한다. 대우혼이란 남편과 아내가 일대일로 쌍을 이루는 혼인 관계를 말한다. 그런데 이 대우 관계는 이전의 군혼 시절에도 있었다. 그때도 남자는 많은 아내 가운데 본아내를 가지고 있었고, 여자에게 그는 여러 남편 가운데 본남편이 되었다. 다만 이것이 배타적인 성관계를 내포하지는 않았던 것이다.

♌ 여성이 지배하는 사회

　씨족이 형성되고 혈족 간의 혼인이 금지되면서, 군혼 내에 자리 잡고 있던 대우 관계가 분명한 위치를 확보하게 되었다. 다른 씨족에서 장가를 온(?) 같은 씨족의 남자와는 성관계가 금지되면서 군혼의 범위가 그만큼 축소되었기 때문이다. 이렇게 해서 대우혼 가족이 푸날루아 가족을 누르고 보편적인 지위를 차지하였다. 하지만 대우혼 가족은 그 자체의 경제적 힘이 매우 미약했기 때문에 씨족이라는 공동체의 테두리를 벗어날 수 없었다.

　씨족 사회에서 여자들은 밭을 갈고, 남자들은 가축을 돌보았다. 가축의 수가 적었을 때는 여자들이 하는 농사가 경제적으로 가장 중요한 위치를 차지했다. 고기는 늘 부족했고, 우유도 식구 전체에 고루 돌아가지 않았다. 만약, 여자들이 없어서 곡식을 거두어들이지 못한다면 집안에 먹을 것이 떨어질 수밖에 없다. 그 시대에는 구운 보리나 약간의 마른 낱알이 평소 식사의 전부였다. 입맛을 돋우는 꿀이나 과일을 채집하는 것도 여자들의 일이었다.[2] 이처럼 중요한 경제적 역할을 담당하는 여자들이 가정을 관장하고, 모든 일을 지배했다.

　여자는 남편을 다른 씨족에서 맞이했고, 저장물은 씨족의 공동 소유였다. 게으르거나 무능해서 공동 저장고에 채워야 될 자기 몫을 해내지 못하는 남편에게는 불행이 닥쳤다. 아무리 많은 자녀들의 아버지이고 자기 몫의 재산이 많다 하더라도, 언제든지 짐을 싸서 나가라는 명령을

---

2 채집 수렵 시대 : 식량을 야생의 동·식물에 의존하던 시대. 농경·목축 등의 식량 생산 경제가 아직 발달하지 않고 채집이나 수렵·어로에 의한 생활을 유지하던 시대를 말한다.

받을 각오를 해야만 했다. 남자는 감히 이 명령에 반항할 수 없었다. 언제든 명령이 떨어지면 본래 자신이 속해 있던 씨족으로 돌아가야 했다. 이렇게 여자들은 씨족 사회에서 커다란 힘을 행사했다. 때로는 우두머리를 파면하여 일반 병졸로 떨어뜨리는 일도 서슴지 않았다.[3]

　대다수 여자가 한 씨족 집단 내에서 살고, 남자는 여러 씨족에 흩어져 살던 씨족 사회에서는 이런 사실 하나만으로도 여성이 지배하는 사회를 구축할 수 있었다. 이 시기의 여성은 오늘날 어떤 귀부인보다도 훨씬 큰 자유를 누리고 존경을 받으며 살았다. 그것은 여성이 사회 구성원들의 어머니였기 때문만은 아니다. 당시 여성은 주로 채취 노동, 남성은 주로 수렵 노동에 종사했는데, 이런 남녀 분업 위에서 여성이 남성보다 훨씬 많은 노동을 해야 했기 때문이다. 아무런 축적된 재산이 없던 시대, 오로지 그날 일해서 그날 생명을 부지하던 시대에 후손을 낳고, 기르고, 먹여 살리는 데 훨씬 많은 기여를 한 여성이 존경을 받는 것은 너무나 당연한 일이었다.

　영어에서 Man은 남성을 의미하는 동시에 인간을 뜻한다. 곧 이 세상에 존재하는 진정한 인간은 남자라는 말이다. 그러면 여성은 무엇일까? 영어로 여자를 woman이라고 부르는데, 이때 wo는 from의 뜻으로 쓰인 접미사다. 그러니까 영어권 남자들은 매일 여자를 향해 '남자에서 나온 이여'라고 부르고, 여자들도 자신의 의지와는 무관하게 '저는 남자에서 나온 사람입니다'를 반복하여 고백하는 셈이다.

　《구약성서》의 창세기에 따르면 하와는 이렇게 만들어진다. 하느님은

---

3 모계 중심 사회 : 어머니 쪽 혈연에 의해 가족 · 혈연 집단을 형성하는 사회. 어머니 쪽의 선조 대대로 내려오는 계보를 우선으로 하고, 재산의 상속 · 지위의 계승 등이 어머니의 형제 · 자매의 자식에게로 돌아간다.

먼저 사람을 만들었다. 그리고 사람의 적당한 반려자를 만들어주기 위해 온갖 동물과 새들을 만든다. 그런데 이들 가운데 남자를 도와줄 적당한 반려자가 하나도 없었다. 그래서 하느님은 남자를 깊은 잠에 들게 한 후 그의 갈비뼈 하나를 빼내어 여자를 만들었다. 남자는 이 여자를 보고 이렇게 말한다.

마침내 여기에 나와 비슷한 종이 있구나. 나의 뼈를 가지고 만든 뼈, 나의 살을 가지고 만든 살이로다. 남자의 것을 가지고 만들어졌으므로 그녀의 이름은 여자이어라.

At last, here is one of my own kind.

Bone taken from my bone, flesh from my flesh.

Woman is her name because she was taken out of man.

남자가 여자의 자궁에서 나왔다면 모를까, 여자가 남자의 갈비뼈에서 나왔다는 이 이야기가 지구 한쪽에서 거의 2000년 동안 진리로 통용되었다는 사실은 인간의 지성에 견주어볼 때 참으로 신기한 일 가운데 하나다. 18세기에 유럽인들을 계몽하던 합리주의적 사상가들마저 여자는 남자의 노예로 태어난다는 생각을 극복하지 못했던 것이다. 하지만 진실은 이것이다. 하와는 가족의 지배권이 여자에서 남자로 넘어온 사회에서 만들어진 여성상일 뿐이다.

♌ 일부일처제, 3000년의 역사

해마다 가축의 수는 늘어갔다. 남자들은 허리에 단검을 차고 가축을 몰았다. 우유와 고기가 인간에게 더욱 많이 공급되었다. 초원 지방에서는 가축을 돌보는 남자들이 비로소 중요한 의미를 갖게 되었다.[4]

소의 어깨에 멍에를 지워 들에 나가 쟁기를 끌었다. 쟁기는 가래보다 지반을 더 깊이 뚫고 들어갔다. 젖과 고기를 제공했던 소가 그 힘마저 공급하게 되었고, 목축이 농업을 돕게 되면서 목자牧者였던 남자들은 동시에 농부가 되었다. 이런 사회 변화에 따라 집안에서 남자의 지위는 이전보다 훨씬 높아지게 되었다.

여자들이 할 일은 당연히 남아 있었다. 베를 짜고 물레를 돌리며 곡물을 비축하는 일과 아이를 낳고 키우는 일은 여전히 중요한 여자들의 일이었다. 그러나 여자들은 이제 옛날 같은 존경을 받지 못했다. 목장과 들에서 하는 남자의 노동이 씨족 부양에서 중요한 위치를 차지하면서, 남편이 야단맞는 일은 점점 보기 어려워졌다.

이제는 남자를 소중하게 다루지 않으면 안 되게 되었다. 남자는 온갖 일을 맡으면서 씨족을 부양해주었기 때문이다. 점차 씨족은 자기 씨족의 남자들과 헤어지는 것을 두려워하게 되었다. 이렇게 하여 낡은 규율에 금이 가기 시작했다.

이제는 남자가 아내를 선택하여 집으로 맞아들이게 되었고, 신부를 훔치고 약탈하는 사태가 발생하기 시작했다. 어두운 밤에 망치와 단검

---

4 목축문화 : 유목생활을 하면서 기본적 생활자원을 목축에서 구하던 인간 집단이 형성한 문화. 토기 등을 만들지 않고 뿔과 뼈로 도구를 만들어 쓰며 가부장적인 대가족이 사회 형성의 단위가 되었다.

으로 무장한 신랑과 그 친척들이 신랑의 씨족이 선택한 처녀가 있는 집으로 몰려간다. 개 짖는 소리가 온 집안 식구의 잠을 깨운다. 백발이 성성한 신부의 할아버지도, 아직 수염도 나지 않은 형제도 무기를 찾아 든다. 쳐들어온 자들의 무서운 함성은 여자들의 울음소리를 눌러버렸다. 신랑은 같은 씨족 동료의 호위를 받으며 노획한 전리품, 곧 신부를 팔에 안고 돌아간다.

이렇게 긴 세월이 흘렀다. 습관의 파괴가 차차 습관 그 자체가 되어버렸다. 신랑이 신부의 집안에서 신부를 빼앗아 오는 일은 의식이 되어버렸고, 피나는 싸움 대신 선물이 오고간다. 신부를 따라온 어머니나 정다운 자매들이 흘리는 석별의 눈물조차 결혼의 한 절차로 변했다. 그리고 이 결혼의 연극은 술잔치로 끝난다.

여자는 낯선 집안에서 남편의 권력에 맡겨진 존재로 전락했다. 모계 씨족이 부계 씨족으로 변한 것이다. 이제 아무도 자기 이름에 어머니의 이름을 덧붙이지 않게 되었다. 그리고 여성에게는 이전에 누렸던 자유 대신 순결이라는 도덕이 부과되었다. 남성들이 애써 형성한 자신의 재산을 혈통이 분명한 자식에게 물려주고자 했기 때문이다.

오늘날 문명권에서 통용되는 일부일처제 가족은 애초에 처녀와 총각이 첫눈에 반해서 이루어지는 낭만적 사랑 때문에 등장한 가족제도가 아니다. 그보다는 재산을 물려줄 직계 상속인으로서 부계의 혈통임이 확실한 아들을 낳자는, 명확히 경제적인 목적 위에서 구축된 제도이다. 따라서 일부일처제와 그것의 도덕률인 순결은 엄밀히 말해 여성에 대한 일부일처제이며, 여성에게만 적용되는 순결일 뿐이다. 지금까지 문명의 역사는 실제로 그러했다.

우리가 너무도 당연하게 여기는 가부장적 일부일처제는 인간의 역사에서 결코 긴 시간을 지배한 가족제도가 아니라는 사실에 유의할 필요가 있다. 호모 에렉투스의 출현부터 인간의 역사를 헤아려보아도 가부장적 일부일처제는 200만 년 가운데 고작 3000년의 역사밖에 가지고 있지 못하다.

동서양의 가장 유서 깊은 문학 고전을 하나씩 꼽으라면 동양에서는 《시경》, 서양에서는 《일리아스》와 《오뒷세이아》[5]를 들 수 있다. 《일리아스》와 《오뒷세이아》의 저자는 잘 알려진 대로 그리스의 서사 시인 호메로스다. 영어권 사람들은 역사상 가장 완벽한 작가로 호메로스를 꼽는다. '원숭이도 나무에서 떨어질 때가 있다'는 속담을 그들은 '호메로스도 실수할 때가 있다'(Homer sometimes nods)고 표현할 정도다.

《일리아스》와 《오뒷세이아》의 작품 소재는 기원전 1200년경에 있었던 '트로이 전쟁'이다. 그리스 역사가 헤로도토스Heredotus의 기록에 따라 추정해보면, 호메로스가 이 작품을 읊었던 시기는 대략 기원전 850~750년이다. 그러니까 호메로스는 400년 전에 벌어졌던 트로이 전쟁을 서사시로 전달한 것이다.

《일리아스》에는 그리스 군대의 총사령관 아가멤논이 등장한다. 그는 전리품을 분배하는 과정에서 명장 아킬레우스가 간택해놓은 브리세이스라는 여인을 겁탈하는데, 이 일로 아킬레우스는 깊은 원한을 품게 된다. 처절한 싸움 끝에 그리스 군은 트로이를 함락하지만, 그때 저지른 죄과로 아가멤논은 죽음의 운명을 선고받는다.

---

5 《오뒷세이아》 : 호메로스의 작품으로 전해지는 고대 그리스의 장편 서사시. 그리스의 지장 오뒷세우스가 트로이 원정을 마치고 귀국하는 도중에 겪은 해상 표류의 모험담과 아내 페넬로페에게 구애한 자들에 대한 보복 이야기로 이루어져 있다.

고향에 남은 그의 부인 클리템네스트라는 정부인 아이기스토스와 놀아나면서 돌아오는 남편을 독살하기로 음모를 꾸민다. 그녀에게는 오레스테스라는 아들이 있었는데, 오레스테스는 누나인 엘렉트라 덕에 죽음을 면한다. 어머니의 음모를 알아챈 그녀가 어린 동생을 타향으로 빼돌린 것이다. 훗날, 장성한 오레스테스는 신탁에 의해 자신의 어머니가 아버지를 죽인 것을 알아내고 그 복수를 한다.

그러자 아버지의 원수인 어머니를 죽인 것이 잘못이냐, 아니냐를 두고 그리스에서 일대 논란이 일어났다. 결국 이 판결은 신들에게 위임된다. 고소인 측 대리인으로 퓨리스가 나서고 변호인 측에는 아폴론이 나섰다. 재판관 자리에는 제우스의 머리에서 태어났다는 지혜의 여신 아테나가 앉았다.

퓨리스 : 자기를 낳아준 어머니를 죽인 것은 그 무엇으로도 속죄할 수 없는 죄를 지은 것이다.

아폴론 : 그러면 남편을 죽인 클리템네스트라의 행위는 무엇인가?

퓨리스 : 남편과 아내는 피를 나눈 사이가 아니다. 타인을 죽인 행위가 용서받을 수 있듯이, 클리템네스트라의 행위도 용서받을 수 있다.

아폴론 : 하지만 클리템네스트라는 남편을 죽임으로써 오레스테스의 아버지를 죽인 것이 아닌가? 그런데도 용서받을 수 있다는 건가?

신들의 논쟁은 평행선을 달렸다. 그래서 판결은 배심원들의 손에 넘겨졌지만, 여기서도 동수의 표결이 나왔다. 아버지의 원수를 갚기 위해 어머니를 죽인 오레스테스의 행위는 유죄일까, 무죄일까?

만일 아들에게 어머니와 아버지의 비중이 대등하다면, 이 문제의 답은 '유죄이자 무죄'일 것이다. 아버지에 대해서는 무죄, 어머니에 대해서는 유죄인 것이다. 그러나 만일 아들에게 의미 있는 존재는 어머니뿐이고 아버지는 아무 의미가 없다면, 오레스테스는 유죄이다. 물론 반대의 경우엔 무죄가 될 것이다. 따라서 이 판결은 당시 사회에서 어머니와 아버지 가운데 누가 아들에 대해 부모의 권리를 행사하는가에 달려 있다. 우리는 이 판결을 통해 오레스테스 신화를 낳은 그리스 사회의 남녀 관계를 추론할 수 있다.

판결은 무죄로 나왔다. 최종 결정권자인 아테나는 자신이 제우스의 머리에서 출생한 것을 예로 들어 여자는 단지 남자의 씨를 보관하는 역할밖에 하지 않는다고 주장하며 오레스테스의 무죄를 선고했다. 그리스 신화는 이후 오레스테스에게 어머니를 살해한 괴로움 때문에 미쳐서 방랑하는 운명을 배정하여주었다. 하지만, 이 신화에서 중요한 것은 아테나의 판결이며, 그 판결은 그리스가 이미 확고한 부권 사회였음을 시사한다.

호메로스의《오뒷세이아》에는 이런 구절이 나온다. 20년 동안 타국에 나가 돌아오지 않는 아버지 오뒷세이아를 찾으러 아들 텔레마코스가 집을 떠날 때, 그의 어머니 페넬로페에게 한 말이다.

어머니께선 방으로 돌아가셔서 하시던 일이나 계속해주세요. 베를 짜거나 실을 감거나 하시면서요. 시녀들한테도 제각기 할 일들을 하라고 분부하십시오. 말하는 것은 남자가 할 일입니다. 특히, 제가 말입니다. 왜냐하면 이 집안에서는 제가 주인이니까요.

이 대목을 통해서도 당시 그리스 사회는 남자가 가족의 주인인 사회였음을 알 수 있다. 가족의 중요한 일을 결정하는 권한은 남자에게 있고, 여자는 방에 들어가서 베를 짜는 사회였던 것이다. 아울러 주인의 아내에게 하녀들의 노동을 통솔하는 권한이 위임된 사회였음을 알 수 있다.

♌ '모든 것은 늘 변화한다'

그린란드 사람이 가장 어기기 쉬운 십계명은 '간음하지 말라'이다. 그들은 정조와 정숙을 거의 무시한다. 미혼의 처녀가 아이를 낳아도 사람들은 그것을 커다란 수치로 생각하지 않는다. 우리가 고트하브에 머물고 있을 때 그곳의 두 처녀가 임신하고 있었지만, 그 여자들은 임신한 사실을 조금도 부끄러워하지 않았다. 오히려 남자에게 사랑을 받는다는 이 훌륭한 증거를 아주 큰 자랑거리로 여기고 있는 것처럼 보였다.

이 이야기는 북극을 탐험한 프리트요프 난센[6]이 남긴 에스키모 인들의 생활에 관한 기록의 일부이다. 사생아를 임신하고도 부끄러워하기는커녕 남성들의 사랑을 많이 받은 징표로 여기는 이 에스키모 여성들을 어떻게 보아야 할까? 여성의 순결을 중요한 덕목으로 여기는 문명인의 시선으로 '이 미개하고 부도덕한 족속들!'이라고 비난하는 것이 마땅할까?

---

6 난센(F. Nansen, 1861~1930) : 노르웨이의 탐험가. 1888년에 그린란드를 횡단했다. 1893년에는 극지를 탐험하고 1895년에 북위 86도14분에 도달했다. 제1차 세계대전 후에는 난민 구제 등에 힘썼고, 1922년 노벨 평화상을 받았다.

'여성의 순결'이라는 도덕관념은 인간이 태어날 때부터 간직해온 것이 아니라 가부장적 일부일처제가 정착되면서 생겨난 것이다. 그 관념은 노동의 결실을 공동 소유하는 것이 아니라 몇몇 개인이 독점하는 시대, 여성이 씨족의 공동 생산물을 관리하는 것이 아니라 남성이 재산을 사유화하는 시대가 등장하고부터 생겨났다.

'순결'이란 가부장인 남성이 여성에게 강제한 도덕이었다. 남성은 자신의 사유재산을 물려줄 혈통이 분명한 아들을 확보하기 위해 여성에게 자기 이외의 남자와 일체의 관계를 가져서는 안 된다는 계율을 강요하였고, 이를 어긴 여성에게는 집단의 이름으로 가혹한 형벌을 가했던 것이다.

사유재산의 등장과 더불어 출현한 남성 지배의 가부장제와 이 가족관계의 산물인 여성의 순결이라는 도덕관념은 그리 오래된 것이 아니다. 200만 년이라는 인류 역사에서 기껏해야 3000년을 지배해온 제도이고 관념이다. 따라서 이것은 영원불변의 진리가 아니며 당연히 변화를 겪을 것이다. 그런데도 우리는 대부분 이 엄연한 사실을 망각하고 살아간다.

고대 그리스의 철학자 헤라클레이토스는 이렇게 말했다. "사람은 같은 강물에 두 번 들어갈 수 없다." 강물은 끊임없이 흐르기 때문에 사람이 두 번째로 들어설 때의 강물은 원래의 물이 아니라 새로 흘러내려온 물이라는 것이다. 헤라클레이토스는 이 말을 통해 세상에 고정 불변한 것이란 없으며, '모든 것은 늘 변화한다'는 사실을 설명했다. 많은 이들이 영원히 변하지 않을 것이라고 믿는 일부일처제도 그렇게 변하는 제도와 관습의 하나일 뿐이다.

레비스트로스, 《슬픈 열대》

레비스트로스는 프랑스 인류학자로서, 현대 구조주의의 창시자이다. 20세기 지성사에 구조주의의 시대를 연 그의 사상은 인문과학, 사회과학 전반에 걸쳐 큰 영향을 주었다. 일종의 기행문인 《슬픈 열대》는 레비스트로스의 이론에 쉽게 접근해볼 수 있는 저서이다.

레비스트로스는 본래 파리대학에서 철학을 공부했다. 스물세 살 때 철학교수 자격시험에 최연소자로 합격하는 등 비상한 재능을 보였지만, 그는 의식에 대한 일종의 심미적 명상에 몰두하는 당시의 철학 풍토에 회의를 느꼈다. 그래서 새로이 법학을 연구했지만, 법학에서도 뚜렷한 학문적 매력을 느끼지 못했다. 이런 갈등 끝에 그는 인류학에서 비로소 지적 만족감을 얻을 수 있었다. 인류학은 세계의 역사와 자기 자신의 역사를 재결합시켜주고, 세계와 자신의 공유된 동기를 동시에 해명해준다고 느꼈기 때문이다. 인간의 다양한 습관과 태도, 제도를 연구하는 인류학을 통해 그 자신의 생활과 성격을 융화시킬 수 있다고 믿은 것이다.

1935년에 그는 브라질의 상파울루대학 사회학 교수가 되었다. 브라질에 체류하는 동안 주말이나 방학을 이용하여 아마존 강 유역의 원주민 사회를 답사하며 그들의 생활과 문화를 탐구하였고, 다음해에 처음으로 인류학 논문을 발표했다. 브라질을 떠난 지 15년 뒤에 발표한 대표작 《슬픈 열대》는 브라질 내륙지방에 살고 있던 4개의 원주민 부족 – 카두베오 족, 보로로 족, 남비콰라 족, 투피 카와히브 족 – 에 관한 생활 양식과 문화를 다루고 있다. 총 9부로 이루어진 이 책의 5부에서 8부까지는 이 부족들을 조사한 과정과 각 원주민 사회의 문화를 소개하고 있다. 1부에서 3부까지는 자신의 사상적 편력과 청년기 체험, 브라질 열대지방에 처음 도착한 과정 등이 자전적으로 기술되어 있으며, 4부에는 브라질에서의 생활과 현지 조사를 위한 예비 답사의 내용이 들어 있다. 그리고 마지막 9부에서는 지금까지의 개인적 체험과 현지 조사의 내용 등을 종합, 점검하면서 인류학 연구에서 스스로 직면했던 문제점과 모순을 해결하려고 시도한다.

책 제목이 왜 '슬픈 열대'일까? 레비스트로스는 원주민 사회를 조사하는 과정에서 그 사회가 문명 사회와 접촉함으로써 변질되고 있다는 사실을 알게 되었다. 서구 문명이 원주민 사회를 파괴하고 있었던 것이다. 그는 서구 문명의 침략성에 분노를 나타내면서, 이제는 사라져버린 실체를 탐구해야 하는 민족학자라는 자기 직업의 역설에 통탄한다. 그는 자신의 브라질 현지 조사가 바로 그런 실체를 찾아 지구의 끝까지 갔던 것이라고 인식하고 있었다. "나로서는 루소가 말한 원초 시대의 거의 감지할 수 없는 진보를 찾아서 지구의 끝까지 갔던 것이다."

《슬픈 열대》에는 저주받은 원주민 사회에서 느낀 비애감이 우울하게 표현되어 있다. 레비스트로스는 광대한 열대가 이미 황폐해졌음을 보여준다. 그곳의 자연은 더 이상 풍요롭지 않고, 원주민들은 생존의 한계에서 삶을 이어가고 있었다. 그리고 아직까지 도기 제조나 직조 기술을 습득하지 못한 부족에게 선교사, 대농장 지주, 식민주의자, 정부기관의 직원 등이 현대 문명을 침투시킴으로써 그 사회의 미묘한 균형을 깨뜨리고 있었다. 레비스트로스는 이 책에서 서구 사회가 자신의 기준으로 다른 사회를 재단하는 태도에 반대한다. 서구의 관점에서 원주민 사회를 야만적이고 비합리적인 사회라고 인식해서는 안 된다는 것이다. 그는 아마존의 원주민 사회는 단지 서구 사회와 다른 또 하나의 사회일 뿐이며, 우월한 사회와 열등한 사회라는 구분은 편견일 뿐이라고 역설한다.

《슬픈 열대》의 주제는 복합적이다. 문명 비판, 이국적인 것에 대한 환멸,

아마도 존재하지 않는 것에 대한 탐구……. 레비스트로스는 이 모든 문제들에 대해 비관주의적 어조로 지적 초탈과 정신의 평정을 강조하고 있다. 그에게 있어 악의 근원은 바로 문명이다. 그는 신비스러운 조화의 구조를 가졌던 원시의 과거가 눈앞에서 파괴되고 소멸하는 것을 보았다. 그래서 마지막 남은 원주민들이 발버둥치고 있는 열대는 슬픈 것이다.

3장

소크라테스,
죽음으로 진리를 설파하다
—— 아테네 민주주의

Athenian Democracy

노예제는 그리스 민주 정치의 불가결한 구성 요소였다. 아테네는 페르시아 전쟁 이후 에게 해의 해상권을 장악하자 스키타이 인, 트라키아 인, 프리기아 인 등을 포로, 유괴, 매매 등 다양한 방법을 통해 노예로 잡아왔다. 한 자료에 따르면, 아테네 전성기에 자유 시민의 수는 대략 3만 명이었고, 남녀 노예는 8만명이었다고 한다. 인류의 고대 역사에서 최초로 실현된 그리스 민주 정치는 노예들의 피땀 위에서 피어난 찬란한 '눈물꽃'이었던 것이다.

민주주의는 인류가 고안해낸 가장 합리적인 정치제도로 평가되며, 현재 대부분 국가들의 정치 체제로 자리 잡고 있다. 인류 역사에서 맨 처음 민주 정치가 등장한 것은 2500년 전, 고대 그리스의 도시국가 아테네였다. 고대 그리스에는 500개에 이르는 도시국가가 있었는데, 그 가운데 아테네는 기원전 8세기께 성립된 인구 30만 명 규모의 나라였다. 아테네도 처음에는 귀족이 지배하는 나라였지만, 기원전 6세기에 민주주의로 이행했다. 그리고 기원전 5세기 중반에는 민주 정치가 활짝 꽃피웠다.

아테나(그리스 신화에 나오는 지혜의 여신. 도시국가 아테네의 수호신)는 민주주의를 좋아했다. 왜냐하면 아테네 시민들이 그것을 원했기 때문이다. 시민들은 민주주의를 좋아하기만 한 것이 아니라 그것을 지키고 꽃피우기 위해 무척 노력했다. 그런 노력을 통해 아테네는 고대 역사에서 민주 정치의 상징이 될 수 있었다. 그러나 아테네 민주주의는 한계가 많았다. 대표적인 것이 정치 참여 자격을 제한한 점이다. '민중의 지배'라는 이념에 어울리지 않게 다 같은 사람인 노예와 외국인, 여자는 민주 정치에서 제외되었다. 특히 그리스의 몰락이 가까워오면서 사회 기강이 흐트러지고, 아테네의 민주 정치는 타락해갔다.

아테네 민주 정치의 핵심적 보루는 '법원'이었다. 아테네의 남자 시민은 누구나 서른 살이 되면 배심원으로 선출될 자격을 가졌고, 한 재판에는 보통 500명 정도의 배심원이 참여했다. 그런데 이 아테네의 법원에서 오늘날 인류가 성현이라고 부르는 소크라테스[1]가 사형을 선고받았다. 그는 일흔이 넘은 나이에 아테네 법원의 판결에 따라 독배를 마시고 죽었다. 왜 아테네 시민들은 소크라테스에게 사형이라는 무서운 벌을 내렸을까? 이 역사적 사건을 통해 인류가 최초로 실현한 민주주의의 속사정을 자세히 들여다보자.

♌ 법정에 선 철학자

소크라테스가 사형을 당한 기원전 399년은 27년에 걸친 스파르타와의 전쟁(펠로폰네소스 전쟁. 기원전 431~404)에서 아테네가 패배한 직후였다. 그런데 전쟁을 치르는 동안 아테네 시민들은 이른바 '30인의 독재정권'이 휘두르는 폭정에 시달렸다. 전쟁이 끝난 뒤 아테네 사회는 민주 정치를 회복했는데, 소크라테스를 법정에 세운 것은 바로 이 민주 정치를 복구시킨 사람들이었다. 그들은 두 가지 근거를 내세우며 소크라테스를 민주 정치를 위협하는 위험인물로 지목했다.

첫 번째 근거는, 폭정을 휘두른 30인의 독재자 가운데 소크라테스의 제자들이 포함되어 있다는 것이었다. 아테네에 큰 피해를 주었던 알키아비데스, 공포 정치의 주역 크리티아스, 아테네를 떠나 스파르타와 페

---

1 소크라테스(Socrates, ?~기원전 399) : 고대 그리스의 철학자. 진리를 추구하는 애지(愛知)를 참다운 인간 존재의 현상이라고 주장했다. 대화를 통해 청년들의 무지를 자각시키고, 거기서 함께 참다운 지식을 탐구하는 것을 천직이라 생각했다. 그의 사상은 제자 플라톤의 《대화편》에 전해진다.

르시아 편에 붙은 크세노폰 등 많은 위험인물이 소크라테스의 제자라는 것이다.

두 번째 근거는, 소크라테스 자신이 민주 정치에 반대했다는 주장이었다. 그는 실제로 아르콘과 같은 고위 행정직을 시민의 투표로 결정하는 것은 어리석은 짓이라며 반대했다. 또 자유란 흉측한 접대부가 사람들을 취하게 만들 때 쓰는 생포도주와 같은 것이라고 비난하기도 했다.

소크라테스의 정치적 견해가 실제로 어땠는지 자세히 확인할 수 있는 자료는 거의 없다. 하지만 대체로 그의 견해를 충실히 기록하고 대변했다고 볼 수 있는 플라톤[2]의 정치 사상에 따라 추정한다면, 소크라테스가 아테네의 민주 정치를 비판하고 철인 통치를 옹호했던 것은 사실이라고 볼 수 있다.

그런데 민주 정치를 한다는 사람들이 자신들과 다른 정치적 견해를 가졌다고 해서 그 사람을 탄압하는 것은 옳지 않다. 이제 막 '30인의 독재'를 마감하고 민주 정치를 부활시킨 아테네 인들은 과거의 정치적 경력을 내세워 사람을 고소하는 행위를 금지하는 사면령을 발표했다.

소크라테스는 범죄자다. 그는 천상천하의 일을 탐구하며 궤변을 늘어놓는 등 부질없는 짓을 하고, 또 이따위 것들을 다른 사람에게 가르치고 있다.

소크라테스를 법정에 세운 멜레토스의 고소장은 이렇게 말한다. 이

---

2 플라톤(Platon, 기원전 428?~347) : 고대 그리스의 철학자. 아테네 서북부에 학원 아카데미아(Academia)를 개설했다. 중기에는 초월적인 이데아(idea)를 참 실재로 하는 사상을 전개했다. 철학자가 통치하는 이상국가의 사상으로 유명하다. 저서로는 《소크라테스의 변명》, 《향연》, 《국가》, 《테아이테토스》 등 약 30편의 대화편이 있다.

고소장에서 우리는 소크라테스가 사형을 받아야 할 만한 특별한 범죄를 저지르지 않았음을 한눈에 알 수 있다. 천상천하의 일을 탐구하고 궤변을 하며 이를 다른 사람에게 가르쳤다는 것은 한마디로 소크라테스가 소피스트 활동을 했다는 말이다. 그런데 소크라테스가 소피스트였다고? 이것은 우리의 상식과 다르다. 우리는 교과서에서 이렇게 배웠다.

기원전 5세기경, 아테네에서는 소피스트에 의하여 객관적 진리의 존재를 비판하고 인간의 주관성을 강조하는 인간 철학이 발달했다. 소피스트 중 프로타고라스Protagoras[3]는 '인간은 만물의 척도'라고 하면서 절대적 진리의 존재를 부정한 것으로 유명하다. 한편, 소크라테스는 소피스트에 반대하여 절대적 진리를 긍정했으며, 시민 윤리의 일반적 원리를 탐구함으로써 가치관의 위기를 극복하려고 했다.

소피스트들은 궤변만 일삼았고, 소크라테스야말로 진리를 추구했다는 식의 기술은 편파적이다. 소피스트Sophist의 본뜻은 '지혜의 교사'이다. 이들은 직업적 교사로서 그리스의 주요 도시를 편력하며 젊은이들에게 인간과 자연에 관한 강연을 하고 그 보수를 받아 생활한 사람들이었다. 이들은 기하학과 수사학을 중시했으며, 실제적인 지식을 강조했다. 그리고 프로타고라스처럼 인간 중심의 사고를 역설했다.

'사람이 곧 하늘'이라는 최제우의 인내천 사상이 동학혁명으로 발전한 것처럼, 인간 중심의 사고를 하면 자연스레 사회의 불평등을 비판하

---

3 프로타고라스(Protagoras, ?~기원전 414.) : 고대 그리스의 철학자로 소피스트의 제일인자. '인간은 만물의 척도'라고 하는 상대주의의 입장을 취하고 진리의 절대적 기준을 부정했다.

게 된다. 다 똑같은 인간인데 누구는 일만 하고, 누구는 호화스럽게 사치를 누리느냐는 것이다. 소피스트들은 그리스 사회의 노예제를 폐지할 것과 평민의 권리와 자유를 확장할 것을 주장했다.

이러한 사상이 아테네 귀족 집단에게 어떻게 비쳤을까? 당연히 일체의 신성한 권위를 부정하고 신들에 대한 신앙을 흐리게 하여 국가와 사회의 기초를 위태롭게 하는 위험한 사상으로 보였을 것이다. 중요한 것은, 아테네 시민의 눈에 비친 소크라테스의 모습이 바로 소피스트였다는 사실이다.

'천상천하의 일을 탐구'했다는 고소장의 문구는 소크라테스가 바로 소피스트였다는 것을 말한다. '궤변을 늘어놓았다'는 것도 소크라테스가 소피스트였다는 의미다.

♌ 소크라테스의 변론

고소자 멜레토스는 다음과 같은 조항을 추가했다.

소크라테스는 범죄자다. 청년들에게 나쁜 영향을 주고, 국가가 인정하는 신들을 인정하지 않으며 새로운 다이몬 류를 별도로 만들기 때문이다.

이처럼 아테네 시민들이 소크라테스를 법정에 세운 주된 이유는 그가 '국가가 인정하는 신'을 인정하지 않았다는 불경죄였다. 멜레토스는 그 실례로 소크라테스가 '해는 돌, 달은 흙'이라고 주장했다고 비난한다.

그런데 왜 이런 주장이 문제가 될까? 그것은 당시 아테네 시민들이 해나 달을 모두 신이라고 생각했기 때문이다. 소크라테스는 신성한 존재인 해와 달을 돌이나 흙 같은 하찮은 물질이라고 이야기하는 불경죄를 저지른 셈이다.

친애하는 멜레토스, 당신이 고소하려는 사람은 바로 아낙쿠사고라스요. 당신은 여기 있는 여러분이 문자를 해독하지 못하는 사람들이어서 아낙쿠사고라스의 책에 지금 당신이 말한 것 같은 이야기가 잔뜩 실려 있다는 사실을 모르는 줄로 아는 모양이오.

소크라테스는 멜레토스의 고소에 대해 위와 같이 답했다. 나아가 자신이 신을 부정한 적이 없음을 선언했다. "어떤 종류의 신에 대해서는 나도 그 존재를 인정하도록 가르쳤다. 따라서 내가 순전히 신을 부정하는 것은 아니며, 이런 점에서 볼 때 나는 죄를 지은 것이 아닌데……"라고도 진술했고, "아테네 시민 여러분, 나는 나를 고소한 사람들 누구보다 더 신을 강하게 믿는 사람입니다"라고 적극적으로 신을 옹호했다. 그러나 소크라테스의 변론은 여기서 멈추어야 했다. 사실, 더 이상 무슨 변명이 필요하단 말인가?

사람은 누구나 자기 머리로 생각하고 자기 혀로 말할 권리를 가진다. 생각의 자유와 표현의 자유는 어떤 이유로도 억압할 수 없는 천부 인권에 해당한다. 그런데 고대에 가장 찬란한 민주주의의 꽃을 피웠다는 그리스 사회는 지금 소크라테스의 사상을 의심하고 억압하고 있다.

인류 역사를 보면, 한 시대의 지배자들은 자신들의 체제를 합리화하는 이데올로기를 고안하고 전파하여 피지배자들을 순응하도록 했다. 그리고 이 이데올로기에 반대하는 자들은 가혹하게 탄압했다. 그런데 지배자의 이데올로기에 반대하는 사상을 가진 것이 죄가 되었을 때, 다른 범죄와는 달리 지배자들은 그 사상을 철회할 것을 요구한다. 그리고 죄인이 자신의 사상을 철회하고 지배자의 사상을 수용한다고 선언하면 처벌하지 않는다. 소크라테스는 바로 이 같은 사상범으로 재판정에 선 것이다.

소크라테스가 국가가 인정하는 신들을 인정한다고 고백했으므로 더이상 변명도, 재판도 진행할 필요가 없었다. 그런데 유죄냐 무죄냐를 가름하는 판결에서 소크라테스의 유죄가 인정되었다. 총 500명의 배심원들 가운데 280명이 유죄, 220명이 무죄에 표를 던졌다. 이 표결에 대해 소크라테스는 뭐라고 말했을까?

자, 아테네 시민 여러분. 여러분이 나에게 유죄 표결을 한 데 대해 나는 분개하지 않습니다. 나에게는 표결 결과가 조금도 이상한 일이 아닙니다. 오히려 나는 표결의 양쪽이 근소한 차이로 나타난 데 놀라움을 금할 수 없습니다. 그러니까 30표만 반대편으로 갔다면, 나는 무죄가 되었겠지요.

그리스 법정의 재판은 먼저 이렇게 유·무죄를 가린 다음 형량을 결정하는 순서로 이어졌다. 형량의 종류는 네 가지밖에 없었다. 억류, 벌금, 국외 추방, 사형. 이 네 가지 가운데 하나를 선택하는 것이 형량 판결이었다.

상식적으로 볼 때 유죄 표결이 500표 가운데 280표, 곧 56퍼센트밖에 얻지 못했으므로 형량은 가벼운 벌금형 정도에 머무는 것이 합리적이었다. 그런데 이상한 판결이 떨어졌다. 전체의 76퍼센트인 360명이 '사형'에 찬성한 것이다. 무죄를 인정한 220명 가운데 80명이 사형 판결에 찬성을 하다니!

♌ 사형 선고의 비밀

상식적으로 납득하기 어려운 이 사형 선고의 비밀을 풀어보자. 왜 소크라테스는 자신의 벗인 아테네 시민들로부터 극형을 선고받게 되었을까?

소크라테스는 재판정에서 자신의 결백을 입증했다. 자기는 많은 청년들에게 가르침을 주었지만, 그 대가로 돈이나 다른 금품을 받은 적이 없다고 주장했다. 자신의 가난한 처지를 보면 그것을 잘 알 수 있을 것이라며 시민들에게 호소했다. 또 자신은 부정한 일에 단 한 번도 가담하지 않았다고 주장했다. 독재 정치가 실행되던 때에 30인 혁명위원들이 자신에게 사라미스로 피신한 레온을 체포해오라는 명령을 내렸지만, 자신은 그 부당한 명령에 응하지 않았다는 사실도 제시했다.

그러나 피고의 자리에 선 소크라테스는 자기의 입을 지켜보는 아테네 시민을 향하여 단 한 마디의 사죄도 하지 않았다. 뜻하지 않게 폐를 끼쳐 미안하다느니, 사회적 물의를 일으켜 죄송하다느니 하는 상투적인 발언도 일체 하지 않았다. 오히려 그는 그 자리에서 아테네 시민들을 향해 경고를 보냈다. 자신이 재판정에 서게 된 것은 자신에 대한 아테네 시민들의 질투심 때문이라고 힐난했다. 소크라테스는 자신이 법정에 서게 된 경위를 이렇게 설명했다.

소크라테스의 어릴 적 친구 가운데 카이레폰이란 사람이 있는데, 그는 신전의 무녀를 찾아가서 "이 세상에 소크라테스보다 더 지혜로운 자가 있는가?" 하고 물었다. 무녀는 "아무도 없다"고 답변했다. 이 이야기를 전해들은 소크라테스는 '그럴 리가 없다. 정녕 그 무녀의 발언이 신의 뜻이라면, 신의 뜻이 정말 무엇인지 알아봐야겠다'고 생각했다.

그래서 소크라테스는 신탁을 반박하기 위해 가장 지혜가 뛰어나다는 사람들을 찾아가 대화를 나누어보았다. 가장 지혜가 높다는 유명 정치인을 만나 무엇이 선이고 무엇이 덕인지에 대해 물어보았지만, 이 정치가는 사실 아무것도 모르면서 세상 일을 다 알고 있다는 착각에 빠져 있다는 것을 확인하게 되었다.

이어서 한 유명한 작가를 만나 그 작가가 쓴 글 가운데 가장 난해한 대목에 관해 질문을 던졌다. 그리고는 이 작가가 자신의 글이 무엇을 의미하는지도 모르면서 쓰고 있다는 사실을 확인하게 되었다. 또 유명한 기술자를 만나 그 사람의 기술에 관해 물어보았다. 그 결과 그 기술자는 자신의 기술에 대해서뿐만 아니라, 그 이상의 세상사도 다 알고 있다는 착각에 빠져 있다는 사실을 알게 되었다.

이런 만남과 토론을 통해 소크라테스는 다음과 같이 결론지었다. "유명한 사람일수록 '사유'의 일에서는 거의가 보잘것없다!, 나는 자신의 무지를 알고 있지만, 지혜롭다는 사람들은 자신의 무지조차 모르고 있다!"

소크라테스는 이후에도 틈날 때마다 유명한 사람들에 대한 조사를 그치지 않았고, 이 과정에서 심문 대상이 된 사람들은 하나같이 불쾌한 감정을 느끼지 않을 수 없었다. 그래서 사람들은 소크라테스에 대해 미움과 질투를 품게 되었고, 이 미움과 질투야말로 소크라테스가 재판정에 서게 된 주된 이유라는 것이다.

소크라테스는 아테네 시민들을 향해 이렇게 거침없이 내뱉으면서, 자신은 그런 악역 때문에 죽음을 당하는 일이 있더라도 끝까지 진리를 옹호할 것이라고 웅변했다.

아테네 시민 여러분, 나는 여러분에게 깊은 애정을 가지고 있습니다. 하지만 여러분에게 복종하기보다는 신에게 복종하는 것을 좋아합니다. 나는 숨을 쉬는 한, 지식을 탐구하는 일을 결코 그치지 않을 것입니다.

이어서 그는 《일리아스》에 나오는 아킬레우스의 말을 빌려 자신의 입장을 표명했다.

저 악한 자에게 벌을 줄 수만 있다면 곧 죽어도 좋습니다. 나는 이 세상에 있는 동안 지상의 귀찮은 존재가 되어 방향도 없는 뱃전에 앉아 웃음거리가 되고 싶지는 않습니다.

아테네 시민들이 자신을 귀찮은 존재로 여겨 사형을 선고하더라도 진리를 탐구하고 표현하는 일을 그만둘 수 없다는 이야기다. 변론이 계속될수록 누가 고소자이고 누가 피고인인지 분별하기가 힘들어졌다. 소크라테스는 자신을 법정에 세운 아테네 시민의 부패와 타락을 질타했다.

아테네 시민 여러분! 나는 목숨이 붙어 있는 한, 지혜를 사랑하고 구하는 일을 결코 그만두지 않을 것입니다. 나는 여러분 가운데 누구를, 언제 만나더라도 충고하고 내 소신을 밝히는 것을 그만두지 않을 것입니다. 세상의 뛰어난 사람들이여! 당신은 위대한 지혜와 힘의 나라 아테네의 시민이면서 진리는 마음에 두지 않고 오직 많은 돈을 손에 넣는 데만 몰두하고 있으니 부끄럽지 않습니까? 외부의 평판과 자신의 지위에 대해서는 신경을 쓰면서 사유에 대해, 진실에 대해서는 관심이 없고 영혼을 훌륭하게 만드는 일에 대해서는 걱정도 하지 않으니 이것은 부끄러운 일이 아닙니까?

《소크라테스의 변명》

만약 소크라테스가 여느 피고들처럼 고분고분한 태도를 보이며, 작은 반성의 조짐이라도 보여주었더라면 아테네 시민들은 무죄 판결을 내렸을지도 모를 일이다. 그런데 피고가 오히려 재판관들을 향해 훈계를 했다. 돈과 명예에 눈이 어두운 스스로가 부끄럽지 않느냐고 말이다.

게다가 사형 선고가 내려지기 전, 소크라테스는 이렇게 열변을 토했다. 자신은 평생 아테네 시민들의 눈을 뜨게 하는 일을 했으므로 이에 합당한 것은 벌이 아니라 상이며, 그것도 나라에서 가장 훌륭한 일을 한 사람에게 내리는 '영빈관의 접대'를 자신에게 베풀어야 한다는 것이었다. 상을 주어도 부족할 판에 벌은 무슨 벌이냐고 힐난한 셈이다.

사실, 소크라테스는 억류를 신청할 수도 있었다. 그런데 이를 거부했다. 그렇게 되면 감옥에 들어가 공무원의 노예가 되어야 하는데, 무엇

때문에 자기가 노예가 되어야 하느냐며 어림도 없는 이야기라고 일축했다. 벌금을 신청할 수도 있었다. 그러나 지불할 돈이 없다고 배짱을 부렸다. 또한 국외 추방의 형을 신청할 수도 있었다. 하지만 자신은 어딜가든 정의와 선을 규명하고 옹호하는 활동을 그만두지 않을 것이며, 그러면 외국에서도 또 쫓겨날 것이 뻔한데 그런 구차한 삶을 살아서 무엇하겠느냐며 국외 추방을 거부했다.

결국 소크라테스는 아테네 시민들에게 죽일 테면 죽여보라고 협박을한 셈이다. 그렇게 해놓고 또 경고를 보냈다. '나를 죽임으로써 아테네에서 쫓아낼 수 있겠지만, 그렇게 되면 당신들은 진실을 쫓아냄으로써흉악과 부정의 형벌을 받게 될 것'이라고 말이다. 마지막으로 소크라테스는 죽음이라는 벌로 자신을 탄압할 때를 대비해서 이런 말을 준비해놓았다.

죽음이란 이 세상에서 저 세상으로 여행을 떠나는 것이라는 전설이 사실이라면, 이 세상의 자칭 재판관들로부터 해방되어 미노스나 라다만튜스와 같은 진짜 재판관들을 만난다는 전설이 사실이라면, 또 헤시오도스[4]나 호메로스와 같은 이들과 함께 살게 된다면, 죽음 이후의 생활은 참으로훌륭한 것이 아니겠는가.

그날 사형을 선고한 아테네 시민들은 이 고집쟁이 영감의 굽힘 없는연설을 들으며 무척 괴로웠을 것이다. 지동설을 고집하다 화형에 처해

---

4 헤시오도스(Hesiodos, ?~?) : 고대 그리스의 시인. 기원전 8세기경의 사람으로 저서인 《노동과 나날》을 통해
농업 노동의 존귀함과 일상생활의 마음가짐을 읊었다.

진 부르노는 재판관을 향해 "이 판결 앞에서 떨고 있는 자들은 바로 당신들"이라며 불의를 통박했지만, 소크라테스의 변론 역시 그에 못지않은 정신적 고문이었을 것이다.

평생 시장 바닥에서 사람들과 말놀이나 한 것으로 알았던 괴짜 영감으로부터 "무지한 자들아, 돈과 명예에 눈먼 자들아. 바로 너희들이 그렇기 때문에 나 같은 쇠파리 한 마리가 등에 달라붙어서 너희들을 괴롭히는 비판을 그만둘 수 없는 것이다" 하는 말을 들으면서, 죽음의 형벌조차 개의치 않는 영감의 의연함 앞에서 그들은 떨었을 것이다. 치솟는 분개에 떠밀려 영감의 육신을 이 세상으로부터 영원히 추방하는 결정을 내렸지만, 그들의 양심은 내내 잠들지 못했을 것이다.

♌ 진리를 위해 독배를 들다

소크라테스에 대한 재판은 범죄 사실을 둘러싼 것이 아니었다. 그것은 소크라테스에게 앙심을 품은 고소자들과 이에 동조한 시민들 그리고 이들 모두를 상대로 자신의 사명과 자존심을 옹호하려는 소크라테스의 대결이었다.

아테네를 이끌어가던 정치가, 작가, 기술자들은 이상한 논법을 사용하여 자신들의 무지를 폭로하고 비웃고 퍼뜨리는 고집쟁이 영감을 더이상 인내할 수 없었던 모양이다. 그래서 한번 크게 혼내줄 양으로 재판정에 세웠는데, 사과나 변명은커녕 또 다시 비난의 손가락질을 하는 것이 아닌가.

플라톤이 기록한 《소크라테스의 변명》을 종합해보면, 소크라테스는 사형을 받아야 할 아무런 이유가 없는 사람이었다.

독약을 다 마시고 드러누운 소크라테스는 독약이 심장에 미치기 일보 직전에 벌떡 일어나서 아래와 같은 유명한 말을 남겼다. 현세의 고통으로부터 자신의 영혼을 해방시켜준 아테네 시민의 현명한 결정에 보답하는 말이었다.

어이, 크리톤. 아스클레피오스에게 닭 한 마리 바쳐주게나.

아스클레피오스는 여신의 이름인데, 당시 그리스 사람들은 병을 치유하고 나면 감사의 뜻으로 이 여신에게 닭 한 마리를 바쳤다고 한다. 아마도 이것은 자신에게 사형 선고를 내린 아테네 시민들에게 날리는 '독기 어린 유머'였을 것이다.

네루[5]는 옥중 편지를 통해 딸에게 세계사 이야기를 들려주었는데, 그는 소크라테스의 죽음에 대해 이렇게 썼다.

소크라테스는 진리를 탐구하는 철학자였다. 그에게 가치 있는 유일한 것은 참된 지식이었다. 그는 자주 벗이나 안면 있는 사람들에게 어려운 문제를 제기하고 바른 답이 나올 때까지 토론을 벌였다. 정부 당국이란 언제나 사물의 본질을 추구하려는 이들을 싫어하게 마련이다. 그들은 진리의 추구를 탐탁하게 여기지 않는다.

---

5 네루(Jawaharlal Nehru, 1889~1964) : 인도의 정치가. 간디의 지도 아래 반영(反英) 독립운동을 전개했다. 제2차 세계대전 후에도 독립운동을 계속하여 1947년 독립에 성공했다. 이후 인도공화국 수상을 지냈다.

페리클레스 바로 다음 시대의 아테네 당국은 소크라테스의 방법론을 꺼려했고, 그를 재판에 회부하여 사형을 선고했다. 그리고 만약 소크라테스가 사람들과 토론하는 것을 그만두고 사상을 바꾼다면 사면하겠다고 제의했다. 그러나 소크라테스는 그 제의를 일축했다. 자신의 길을 포기하기보다 기꺼이 죽음에 이르는 독약을 마시는 편을 택했다. 소크라테스는 살아서 진리와 지식의 대의에 봉사했으며, 죽어가면서도 여전히 자신의 천직을 수행했다.

《세계사 편력》

♌ 폴리스의 탄생

지금까지 소크라테스 재판이라는 역사적 사실을 통해 고대 그리스 사회의 한 단면을 살펴보았다. 우리가 고대 그리스를 중요하게 다루는 이유는 그 문명이 바로 서양 문명의 뿌리를 이루는 것이기 때문이다. 그리스에서 꽃핀 민주 정치, 신화, 철학, 예술 등 화려한 문명은 서양 문명의 풍부한 자양분이 되었다.

그리스의 초기 역사를 알려주는 유일한 문헌이 호메로스[6]의《오뒷세이아》다. 《오뒷세이아》에 묘사된 이타카Ithaca는 농경과 가축 사육 같은 평화로운 생업을 영위하는 안정된 사회다. 오디세우스는 이타카의 군주 (바실레우스basileus)였는데, 이때의 군주란 오늘날의 기준에서 보면 '촌장'

---

6 호메로스(Homeros, ?~?) : 고대 그리스의 시인으로 기원전 8세기경의 사람이라고 추측된다. 그리스에서 가장 오래된 서사시 《일리아스》와 《오뒷세이아》의 지은이다.

에 해당하는 명칭이었다. 바실레우스라 불리는 장로가 여러 명 등장하는 것으로 보아, 오디세우스는 '여러 지도자들의 대표' 정도였던 것으로 보인다. 그 사회는 한 개 또는 몇 개의 촌락에 기반을 둔 바실레우스들이 느슨하게 결합한 맹아적 귀족사회였던 것이다. 원정은 그들의 주된 공공 활동이었으며, 그들이 자랑하는 창고의 보물은 모두 원정의 전리품이었다.

바실레우스는 직계가족 외에 노예와 시종들로 구성된 가계oikos의 대표였다. 그리고 가축의 수와 창고의 보물들이 각 가계의 위세를 가늠하는 중요한 기준으로 통용되었다.

호메로스의 등불을 따라 암흑기의 터널이 끝나는 곳까지 이르러서도 우리는 당분간 고고학의 안내를 받아야 한다. 기원전 8세기에 그리스 알파벳이 발명되었지만, 그로부터 한 세기 이상이 지나서야 그 문자 기록이 우리의 시야를 밝혀주기 때문이다. 고고학의 연구 성과에 따르면, 기원전 8~7세기경 그리스 사회에 두 가지 커다란 변화가 일어났다. 하나는 인구가 급증한 것이고, 다른 하나는 선진 오리엔트 문명[7]과 접촉하고 교류하게 된 것이다.

왜 그리스의 인구가 급증한 것일까? 쇠를 입힌 쟁기 날의 도입에 따른 농업 생산력의 발전 덕분이다. 그런데, 인구 급증은 이후 그리스 사회의 고질적 문제인 '토지 부족'을 낳았다. 이 문제의 해결책은 두 가지밖에 없었다. 이웃 촌락의 토지를 강점하거나 잉여 인구를 다른 지역에 이주시키거나 하는 것뿐이었다. 토지를 둘러싼 긴장이 발생한 것이다.

---

7 오리엔트 문명 : 이집트·메소포타미아·이란·시리아 등 고대 오리엔트 지역에서 발달한 문명. 관개농업에 기초를 두고, 중앙집권제와 강대한 왕권을 배경으로 거대한 궁전과 신전을 세웠으며 문자·역법·천문학·수학 등의 발달을 가져왔다.

이전까지는 가축이나 보물이 중요한 재산이었고, 토지는 재산으로서 별 가치를 지니지 않았다. 그러나 농업 생산력이 발전하면서 토지는 부를 낳는 재산의 중요 품목으로 인식되기 시작했고, 비로소 토지를 빼앗기 위한 전쟁이 시작된 것이다. 이 같은 긴장은 느슨히 연결되어 있던 바실레우스들로 하여금 더 강하고 제도화된 결합을 모색하게 했다. 상호 동맹의 필요성에 동의한 바실레우스들은 그 지역 내에서 가장 좋은 군사적 요충지에서 공동 업무를 논의하고 처리하기 시작했다. 최상의 군사적 요충지는 방어하기 좋은 구릉형 요새, 곧 아크로폴리스acropolis였다.

그리스 문화의 단위는 도시국가polis state다. 여기서 우리는 폴리스의 탄생 경위를 보게 된다. 애초의 폴리스는 무엇보다 군사 공동체였던 것이다. 그리고 시간이 지나면서 폴리스의 중심지에 상인, 수공업자들이 모여들어 시장을 형성하게 되었다.

♌ 노예의 피땀 위에 피어난 찬란한 '눈물꽃'

폴리스는 정치만이 아니라 경제적으로도 자립적인 단위였다. 따라서 반드시 농업 생산의 기반인 농촌 지역과 결합해야만 했다. 대개의 경우 폴리스의 귀족인 바실레우스들만 도시로 이주하고, 농민들은 그대로 촌락에 머물면서 폴리스의 성원, 곧 시민이 되었다.

농촌에 남은 대부분의 시민들은 군사 공동체인 폴리스의 방위에 적극 참여하지 못했으므로 완전한 참정권을 누릴 수가 없었다. 폴리스의 공동 업무를 결정하고 운영하는 권한은 상당한 비용이 드는 말과 무기를 자비로 갖추고 폴리스의 방위를 전담하는 귀족들에게 독점될 수밖에 없었다. 초기 폴리스 시기에 형성된 귀족들의 우위는 폴리스 방위를 전담한다는 사실에 근거한 것이었다. 그 무렵의 전투 방식은 호메로스의 서사시에 보이듯이, 전차 위에서 싸우는 것이 아니라 중무장한 말을 타고 나가서 서로의 무용을 겨루는 것이었다. 이런 전투에서는 귀족들만이 전사였으며, 필요한 것은 전사 개인의 무용이었다. 이처럼 초기 폴리스는 귀족들의 정치, 곧 아리스토크라시aristocracy에 의해 지배되었다. 하지만 세월이 흐르면서 귀족정은 점차 무너져갔다.

늦어도 6세기 초까지는 폴리스들이 경쟁적으로 중무장한 보병의 밀집 대형을 기본으로 하는 새로운 전술을 채택하기 시작했다. 수공업이 발전하면서 창이나 방패, 갑옷과 같은 전쟁도구의 가격이 저렴해졌고, 이에 따라 중소 농민이나 상공업자들도 자비로 중무장을 할 수 있게 된 것이다. 이제 귀족과 평민이 한 대형을 이루어 생사를 같이하게 되었으며, 전술적으로도 개인의 무용보다 대형 속에서 자신의 위치를 지키는 것이 중요시되었다. 따라서 군사적 기능의 독점을 토대로 한 귀족의 정치적 지배는 무너질 수밖에 없었다.

먼저, 위로부터 귀족정을 개혁하려는 움직임이 나타났다. 기원전 7세기 후반 드라콘에 의한 법의 성문화와 기원전 6세기 초에 실시된 솔론의 개혁 입법이 그것이다. 하지만 이 같은 개혁의 흐름도 귀족정의 수명을 연장시키지는 못했다. 이번에는 특정 귀족이 폭력으로 권력을 장악한 참주정이 등장했다. 그러나 군주제의 변형인 참주정은 결코 폴리스의 발전 방향과 양립할 수 없는 것이었다. 권력 세습을 꾀했던 참주정은 결국 강력한 반참주 운동에 부딪혀 붕괴할 수밖에 없었다. 여기에서 클레이스테네스⁸의 개혁이 등장한다.

클레이스테네스가 수립한 민주정 아래 500인으로 구성된 평의회가 운영되었다. 이제 시민이면 누구나 추첨을 통해 평의회 의원으로 선출될 수 있었으며, 운이 좋으면 평생에 하루쯤은 평의회를 주재할 수 있었다. 그런데 이 참여 민주정은 시민들의 시간과 노고를 보상 없이 요구했다. 보수가 따로 없기 때문에 평의회에 적극적으로 참여할 수 있는 이들은 생계 걱정이 없는 부유층과 중산층 시민에 한정되었다. 다시 말해 민주 제도를 운영하기 위해서는 '시민의 여가'가 반드시 필요했던 것이다.

그렇다면 민주 정치에 참여하는 시민의 여가는 어디서 왔을까? 그것은 시민이 해야 할 노동을 대신해주는 노예가 있었기에 가능한 일이었다. 노예제는 그리스 민주 정치의 불가결한 구성요소였다. 아테네는 페르시아 전쟁이 끝나고 에게 해의 해상권을 장악하게 되자 포로나 유괴, 매매 등 다양한 방법으로 스키타이 인, 트라키아 인, 프리기아 인 등을 노예로 잡아왔다. 유명한 은광산인 라우리온에는 성업기에 수만 명의 노예가 투입되었고, 대규모 건축공사를 도급하던 수공품 제작장들도 수백 명의 노예를 거느렸다. 한 자료에 따르면, 전성기 아테네의 자유 시민의 수는 대략 3만 명이었고, 남녀 노예의 수는 8만 명이었다고 한다. 인류의 고대 역사에서 최초로 실현된 그리스 민주 정치는 노예들의 피땀 위에서 피어난 찬란한 '눈물꽃'이었던 것이다.

---

8 클레이스테네스(Cleisthenes ?~ ?) : 기원전 6세기 후반의 아테네 정치가. 4부족제를 폐지하여 10부족제로 하고 도편 추방제를 정하여 아테네 민주 정치의 기초를 닦았다.

플라톤,《국가》

"나는 야만인이 아니라 그리스 사람으로, 노예가 아니라 자유민으로, 여자
가 아니라 남자로, 그리고 무엇보다 소크라테스의 시대에 태어난 것을 신
에게 감사한다." 플라톤은 늘 이렇게 말했다고 한다. 스무 살 때 이루어진
소크라테스와의 만남은 그의 인생의 대전환점이었다. 스승 소크라테스가
날카로운 질문으로 다양한 억측을 깨뜨리는 것을 보면서 예리한 영혼이 서
서히 피어난 것이다.

플라톤이 살았던 시대는 끝없는 분쟁이 이어진 혼란기였다. 스물세 살이
되던 기원전 404년에 아테네는 스파르타에 무조건 항복을 했고, 그 여파로
아테네에는 독재정권인 30인 참주정치가 성립했다. 그러나 참주정치는 바
로 다음해에 시민들의 봉기로 무너지고 다시 민주 체제가 성립했다. 그리
고 스물여덟 살이 되던 기원전 399년에는 플라톤의 인생에 결정적 의미를
갖는 사건이 일어났다. 스승 소크라테스가 민주 법정에서 사형을 선고받고
죽은 것이다. 이 일은 플라톤에게 평생 씻지 못할 충격적인 경험이었다. 그
는 스승을 죽음으로 몰고 간 민주주의에 대해 조소를 보내고 증오를 품게
되었다. 플라톤의 이런 생각은《국가》속에서 여실히 드러난다.

플라톤은 조국 아테네가 혼란 속에서 붕괴되어가는 것을 보면서 정치 문
제에 몰두하게 되었고, 소크라테스의 죽음을 겪으면서 중우정치로 빠지기
쉬운 민주주의는 매우 불완전한 정치 체제라는 생각을 굳히게 되었다. 그
러면 가장 이상적인 정치 체제는 무엇인가? 이것이 플라톤이 일생을 두고
전념한 문제였으며, 그 해답을 피력한 저서가 바로《국가》다. 이 문제에 대

한 플라톤의 해답은 '체계적인 통치자 양성 과정을 거친 가장 현명하고 훌륭한 사람이 나라를 통치하는 것', 곧 철인 정치이다. 《국가》에 나오는 다음 구절이야말로 플라톤이 평생 동안 가꿔온 사상의 핵심이라고 할 수 있다. "철학자가 왕이 되거나 현재의 왕후들이 철학적 정신과 힘을 갖춤으로써 지혜와 정치적 지도력이 한 사람에게서 합일되어야 한다. 그렇게 되기 전까지는 국가도 인류도 결코 재난을 면치 못할 것이다."

《국가》가 언제 저술된 것인지에 대해서는 논란이 많다. 방대한 분량으로 보아 여러 해에 걸쳐 집필된 것으로 보이며, 지금까지의 연구로는 플라톤의 나이 쉰 살에서 예순 살 사이에 쓴 것으로 알려져 있다. 이 책에서 플라톤이 제시한 것은 이상 국가이며, 그 이상 국가의 핵심은 '훌륭한 사람이 통치하는 것'이다. 훌륭한 통치자는 참다운 선을 파악하고, 나라를 그 목적에 맞도록 통치함으로써 정의에 봉사해야 한다. 그래서 정의라는 이념을 규정하고 그것을 구현하는 방법을 탐구하는 것이 《국가》의 주제가 되었다. 그리고 통치자를 양성하기 위한 교육과 훈련이 이 책의 주요 관심사이다. 《국가》는 총 10권으로 이루어진 방대한 저작인데, 그 주요 내용은 다음과 같다.

1권 : 정의正義에 관한 여러 사람의 견해 검토
2-4권 : 국가와 개인에게 정의란 무엇인가?
5-7권 : 정의로운 국가의 형태와 조건
8-9권 : 정의롭지 못한 국가
10권 : 시에 대한 비판과 정의의 응보

플라톤은 오랜 인생 역정 속에서 수많은 저서를 남겼다. 《국가》, 《소크라테스의 변명》, 《향연》 등은 오늘날까지도 널리 읽히는 명저다. 대화체로 서술된 그의 모든 저서는 철학책인 동시에 문학 작품이다. 플라톤의 영혼 속에는 철학자와 시인이 함께 살고 있었던 것이다. 그의 많은 저서들 가운데서도 《국가》는 플라톤 사상 전체를 한 권에 집약한 것으로 평가된다. 미국의 철학자 윌 듀란트는 《국가》에 대해 이렇게 찬사를 보냈다.

"《국가》는 그 자체로 완전무결한 논문이며, 플라톤의 사상 전체를 집약한 책이다. 이 책에서 우리는 그의 형이상학과 신학, 윤리학, 심리학, 교육학, 정치학, 미학을 볼 수 있다. 또 우리는 이 책에서 근대와 현대의 취향에 맞는 문제들, 곧 공산주의와 사회주의, 여성해방론과 산아제한, 우생학, 도덕과 귀족 정치에 대한 니체의 문제들, 자연으로 돌아가라며 자유주의적 교육을 말하는 루소의 문제들, 베르그송의 '생의 약진', 프로이트의 정신 분석을 발견할 수 있다. 모든 문제가 이 책에 담겨 있는 것이다. 이 책은 인색하지 않은 주인이 베푼 엘리트를 위한 향연이다."

4장

브루투스가 카이사르를 암살한 까닭은?

—— 로마 공화정

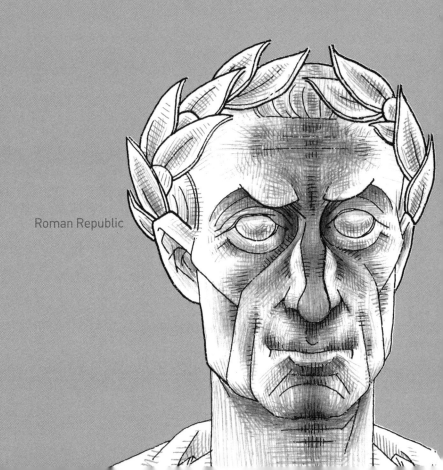

Roman Republic

공화정^{republic}의 라틴어 어원은 '구성원의 공동 관심사와 공공 재산'이라고 한다. 그런데 로마의 토지가 소수의 수중으로 들어가면서 공공 재산도, 공동의 관심사도 사라졌다. 무산자로 전락한 로마 빈민들은 몇몇 유력한 정치가들이 제공하는 '빵과 서커스'를 즐기면서 자신의 정치적 권리를 팔아버렸다. 그라쿠스의 토지개혁이 실패했을 때, 이미 로마 공화정은 몰락해 있었던 것이다.

대한민국 헌법 제1조는 우리나라의 정치 체제에 대해 다음과 같이 천명하고 있다. "대한민국은 민주공화국이다. 대한민국의 주권은 국민에게 있고, 모든 권력은 국민으로부터 나온다." 오늘날 대부분의 국가가 채택하고 있는 '민주주의'와 '공화국'이라는 정치 이념과 체제는 영국 청교도혁명, 미국 독립전쟁, 프랑스대혁명으로 대표되는 근대 시민혁명을 통해 구축된 것이지만, 그 뿌리는 고대 그리스와 로마에 닿아 있다.

　로마의 공화정共和政, republic은 그리스 민주주의와 함께 고대 인류가 이룩한 가장 뛰어난 정치 시스템이다. 공화정은 국왕 1인이 통치하는 체제인 왕정(제정, 군주제)에 대립되는 개념으로, 복수의 주권자가 통치하는 체제를 말한다. 왕정에서 국가 원수는 혈통으로 세습되는 개인이지만, 공화제에서 국가 원수는 국민이 선출한 대표자이다. 로마는 이 같은 공화정의 모범을 보였다. 시민들은 로마를 사랑했고, 기원전 6세기부터 내려온 오랜 공화정 전통을 사랑했다. 우리의 교과서에는 이렇게 씌어 있다.

　로마는 기원전 6세기 말경에 왕을 추방하고 공화정을 수립했다. 공화정 초기에는 귀족이 정권을 장악하고 집정관이나 원로원 등 정치의 요직을 독점했다. 그러나 상공업의 발달과 전쟁으로 평민의 지위가 향상됨에 따라 평민은 정치 참여를 요구하는 민권운동을 전개했다.

성산사건[1]을 계기로 호민관제도가 채택되어(기원전 494년) 평민 중 2명의 호민관을 선출했다. 이들은 법률 제정 거부권을 행사함으로써 평민의 권익을 옹호했다. 그 후, 로마 최초의 성문법인 12표법이 제정되어(기원전 450년) 귀족이 법을 악용하는 폐단을 억제했다. 또 리키니우스 법이 제정됨으로써(기원전 367년) 통령 2인 중 한 명을 평민 중에서 선출하게 하여 관직이 평민에게 개방되었다. 그리고 호르텐시우스 법이 제정되면서 (기원전 287년) 귀족과 평민은 법률상 동등하게 되었다.

로마의 평민들은 500년에 걸친 오랜 역사 속에서 왕권을 거부하고 귀족의 독재에 맞서 싸우면서 민주적인 공화정을 계승, 발전시켜왔다. 그런데 어느 날, 공화정을 결정적으로 위협하는 인물이 나타났다. 그는 바로 평생을 로마의 영광을 위해 헌신해온 카이사르라는 지도자였다.

지중해를 호수 삼아 1000년 동안 유럽을 호령한 로마, 그 로마가 낳은 불세출의 영웅 카이사르는 결국 공화정을 사랑한 시민들에게 버림받고 비참한 최후를 맞는다. 셰익스피어의《줄리우스 카이사르》라는 작품을 통해 로마 공화정이 다시 왕정으로 이행하는 역사의 명장면을 생생하게 들여다보자.

---

1 성산(聖山)사건 : 기원전 494년 로마의 평민이 귀족의 독점 정치에 반대하여 자신들이 뽑은 호민관을 앞세우고 로마 교외에 있는 성산이라는 뜻의 몬스사케르(Mons Sarcer) 언덕에 진을 치고 신시 건설을 선언한 사건. 이로써 호민관 제도가 성립되었다. 그 후 기원전 449년에도 같은 사건이 있었다.

♌ 브루투스, 너마저?

카이사르 : 준비는 다 되었소? (음모자들이 카이사르 옆으로 가서 의자를 에워싼다.) 자, 무슨 부정은 없소? 카이사르와 원로원이 수술을 해야 할⋯⋯?

메텔러스 : (무릎을 꿇으며) 더없이 전능하신 카이사르 각하, 메텔러스 심버는 어전에 엎드려, 삼가⋯⋯.

카이사르 : 그만, 듣기 싫소, 심버. 그렇게 무릎을 꿇고 엎드리면 범부의 공명심을 불타게 하고, 태고의 율법도 유아의 법으로 변하게 할지 모르오. 그러니 어리석은 생각은 버리시오. 이 카이사르가 바보들을 녹이는 수단인 감언이나, 비굴한 개의 천한 아첨에 본성을 잃을 사람은 아니니까. 그대의 형은 국법에 의하여 추방당했고, 설사 그대가 허리를 굽히고 손을 비비며 아첨을 하더라도 나는 그대를 개같이 차버릴 수밖에 없소. 이 카이사르는 부정을 행하지 않을 뿐더러 이유 없이 용서도 하지 않는 사람이오.

메텔러스 : 나보다 더 덕망 있는 누군가 있어, 그분의 음성이 카이사르의 귀에 더욱 상쾌하게 울려서 내 형의 추방을 풀어주게 할 순 없소?

브루투스 : 손에 키스를. 물론 아첨은 아닙니다, 카이사르. 퍼블리어스 심버의 추방을 취소하여 자유의 신분으로 해주시기 바랍니다.

카이사르 : 뭐라고, 브루투스?

캐시어스 : (아주 공손하게) 특사를, 카이사르. 카이사르, 특사를. 이 캐시어스는 이렇게 각하의 발밑에 엎드려 퍼블리어스 심버의 사면을 애원합니다.

카이사르 : 나도 맘이 동할는지 모르오. 내가 그대들과 같다면, 또는 내가 애원하여 남을 움직이게 할 수 있는 그런 위인이라면 나도 애원에 동할는지 모르오. 하지만 나는 북극성같이 부동하오. 북극성의 확고부동한 자세는 수천만의 별들과 비할 수가 없소. 여러분은 무수한 섬광으로 아롱지고 있소. 모두 불덩어리이며, 모두 반짝거리고 있소. 그러나 그중에서 부동의 위치를 지키고 있는 놈은 단 하나뿐이오. 내가 바로 그 사람이오. 증거를 좀 보여드리죠. 나는 심버의 추방을 주장하는 데 흔들리지 않았으며, 변함없이 심버의 사면에 반대하오.

캐시어스 : 아! 카이사르……

카이사르 : 물러가오! 그대는 올림포스 산이라도 움직이겠다는 말이오?

캐시어스 : 위대하신 카이사르……

카이사르 : 브루투스가 무릎을 꿇어도 소용없지 않았는가?

캐시어스 : 이 손으로 대신 말을 해주겠소. (카이사르, 의자에서 일어서서 피하려고 한다. 음모자들은 그를 몰고 가서 난도질한다. 그는 궁지에 빠져 잠시 서 있다. 그러나 마침내 브루투스마저 습격해오는 것을 보고 그는 낯을 가린다.)

카이사르 : 브루투스, 너마저?

《줄리우스 카이사르》

때는 기원전 50년대, 로마의 권력은 세 명의 장군의 손에 있었다. 이른바 삼두정치의 주인공인 크라수스와 폼페이우스, 카이사르가 로마를 통치했다. 그런데 기원전 53년에 재물을 얻을 목적으로 파르티아 원정을 떠났던 크라수스가 유프라테스 강을 건너던 도중 진중에서 살해되면서 세 장군의 무력 위에서 균형을 이루어왔던 로마의 권력은 금이 가기 시작했다. 게다가 폼페이우스와 정략결혼을 한 카이사르의 딸 율리아가 같은 해에 죽으면서 카이사르와 폼페이우스를 연결해주던 혈연의 끈도 사라졌다. 혼돈의 시대가 온 것이다.

당시 카이사르는 갈리아의 총독으로 나가 있었고, 로마에 남아 있는 이는 폼페이우스였다. 폼페이우스의 사주를 받은 로마 원로원은 2인의 집정관을 두던 오랜 관례를 깨고 폼페이우스 한 명만을 집정관으로 추대해버렸다. 그러자 카이사르는 자신을 집정관에 당선시켜주든지 아니면 갈리아 총독의 임기를 연장해줄 것을 요청했다. 그런데 원로원은 카이사르의 총독 자리까지 빼앗아버렸다. 분을 씹으면서 카이사르는 원로원의 결정에 따라 휘하 군대를 이끌고 본국으로 귀향할 수밖에 없었다.

원래 총독 자리를 내놓은 장군이 속주와 이탈리아의 경계를 이루는 루비콘 강을 건널 때는 군대를 대동할 수 없게 되어 있었다. 평생 동안 카이사르와 함께 갈리아 지방에서 고생해온 부하들은 폼페이우스의 결정이 부당하다는 것을 알면서도 루비콘 강 앞에서 해산할 수밖에 없는 처지였다. 그때 카이사르는 자신의 군대 앞에서 비장한 연설을 한다.

"여러분이 알다시피 로마 정부는 지금 폼페이우스의 손에 놀아나고 있다. 폼페이우스는 이제 나마저 제거하려고 하고 있다. 여러분이 믿고 따라준다면, 나는 로마로 가서 이 음모를 쳐부술 것이다!"

지금까지 그 누구도 감히 루비콘 강의 관례를 어길 생각은 하지 못했다. 로마에 대한 충성심으로 살아온 병사들에게 그것은 무엇보다 넘기 힘든 장벽이었다. 하지만 반란의 선두에 선 카이사르는 그대로 말을 몰아 강물 속으로 진군했다. "주사위는 던져졌다."고 외치면서 말이다.

♌ 주사위는 던져졌다

로마는 일대 혼란에 빠졌다. 어느 전투에서나 그랬듯 카이사르는 폼페이우스가 생각한 것보다 훨씬 빨리 로마로 진격했다. 겁에 질린 병사들은 폼페이우스의 명령에 따라주지 않았다. 카이사르가 진군한 로마는 텅 비어 있었다. 폼페이우스가 사태의 불리함을 알아채고 로마를 빠져나가버린 것이다. '폭도냐, 영웅이냐'를 가름했던 주사위는 영웅 쪽으로 던져졌다.

로마를 평정한 카이사르는 바로 폼페이우스를 추격했다. 폼페이우스와 카이사르의 결전은 그리스 북부의 파르살로스에서 벌어졌다. 이 싸움에서 패퇴한 폼페이우스는 이집트로 도망갔고, 카이사르는 끝까지 추격했다. 이집트에 도착한 폼페이우스는 프톨레마이오스 왕에게 보호를 요청했다.

이집트 왕은 과거를 생각하면 폼페이우스를 돌보아주어야 했지만, 진격해오는 카이사르 군대를 생각하지 않을 수 없었다. 프톨레마이오스는 폼페이우스를 환영하는 연회 자리에서 그의 목을 잘랐다. 폼페이우스와 최후의 일전을 벌이려고 이집트까지 추격해온 카이사르를 기다리고 있는 것은 황금과 보석이 든 선물함이 아니라 폼페이우스의 잘린 머리가 들어 있는 통이었다. 이때 카이사르는 눈물을 흘리면서 "아! 그마저 죽었는가!" 하고 슬퍼했다고 한다.

카이사르는 수많은 전쟁에서 승리했지만, 여느 장군들과 달리 전리품을 독차지하지 않고 부하들에게 전부 나누어주곤 했다. 갈리아의 한 전투에서는 위기에 빠진 부하 병사들을 자신의 방패를 던져 구해내기도 했다. 카이사르의 영웅적인 자질은 폼페이우스와의 싸움에서 사로잡은 그의 부하들을 모두 풀어준 데서도 잘 드러난다. 그런데 그 아량이 자신에게 칼이 되어 돌아올 줄이야!

폼페이우스와의 전투에서 카이사르에게 죽었어야 할 장군 중 한 명이 바로 브루투스였다. 카이사르는 젊은 시절 세르빌리아라는 여인을 흠모한 적이 있었는데, 사랑의 결실을 맺지는 못했다. 포로가 된 브루투스를 심문하던 과정에서 카이사르는 브루투스가 자신이 첫사랑을 바쳤던 여인의 아들임을 알고서 마치 자신의 아들을 만난 양 기뻐했다. 아들이 없는 카이사르가 브루투스에게 쏟은 애정이 오죽했을까?

브루투스 : 이 군중 속에 카이사르와 친한 분이 있다면 나는 그분께 말하겠소. 이 브루투스는 누구 못지않게 카이사르를 사랑했노라고. 그렇다면 왜 브루투스는 카이사르를 쓰러뜨렸는가? 그건 내가 카이사르를 덜 사랑한 것이 아니라 로마를 더 사랑한 탓이라오. 여러분은 카이사르가 죽고 만인이 자유인으로 사는 것을 원하는가, 카이사르 혼자 살고 나머지는 다 노예로서 죽기를 원하는가? 카이사르가 나를 사랑했기에 나는 눈물을 금할 수 없소. 그가 행복했던 시절을 회상하면 나는 기쁘고, 용감했던 그를 회상하면 나는 찬탄하오. 하지만 그가 야심을 품은 것을 알고 나는 그를 찌른 것이오. 카이사르의 사랑에 대해서는 눈물이, 행운에 대해서는 기쁨이, 용기에 대해서는 존경이, 야심에 대해서는 죽음이 있을 뿐이오.

이 가운데 스스로 노예의 처지를 원할 만큼 비열한 인간이 있소? 있다면 나서시오. 그 사람에게는 내가 죄를 범했소. 자, 로마 인이 되기를 싫어할 만큼 몽매한 사람이 누구요? 있다면 나서시오. 그 사람에게는 내가 죄를 범했소. 조국을 사랑하지 않을 만큼 비열한 자가 누구요? 있다면 나서시오. 그 사람에게는 내가 죄를 범했소. 자, 대답을 기다리겠소.

시민들 : 아무도 없소, 브루투스. 아무도 없소.

《줄리우스 카이사르》

♌ 클레오파트라의 야심

브루투스의 고발대로 카이사르가 황제의 야심을 품은 것은 사실이었다. 그런데, 황제가 되려는 카이사르의 야심에는 이집트의 옛 영광을 되찾으려는 클레오파트라의 야심이 깊이 개입되어 있었다.

카이사르는 폼페이우스를 추격하여 이집트까지 갔을 때, 운명의 여인 클레오파트라를 처음 만났다. 우리는 흔히 클레오파트라를 미모의 여성으로만 알고 있지만, 단지 미모만으로는 세기의 영웅 카이사르를 손아귀에 넣지 못했을 것이다. 클레오파트라는 10대의 나이에 7개 국어를 익힌, 이집트의 탁월한 지성이었다. 그녀는 이집트 민중들로부터 나일 강의 여신으로 숭배받고 있었는데, 아들이 없는 카이사르에게 나일 강이 되어주겠다고 유혹한다.

"나는 나일 강의 신이에요. 나일 강은 모든 땅들에게 생명을 불어넣어주지요. 내가 그대에게 나일 강이 되어 드리겠어요."

아마도 카이사르는 클레오파트라의 발랄한 미모와 시적인 언어 구사에 완전히 매료되었을 것이다. 당시 이집트의 수도는 알렉산드리아였는데, 이곳에는 알렉산더 대왕의 무덤이 있었다. 클레오파트라는 카이사르를 이 무덤으로 데려가 알렉산더 대왕의 야망을 불러낸다.

"카이사르, 저기 꽂혀 있는 알렉산더 대왕의 칼을 가지고 가서 세계를 정복하세요."

"대왕의 칼은 시간 속에 너무 깊이 박혀 있소."

"그러시다면 대왕의 망토를 걸쳐 입으시지요."

"대왕의 망토는 내게 너무 무겁소."

"그러시다면 대왕의 꿈을 가져가시지요."

"꿈을 이루기엔 나는 너무 많은 세월을 잃어버렸소. 대왕은 서른두 살에 세계 정복에 나섰지만, 나는 지금 쉰둘이오. 무슨 일이 있더라도 나의 운명은 바꿀 수 없소."

"이제 당신의 운명은 당신 것만이 아니라 우리 모두의 것이에요. 곧 우리의 아이가 태어날 거예요. 당신의 성을 가진 아이가 당신의 이름 아래 이집트와 전 세계를 통치하게 될 거예요."

카이사르는 매우 냉철한 장군이었다. 로마 시민이 공화정을 얼마나 사랑하는지 잘 알고 있었고, 오십이 넘은 나이에 알렉산더 대왕의 꿈을 이룰 수 없다는 것도 잘 알고 있었다. 그의 인생의 해는 이미 서산으로 기울고 있었다. 그런데 클레오파트라가 그의 아들을 낳았다. 아들은 카이사르에게 시간의 심연을 건너뛰어 생명의 영원을 약속하는 담보였다. 인생이 당대로 끝나는 것으로만 생각하고 살았던 카이사르에게 새로운 세상이 열린 것이다. 이제 카이사르는 죽어도 그 이름은 로마의 영광과 함께 길이 이어져 나가게 되었다.

클레오파트라 편에서 보면, 카이사르가 왕이 되는 순간은 곧 그녀의 아들이 황태자가 되는 순간이었다. 나아가 이집트와 전 세계가 그녀의 수중에 놓이는 황홀한 순간이기도 했다. 이집트의 옛 영화를 되찾겠다는 집념으로 살아온 클레오파트라에게 대망의 실현이 바로 코앞에 다가온 것이다.

클레오파트라와 함께 누린 단꿈에서 깨어나 로마로 돌아온 카이사르는 대규모 토목공사를 일으키고 문예를 장려했다. 빈민들을 카르타고[2]나 코린트 등지에 이주시켜 생활 근거지를 확보해주었다. 또 그는 그때까지 불규칙하게 적용되어오던 달력을 없애고 과학적인 태양력을 실시하여 시민 생활에 보탬을 주고 세계 문화에 큰 공헌을 했다.

이제 평생을 로마의 영광을 위해 바쳐온 카이사르가 왕이 되는 것은 별 이상한 일이 아니었다. 아니, 사실상 그는 왕이었다. 그러나 조각상의 여인이 아무리 아름다워도 살아 있는 여인의 눈빛을 발하지 못하듯, 카이사르에겐 언제나 원로원의 동의를 얻어야 하는 독재관의 지위가 못마땅했다. 그는 왕관을 머리에 쓸 때만을 기다렸다.

때마침 풍성한 수확을 비는 루페르칼리아 축제가 벌어졌다. 카이사르는 자신이 직접 내세운 집정관 안토니우스를 불러 은밀히 계획을 지시했다. 루페르칼리아 축제는 젊은 귀족이나 고급 정무관들이 무리를 지어 나체로 시내를 뛰어다니면서 손에 든 채찍으로 닥치는 대로 사람을 때리는 기이한 행사였다. 이때 이들의 매를 맞으면, 임신부는 순산하고 석녀는 임신을 한다는 전설이 있었다.

2 카르타고 : 고대 페니키아 인들이 북부 아프리카에 세운 식민지. 기원전 6세기에 서지중해의 무역을 장악하며 번영했으나, 포에니 전쟁에서 패하여 로마의 속주가 되었다. 제정기의 황금기를 거쳐 7세기 말 아라비아 인에게 파괴되었다. 튀니스 북부 교외에 유적이 있다.

카이사르의 지시를 받은 안토니우스는 다른 사람들과 마찬가지로 나체로 뛰어다니다가 축제 열기가 한창 고조되었을 때 카이사르에게 다가가 왕관을 바쳤다. 그러나 안토니우스가 매수해놓은 자들만이 박수를 치며, "우리들의 왕이시여!"라고 외칠 뿐 주변에 모여 있던 많은 시민들의 반응은 냉담했다. '아직 때가 아니구나!' 시민들의 여론을 알아차린 카이사르는 왕관을 안토니우스에게 돌려주었다. 그러자 광장을 진동시키는 우레와 같은 박수소리와 함께 함성이 터져 나왔다고 한다.

"카이사르 만세!"

♌ 공화정을 사랑한 로마 인

브루투스는 아버지나 다름없는 카이사르를 죽였다. 그리고는 카이사르를 사랑하지만, 로마를 더 사랑하기 때문에 카이사르를 죽였노라고 고백했다. 이것은 분명 화려한 말장난이었다. 자신은 로마의 공화정을 압살하려는 카이사르를 증오한다고 말했어야 솔직한 고백이었을 것이다.

그러나 브루투스는 카이사르가 야심을 품었다는 말만 했지, 이를 증명할 아무런 증거도 군중 앞에 제시하지 못했다. 그런데도 그의 연설이 호소력을 발휘할 수 있었던 것은 로마 시민의 공화정에 대한 대단한 자긍심 때문이었다. 그들은 결코 왕의 노예가 되길 원하지 않았다. 인간적인 면에서 볼 때 브루투스의 행위는 배신이었지만, 역사적인 면에서 보면 정의의 옹호였다.

그런데 역사란 참으로 이상하다. 카이사르를 통해 폼페이우스의 불편

부당을 응징한 역사는 브루투스의 손을 빌려 카이사르의 야심을 살해했고, 이제 그 브루투스의 배은을 징벌한다. 과연 역사는 어디로 나아가고 있는 것일까?

브루투스의 연설에 대항하여 카이사르를 옹호할 책임은 이제 안토니우스에게 넘어갔다. 그리고 로마 인답게 브루투스는 정적인 안토니우스에게 연단을 넘겨주었다. 카이사르가 야심가였다는 브루투스의 연설을 믿고 따랐던 군중의 한가운데에 안토니우스가 섰다. 여기에서 세기의 명연설이 나온다. 다음에 전개되는 안토니우스의 화술을 잘 음미해보자.

"친구 여러분, 로마 시민 여러분, 귀를 좀 빌려주십시오. 내가 여기 온 것은 카이사르를 매장하기 위해서지 찬양하기 위해서가 아니오."

이렇게 운을 뗀 것은 전적으로 군중들의 정서에 파고들기 위한 첫 포석이었다. 이어서 그는 자신의 반론을, 마치 양파 껍질을 하나씩 벗겨가듯 조심스럽게 펼쳐 나간다.

"고결한 브루투스는 여러분께 이렇게 말했소. 카이사르는 야심을 품었다고. 이것이 사실이었다면 슬픈 결점이었으며, 슬프게도 카이사르는 그 대가를 치렀소. 브루투스는 고결한 분입니다만, 나는 그분들의 승인 아래 카이사르의 추도사를 하러 온 것이오. 카이사르는 나의 친구, 공정하고 성실한 친구였소. 그러나 브루투스는 카이사르가 야심가였다고 말하였소. 브루투스는 고결한 인사요. 생전에 카이사르는 수많은 포로를 로마에 데려와서 그 몸값을 국고 수입으로 하였소. 카이사르의 이러한 태도가 야심적인 것이었나요? 빈민들이 울면 카이사르는 울었소.

브루투스는 고결한 분이오. 여러분도 다들 보셨겠지만 지난 루페르칼리아 축제 때 내가 세 번이나 왕관을 바쳤는데, 카이사르는 세 번 다 물리쳤소. 과연 이것이 야심이었던가요? 그런데 브루투스는 카이사르가 야심을 품었다는 거요. 물론 브루투스는 공명정대한 분이오. 여러분은 한때 다 카이사르를 사랑하였소. 그런데 지금은 무슨 이유로 카이사르를 애도하기를 망설이는 거요? 아, 이제 분별은 저승으로 도망가버리고, 인간은 이성을 잃어버렸단 말이오?"

안토니우스는 브루투스의 고결함을 다섯 번이나 반복했다. 그리고 이 차분한 반복법은 양날의 칼이 되어 브루투스를 공격해 들어갔다. 누구나 인정하고 있던 브루투스의 고결함을 인정해줌으로써 안토니우스는 반사적으로 자신의 연설에 사심이 없다는 점을 보여주었다. 그리하여 군중들이 마음의 문을 열고 자기의 주장에 귀를 기울이도록 만든 것이다.

안토니우스는 브루투스의 고결함을 다섯 번이나 반복하는 가운데, 이 반복의 형식을 통해 한 단계씩 선동의 논조를 고양시켜갔다. 냉혹할 정도로 차분한 이 반복의 형식 속에서 그는 카이사르의 야심이 전혀 근거 없는 것이라는 점을 설득력 있게 전달했다. 이제 시민들 가운데서 공감의 분위기가 일기 시작한다.

"안토니우스의 말에도 일리가 있어."

"사태를 바로 생각해보니, 카이사르가 터무니없는 죄를 덮어 쓴 것 아니오?"

"안토니우스의 말을 들었소? 왕관을 받으려고 하지 않았다잖소. 그렇다면 확실히 야심은 없었던 모양인데?"

안토니우스는 다시 말을 꺼낸다. 또 다시 브루투스의 고결함을 확인하면서 말이다. 이번에는 카이사르의 날인이 있는 유언장을 꺼낸다. 브루투스는 말로 군중을 선동했지만, 안토니우스는 증거물로 군중을 선동한다. 하지만 그는 주인공이 먼저 흥분하는 어리석음을 피했다. 유언장이 있다는 것만 알려주고 스스로 유언장 읽기를 사양한 것이다.

"시민 여러분이 이 유언의 내용을 듣는 날이면……. 아니, 실례했소. 나는 읽을 생각은 없습니다. 그러나 만약 읽어 내려간다면, 모두 달려들어 카이사르의 상처에 입을 맞추며 손수건을 그 거룩한 피에 적실 것이오. 아니, 그뿐 아니라 기념으로 한 올의 머리카락을 구걸하여 자신의 임종 때 유언장에 그것을 명기하고 자손들에게 가보로 전하려 할 것이오."

시민들은 달아오르기 시작했다. "유언장이다! 카이사르의 유언을 들어봅시다!"

하지만 안토니우스는 군중의 마음을 완전히 손 안에 넣기까지 계속 사양한다.

"진정하시오, 친애하는 시민 여러분. 그것을 읽을 수는 없는 형편이오. 인간인 이상, 카이사르의 유언을 들으면 놀라서 미칠지도 모르오. 그러니 여러분은 카이사르의 유언을 모르는 편이 낫소. 아는 날엔 아, 사태가 어찌 되겠느냐 말이오!"

안토니우스는 정작 브루투스에 대한 폭동을 선동하면서도 전혀 폭동을 원하지 않는다는 이중의 효과를 연출한다. 시민들은 더 이상 참을 수 없게 되었다.

"유언을 들어봅시다!"

"유언장을 읽으시오, 카이사르의 유언장을!"

"다 반역자들이오, 고결한 인사라고?"

"유언장을 읽으시오! 유언장!"

안토니우스는 마지못해 유언장을 읽겠다고 하면서 시민들의 마음을 결정적으로 뒤엎을 선동물, 곧 피투성이가 된 카이사르의 시신을 시민들 앞으로 옮겨놓는다. 그는 칼자국을 하나하나 가리키면서 낙인을 찍는다.

"보시오, 여기를 캐시어스의 단검이 꿰뚫었소. 그리고 이것은 그렇게도 카이사르의 총애를 받던 브루투스가 찌른 자국이오. 놈이 그 지독한 칼을 뽑았을 때를 생각해보시오. 아시다시피 브루투스는 카이사르의 총아였소. 아, 신들도 보고 계시지만 카이사르는 그자를 그렇게도 사랑했소. 카이사르는 자기를 찌르려는 브루투스를 보자 반역자의 팔보다 훨씬 더 무서운 망은에 완전히 압도되고 말았소. 그 위대한 심장은 터지고, 외투로 얼굴을 감싼 채 카이사르는 쓰러졌소."

시민들은 완전히 흥분해버렸다.

"아, 고매한 카이사르!"

"아, 비참한 날!"

"복수를 합시다."

"복수다! 찾아내라! 불 지르자!"

"………."

브루투스는 '카이사르의 야심'이라는 말로 시민들을 선동했지만, 안토니우스는 '카이사르의 난자당한 시신'으로 선동했다. 그리고 브루투스가 "노예가 될 것이냐, 자유인으로 남을 것이냐를 선택하라"고 협박했다면, 안토니우스는 카이사르의 유언장에 씌어 있는 '유산 분배'를 가지고 시민의 마음을 유혹했다.

"이것이 유언장이오. 전 로마 시민에게 한 사람도 빠짐없이 75드라크마씩 증여하라는 내용이오. 거기다가 카이사르는 타이버 강 이쪽의 자기 장원과 숲과 새로 만든 과수를 전부 여러분께 증여했소. 그런 인물이었소, 카이사르는! 이와 같은 인물이 어디에 또 있겠소?"

공화정을 옹호한 브루투스와 카이사르를 옹호한 안토니우스의 대결은 여기에서 끝났다. '역사의 새는 어디로 날아가는가?' 브루투스는 자결하면서 이런 의문을 품었을 것이다.

♌ 공화정의 몰락

폼페이우스는 카이사르에 의해, 카이사르는 브루투스에 의해, 브루투스는 안토니우스에 의해 죽었다. 이제 로마는 안토니우스와 옥타비아누스의 수중에 놓였다. 하지만 안토니우스는 클레오파트라를 열애하게 되면서 로마 시민의 인심을 잃는다. 클레오파트라를 너무 사랑한 나머지 이성을 잃은 안토니우스는 페니키아, 시리아, 키프로스 등 로마의 속주들을 멋대로 이집트에 선물로 주어버렸다. 이 어처구니없는 소식이 로마에 전해지자 시민들은 흥분했다.

"클레오파트라는 나일 강의 마녀다. 그런 여자에게 놀아나는 안토니우스를 로마로 불러들여 처벌해야 한다."

하지만 클레오파트라에 대한 안토니우스의 사랑은 식을 줄 몰랐다. 로마 시민들이 욕을 하건 말건, 그에게는 클레오파트라와 함께 있다는 것만이 큰 기쁨이었다. 결국 그는 아내 옥타비아와 이혼하고 클레오파트라와 정식 결혼을 하기에 이르렀다. 이런 상황에서 안토니우스의 유언장이 로마에 공표되었다.

"내가 죽거든 유해를 알렉산드리아의 클레오파트라 옆에 묻어달라."

로마 시민들은 더 이상 참을 수가 없었다.

"안토니우스를 당장 로마로 끌고 와 시민 앞에 세우고, 마녀 클레오파트라를 우리 손으로 죽이자!"

이렇게 해서 옥타비아누스와 안토니우스는 최후의 결전에 들어가게 되었다. 둘의 운명이 걸린 이 전투는 악티움이라는 바다에서 벌어졌는데,[3] 해전은 안토니우스에게 불리했다. 육상전에 강한 그가 해전을 선택하게 된 것 역시 클레오파트라의 주장 때문이었다. 설상가상으로 승부가 한창 진행 중일 때 클레오파트라는 안토니우스가 전사한 것으로 잘못 알고 이집트 함대를 철수시켰으며, 안토니우스는 옥타비아누스 군대와 결전을 치르는 부하들을 팽개친 채 혼자 도망을 치고 말았다. 결국 안토니우스는 자결하고, 두 명의 로마 장군의 운명을 바꾸어놓은 세기의 여성 클레오파트라도 독사의 혀끝에 손을 내밀어 자살했다.

옥타비아누스가 개선하자 로마 원로원과 시민들은 열광적으로 환영하면서 그에게 프린켑스(제1인자)라는 칭호를 선사했다. 또 같은 해에 원로원은 그에게 아우구스투스라는 칭호를 부여했는데, 아우구스투스는 신이나 인간에게 붙이는 최상의 존경의 표시였다. 아우구스투스는 황제가 아니면서도 사실상 국가의 제1인자로서 로마를 지배하게 된 것이다. 이 시점에서 로마의 공화정은 끝나고 실질적인 제정으로 들어가게 되었다.

《서양사 강의》라는 책은 로마의 정치체제가 공화정에서 제정으로 이

---

3 악티움 해전 : 기원전 31년 그리스의 서북부 악티움 앞바다에서 옥타비아누스가 안토니우스와 클레오파트라의 연합군을 격파한 해전. 여기서 승리한 옥타비아누스는 로마의 패권을 쥐게 되었고 원수 정치의 길을 열었다.

행한 필연성을 이렇게 설명한다.

로마는 기원전 6세기 에투리아 왕의 지배에 반기를 든 이래 공화정을 선택했다. 그리고 이 공화정 내에서 귀족과 평민 간의 끊임없는 투쟁을 거치면서 평민의 권익이 법적으로 옹호되었다. 우리가 교과서에서 배운 성산사건이나 12표법은 모두 귀족의 특권에 대항하여 평민들이 자신의 권익을 쟁취해나간 과정이었다. 평민들은 자신의 이익을 대변해줄 호민관[4]을 선출할 수 있게 되었다.

이후 로마가 지중해를 정복하고 나아가 전 유럽을 석권할 수 있었던 것은 이들 평민들의 애국적인 전투정신 덕분이다. 그런데 세월이 흐르면서 평민들의 사회적 지위가 크게 변화했다. 중소 자영농의 지위를 누리던 평민이 귀족의 '대토지 사유화'가 진행되면서 점차 무산자로 전락해간 것이다. 특히 잦은 전쟁에 참여하다 보니 농사를 지을 수 없게 되었다. 물론 특권 귀족들은 정복지 주민들을 노예로 포획하여 대토지를 경영했지만, 평민들은 전쟁이 계속되면서 몰락의 길을 걸을 수밖에 없었다.

이런 사태는 자연스레 군인들의 사기 저하를 초래했다. 그러자 뜻 있는 로마 정치인들은 평민들에게 토지를 나누어주어 그들이 전쟁에 헌신적으로 임할 이유를 제공해주려 했다. 그라쿠스의 토지개혁은 바로 이런 맥락에서 시도된 것이다. 그러나 그라쿠스의 개혁마저 귀족들의 저항에 부딪혀 실패로 돌아가자 이제 남은 길은 외길이었다.

국가가 군인들에 대한 물질적 보상을 책임지지 못하자 병사들에 대한

---

4 호민관 : 고대 로마의 평민 보호를 위한 관직. 정원 10명, 임기 1년으로 평민의 투표로 선출되었다. 원로원이나 집정관의 결정에 대해 거부권을 가지며 평민회의 의장이 된다. 공화제 말기에는 권한이 늘어 전쟁의 원인이 되었다.

보조, 후원은 군 지휘관의 몫으로 떨어졌다. 지휘관은 자신과 운명을 같이하는 병사들에게 퇴역 후 토지를 보장해주어야 했다. 로마 공화국의 병사들이 몇몇 유능한 지휘관의 사병私兵으로 전락해간 바로 이 지점에 공화정이 제정으로 이행할 수밖에 없었던 필연성이 자리하고 있었다.

막강한 무력을 수중에 쥔 군 지휘관들은 원로원의 간섭을 무시하고, 나아가 원로원을 지배해나갔다. 제1차 삼두정치와 제2차 삼두정치는 바로 이런 것이었다. 우리는 한국의 근대 역사에서 국민들의 자유가 점차 확대되는 흐름만을 보아왔기 때문에 로마 공화정이 거꾸로 제정으로 나아가는 것이 익숙하지 않다. 그러나 로마 공화정은 자신의 토지를 소유한 중소 자영농이 귀족 집단에 대항하여 투쟁할 때에 의미가 있는 국가 형태였다.

공화정republic의 라틴어 어원은 '구성원의 공동 관심사와 공공 재산'이라고 한다. 그런데 로마의 토지가 소수의 수중으로 들어가면서 공공 재산도, 공동의 관심사도 사라졌다. 무산자로 전락한 로마 빈민들은 몇몇 유력한 정치가들이 제공하는 '빵과 서커스'를 즐기면서 자신의 정치적 권리를 팔아버렸다. 그라쿠스[5]의 토지개혁이 실패했을 때, 이미 로마 공화정은 몰락해 있었던 것이다.

---

5 그라쿠스 형제 : 고대 로마의 정치가. 형은 호민관이 되어 토지 점유의 제한과 자작농의 재건을 포함하는 신토지법을 성립시켰지만 반대파에게 살해되었다. 동생도 형의 유언을 계승하고, 시민권 부여의 확대를 도모했다. 원로원의 세력을 약화시키려다 실패한 뒤 자살했다.

키케로,《의무론》

키케로는 로마 공화정을 수호하기 위해 헌신한 정치가이자 철학자, 문학가였다. 기원전 106년에 아르피눔 지방의 부유한 집안에서 태어난 그는 일찍부터 로마로 유학하여 수사학과 웅변술을 배우는 등 로마 사회의 엘리트가되기 위한 교육과정을 밟았다. 스물여섯 살 때, 아버지 살해 혐의로 기소된 로스키우스를 성공적으로 변호하여 법조계와 정계에서 명성을 얻었고, 그후 재무관과 안찰관, 법무관을 거치며 출세가도를 달렸다. 마흔세 살이었던 기원전 63년에는 드디어 이 지방 출신의 신출내기 정치가가 로마 최고의 관직인 집정관으로 선출되었다.

기원전 60년에 카이사르, 크라수스, 폼페이우스가 1차 삼두정치 협약을 맺을 때, 카이사르는 키케로에게 이 동맹에 참가하라고 권유했다. 그러나 키케로는 그 동맹이 위헌이라며 거절했다. 이듬해에는 카이사르가 갈리아 원정을 앞두고 자신의 참모로 일할 것을 권했지만, 이 또한 거절했다. 이렇게 실권자들과 등을 돌린 키케로는 정치적 위기를 맞을 수밖에 없었다. 키케로의 정적이었던 호민관 클로디우스는 이 기회를 이용하여 그를 정계에서 축출하였다. 로마에서 추방된 지 1년여 만에 귀향 허가를 얻어 돌아온 그는 정치에 거리를 두면서 주로 저작 활동을 했다. 《웅변가에 관하여》, 《국가론》,《법론》 등이 이 시기에 집필한 작품들이다.

키케로가 다시 로마의 정계에 복귀한 것은 카이사르와 폼페이우스의 권력투쟁이 한창인 기원전 49년경이었다. 키케로는 폼페이우스의 편을 들었지만, 이 내전은 결국 카이사르의 승리로 끝났다. 카이사르의 말 한마디에 목숨이 달려 있는 상황이었지만, 워낙 키케로와 개인적 친분이 두터웠던 카이사르는 그를 사면하면서 로마를 위해 계속 정치활동을 해줄 것을 권하였다.

뒷날 카이사르가 암살되자 키케로는 카이사르의 양자인 옥타비아누스를 이용하여 원로원을 부추김으로써 권력자인 안토니우스와 전쟁을 벌이는 정책을 추진했다. 그러나 그는 옥타비아누스를 과소평가했다. 기원전 43년, 옥타비아누스는 안토니우스, 레피두스와 삼두정을 수립하고 키케로 체포에 나섰다. 한동안 피해 다니던 키케로는 그해 12월에 체포되어 처형당했고, 그의 머리와 두 손은 로마의 포럼(광장)에 있는 연단인 로스트라에 전시되었다.

이처럼 키케로의 정치 역정은 불운했다. 그는 공화정을 지킬 수 있기를 바랐다. 절친했던 카이사르의 제안을 여러 차례 거절한 것도 그 때문이었다. 사상가로서 공화정을 수호하려는 그의 신념은 매우 투철했다. 마지막 순간까지 1인 독재와 폭력 정치를 규탄하는 일을 멈추지 않았지만, 현실 정치가로서 그는 로마 공화정의 본질적 약점을 충분히 인식하지는 못했던 듯하다. 이처럼 키케로의 정치적 신념은 역사의 거센 물줄기에 휩싸여 사라졌지만, 문학가로서 그의 이름은 라틴어 문학사에 길이 남겨졌다. 고전 라틴어는 키케로에 의해 비로소 틀이 잡혔으며, 그의 라틴어 문장은 오늘날까지도 고전 라틴어의 표본으로 여겨지고 있다.

키케로는 윤리 철학의 백과전서로 불리는《의무론》을 비롯하여《법률론》,《국가론》,《우정론》같은 저서를 집필하여 그리스 사상의 전달자 역할을 했다. 이 가운데《의무론》은 폼페이우스의 편을 들어 카이사르와 싸우다 패배한 뒤인 기원전 45년에 쓴 것이다. 이 책은 그의 다른 저서와 마찬가지로 독창적인 내용을 갖고 있지는 않다. 단지 스토아학파, 아카데미학파, 에피쿠로스학파, 아리스토텔레스학파의 저서에서 윤리 철학에 대한 자료를 가려서 정리해놓은 것일 따름이다.

키케로는 아티쿠스에게 보낸 편지에서 "이 책들은 남의 책을 베낀 사본이다. 나는 거기에 낱말을 공급했을 뿐이다"라고 썼다. 이처럼 그의 저서는 독창적인 내용을 담고 있지는 않지만, 백과사전적 지식을 알차게 정리함으로써 그리스 사상을 후대에 충실히 전달하는 역할을 했다. 또 이 역할을 수행하는 과정에서 키케로는 로마와 유럽에 수많은 철학적 어휘를 제공하는 학술적 기여를 하기도 했다.

《의무론》에서 다루는 '의무'는 현대 사회의 권리와 의무 개념을 포함한 '사람이 사람답게 살기 위해 해야 할 도리' 또는 '사람이 참되게 사는 길'을 뜻한다. 곧 이 책은 로마의 시민이 일상생활 속에서 실천해야 할 윤리의 강령과 행동 원칙을 탐구하고 있다. 그리고 그 윤리 원칙은 공동체의 이익과 공화정의 수호로 연결되어 있다. 그는 삼두정치가 등장하고 카이사르가 독재를 꿈꾸는 상황을 로마 공동체의 위기라고 보았고, 공화정을 수호하기 위해 정치인과 시민들이 회복해야 할 도덕적 가치를 역설하기 위해 그리스의 다양한 윤리 철학을 종합 정리하기에 이른 것이다.

5장

자본주의는
어떻게 탄생했을까?

— 자본주의로의 이행

The Transformation
of Capitalism

중세 봉건제는 영주와 농노라는 두 계급으로 이루어진 사회체제였다. 그리고
자본주의는 자본가와 노동자라는 두 계급으로 이루어진 사회체제이다. 그러
면 봉건제에서 자본주의로 넘어가는 과정에서 어떻게 농노라는 거대한 사회
계급이 소멸되고, 자본가와 노동자라는 새로운 계급이 형성된 것일까?

영국 귀족들은 목양업을 통한 돈벌이에 눈이 멀어서 농민들을 토지로부터 쫓
아냈는데, 이는 스스로의 힘으로는 벗어날 수 없는 농노의 신분 구속을 벗겨
주는 행동을 한 셈이었다. 이렇게 근대의 자본주의는 중세 봉건제의 품속에
서 꿈틀거리며 성장해나갔다.

지금 세계의 주류 정치체제는 민주공화국이고, 경제체제는 자본주의다. 자본주의^{資本主義, capitalism}란 한마디로, 이윤 추구를 목적으로 하는 자본(돈)이 지배하는 경제체제를 말한다. 인류가 이 같은 경제체제 아래서 생활하기 시작한 것은 그리 오래되지 않았다.

자본주의는 16세기 무렵, 중세 봉건 제도 속에서 점차 싹트기 시작했다. 이후 18세기 중엽부터 영국과 프랑스 등을 중심으로 발달한 이 경제체제는 산업혁명을 통해 확고히 자리 잡았고, 19세기 이후 전 세계로 파급되어 인류의 생활을 지배하는 세계 경제의 주류 시스템이 되었다.

유럽 역사에서 서로마제국이 멸망(476년)한 뒤부터 르네상스(14~16세기)가 시작될 때까지 대략 1000년의 시기를 중세라고 부른다. 고대 그리스와 로마가 꽃피웠던 학문과 문화, 예술이 극도로 침체되었다고 해서 이 시기를 암흑시대^{Dark Ages}라고 부르기도 한다.

중세 유럽은 현실적으로는 봉건 영주 중심의 공동체 사회였고, 정신적으로는 신 중심의 사회였다. 이 시대 사람들의 보편적 삶은 봉건 영주에게 꼬박꼬박 세금과 부역을 바치며, 기독교 교리에 따라 착실히 생활하는 것이었다. 공동체를 벗어난 '자유로운 개인'이나 종교의 지배를 벗어난 '이성적인 인간'이란 존재할 수 없었다. 이 같은 봉건체제 아래서 어떻게 사유재산과 개인의 자유로운 이윤 추구를 지상명제로 하는 자본주의가 싹틀 수 있었을까? 그 세계사의 전환점을 함께 탐색해보자.

♌ 중세의 풍경

12세기 프랑스의 한 성곽. 영주의 생일 축하 행사로 기사들의 토너먼트[1] 시합이 열리는 날이다. 마을 사람들에게 오늘은 1년에 한 번 있는 최대의 휴일이다.

농부들에게는 시합이 끝난 뒤 영주가 내놓는 음식과 술을 즐기며 춤추고 노래할 수 있는 행복한 날이다. 시합에 참가한 기사들에게는 푸짐한 상이 하사되고, 혹시 승리라도 하면 인근 지역에 널리 용사로서 명성이 알려지게 되어 더욱 행복한 날이다. 하지만 십중팔구 누군가는 패배의 대가로 자신의 목숨을 내놓게 되어 있다.

70킬로그램이 넘는 둔중한 갑옷에 투구를 쓰고, 옆구리에 긴 창을 낀 두 기사가 상대를 향하여 말을 전속력으로 달려 부딪치는 이 무서운 경기는 경기라기보다 실전 전투였다. 원래 기사는 충성을 맹세한 영주를 위해 싸우다 죽는 것을 영광으로 아는 법! 기사는 토너먼트 시합 덕분에 실제 전쟁이 일어나지 않아도 자신의 무용을 자랑하고 또 자신의 용기와 충성을 과시할 수 있었다.

이 시합을 구경하는 영주의 부인과 딸, 그리고 이웃 마을에서 구경 온

---

1 토너먼트 : 말 위에서 떨어지면 죽게 되는 중세 기사들의 전투적 경기. 오늘날 토너먼트(tournament) 경기의 어원이다.

아낙네들은 번개처럼 튀기는 창과 창의 대결에 전율을 느끼며, 사나이의 기백을 흠모할 기회를 가질 수 있어 행복하다.

영주는 이 경기를 개최하기 위해 막대한 비용을 부담해야 한다. 하지만 영주는 행복하다. 기사들에게 실전의 기회를 제공하여 그들의 생활에 긴장을 불어넣어 줄 수 있어 행복하고, 여러 사람들에게 자신의 부를 과시할 수 있어 행복하다. 그러나 무엇보다도 조상으로부터 이어받은 기사의 전통을 확인할 수 있어 행복하고, '이렇게 목숨을 건 싸움을 통해 우리 영주들이 이 고을을 수호했으며, 그 용기와 희생의 대가로 고을의 땅을 소유하고 있다'는 것을 만백성에게 확인시켜 줄 수 있어 행복하다.

잔치는 끝났다. 저무는 해를 바라보며 농부들은 제각기 자기의 오두막집으로 돌아간다. 별빛이 창공에서·사라지기도 전에 잠자리에서 일어나 쟁기며 괭이, 낫을 챙겨 영주의 들에 나가 온종일 일하다 해가 져야만 귀가하는 농부에겐 오늘의 향연이 인생의 온갖 고통을 잊게 해주는 망각의 잔치였다.

아버지는 이미 코를 골고 있다. 이엉으로 엮은 지붕 밑 단칸방에서 잠을 자는 순간만은 천국일까? 밀짚 한 다발을 베개 삼아 내일의 고역을 잊은 채 잠에 취해 있다. 하지만 열 살배기 아들 존은 잠을 이루지 못한다. 존의 머릿속에서는 낮에 본 기사들의 전투 장면이 떠나질 않는다. 무시무시한 투구, 위엄을 상징하는 갑옷, 칼과 창을 들고 내달리는 기사⋯⋯. 상상 속에서 이미 존은 기사가 되어 있었다.

존은 어머니에게 묻는다.

"어머니, 오늘 챔피언이 된 샤를 기사님처럼 되려면 어떻게 해야 되죠?"

"기사가 되려면 일곱 살 때부터 훈련을 받아야 하는데, 처음엔 다른 기사 어르신의 시동으로 일을 하지. 기사 어르신의 갑옷이랑 투구를 깨끗이 닦아두는 일, 도끼로 땔감을 패는 일, 말 밥을 만들고 마구간을 청소하는 일부터 배워야 해."

"그런 일쯤은 매일 하는 저의 일과잖아요?"

"그렇게 시동 일을 하면서 힘이 세지고 나이가 열넷을 넘기면 창과 검을 다루는 법을 배우고, 열다섯이 되면 말 타기를 배운단다. 말 타기를 잘하면 시동은 기사의 종자가 되는 거야. 종자는 기사의 지도를 받으면서 기사와 함께 전투에 참가하지. 수많은 전투에서 적과 싸우면서 힘과 지혜와 용맹과 충성을 보이는 종자만이 마침내 보상을 받는 거란다."

"무슨 보상을 받는 거예요?"

"그야 물론 기사가 되는 거지. 더빙이란 기사의 예식이 있단다. 이 예식을 치르는 전날 밤 예비 기사는 하느님께 기도를 올리고 단식을 하지. 다음 날 영주 앞에 무릎을 꿇고 앉으면, 영주는 그의 칼로 예비 기사의 등을 두드리면서 선서를 하게 하는 거야. '나 누구누구는 적의 침략에 대해 교회를 옹호할 것이며, 오직 영주를 위해서만 싸울 것이며, 약자와 곤경에 처한 자를 도와 싸울 것이다'라고 말이야. 이때 기사의 칼은 영주 곁에 놓는 법인데, 이는 언제나 영주 곁에서 싸울 것이라는 징표지."

"야, 멋진데!"

하지만 이때쯤 어머니는 아이의 꿈을 깨우고야 만다.

"얘야, 나도 내 아들이 대장부가 되었으면 좋겠다. 하지만 하느님은 우리에게 땅을 일구라는 소명을 주셨으니, 우리 농부들은 하느님이 주신 소명을 감사히 여겨야지. 영주님은 우리의 머리요 기사님은 우리의 팔이니, 우리는 그분들의 다리가 되어 열심히 일을 하는 것, 그것이 하느님의 섭리란다."

그날 밤 존은 울었다. 왜 나는 기사가 될 수 없는가? 왜 우리는 평생 땅만 파며 살아야 하는가? 존도 울었고 그의 누나 메리도 울었다. 그녀는 성 안에서 이루어지는 영주의 생활을 자주 볼 수 있었다. 하느님의 섭리로는 이해할 수 없는 너무나 많은 일들을 보아왔기에 존의 아픔을 넘어선 울음을 울었다. 세상을 향한 그녀의 깊은 의문은 누가 풀어줄까?

♌ 메리의 의문

다음 날, 하루 일과를 마치고 돌아온 메리는 어머니에게 물었다.

"어머니, 어제 저녁 잔치를 보니 참 호화롭더군요. 돼지고기며 쇠고기며 닭고기, 우리는 입에 대지도 못하는 고기들을 신더미처럼 쌓아놓고 영주님들과 기사님들이 즐기더군요. 어머니, 우리는 그들의 식탁을 위해 일하고 있는 거예요. 보세요. 어머니, 우리는 어떻게 일하고 있나요? 5월에는 영주의 풀밭을 깎죠. 풀이 마르면 영주의 헛간으로 나릅니다. 6월에는 성곽의 지저분한 도랑을 치우죠. 8월에는 곡물을 거둬들입니다. 9월에는 우리가 키운 돼지 중에서 가장 좋은 두 마리를 영주에게 바치죠. 10월에는 지대를 지불하고, 겨울이 다가오면 산에서 나무를 해 영주의 땔감을 마련합니다. 그뿐인가요? 시도 때도 없이 영주의 성에 끌려가 아버지는 성을 수리하고, 저희들은 영주 부인들이 해야 할 옷감 짜기며 재봉 일이며 심지어 요리와 설거지까지 도와주어야 하지요. 또 크리스마스가 다가오면 케이크와 암탉을 바쳐야 하고요. 영주의 가족들이 화로에 나무를 넣으며 술을 마실 때, 우리는 춥고 배고픈 겨울밤을 보냅니다. 이것이 하느님의 섭리인가요?"

"사제님께서 그러시더구나. 아담과 이브가 하느님께서 먹지 말라고 금지한 선악과를 따 먹어서 인간들이 하느님의 벌을 받게 되었다고. 여자는 임신과 출산의 고통을 벌로 받게 되었고, 남자는 잡초와 가시로 가득 찬 거친 땅에서 평생 고된 일을 해야 하는 벌을 받게 되었다고 말이야."

"어머니, 제 말씀을 잘 들어보세요. 우리들이나 영주님 가족이나 다 같은 사람이에요. 하느님께서 아담과 이브를 만드실 때, 거기에는 주인도 노예도 없었어요. 하느님의 벌을 받아 우리가 이렇게 고된 노역에 시달린다면, 좋아요. 하지만 영주님은 아담의 자손이 아니던가요?"

"사제님께서 그러시더구나. 만일 영주님과 기사들이 우리의 마을을 지켜주지 않으면, 우리들은 이미 저 바이킹[2] 족들에게 죽게 되었을 거라고. 우리의 영주님, 기사님들이 바이킹 족을 물리치고 또 성을 쌓아 우리의 목숨을 지켜주셨으니 이 땅은 하느님께서 영주님에게 주신 땅이요, 이 땅에서 사는 사람들은 영주님의 말씀을 하느님의 말씀으로 받들고 살아야 한다고 말이야."

"어머니, 제 말씀을 잘 들어보세요. 주인마님은 걸핏하면 우리들을 향해 뭐라고 그러죠? '소 돼지 같은 녀석들이 하라는 일은 하지 않고 게으름만 피운다'고 야단을 치잖아요. 주인님은 하느님의 자식이고 우리는 소, 돼지의 자식인가요?"

---

2 바이킹(Viking) : 7~8세기부터 11세기에 걸쳐 스칸디나비아와 덴마크 등지를 거주지로 하면서 해로로 유럽 각지에 진출한 노르만 인의 딴 이름. 항해술이 뛰어나고 상업을 주로 하였으나 각지를 약탈했기 때문에 바이킹은 해적을 뜻하는 말이 되었다.

"사제님이 그러시더구나. 교회는 그리스도의 몸이요, 교회에 헌금을 많이 내는 사람은 하느님의 축복을 받게 되어 있다고. 일전에도 우리 영주님은 교회에 큰 재물을 기부했지. 그러니 우리의 영주님은 살아서도 하느님의 축복을 받고, 죽어서도 축복을 받는 것이 당연하지 않겠니?"

"어머니, 제 말씀을 들어보세요. 영주님이 교회에 갖다 바치는 재물이 모두 어디에서 나온 것인가를 생각해보세요. 영주님의 땅을 부쳐 먹는다 하여 토지세를 물리죠, 개방지에서 소를 키운다 하여 방목세를 물리죠. 산에서 나무를 해온다 하여 산림세를 물리죠. 돼지나 닭을 우리 손으로 키워 잡는데도 가축세를 물리죠. 사람의 머리마다 인두세를 물리죠. 군대를 가지 않는다 하여 군역세를 물리죠. 방앗간을 사용하면 밀가루세, 빵을 구우면 빵세, 재판을 받으면 재판세, 물을 이용한다고 수세, 도로를 걷는다고 도로세, 이웃을 여행하면 통행세, 결혼을 하면 결혼세를 물리는데, 이렇게 우리의 것들을 가져다 교회에 바치는 것도 하느님의 뜻이라고 하던가요?"

"사제님께서 그러시더구나. 십계명에 남의 것을 도둑질하지 말라고 하셨으며, 바쳐야 할 것을 바치지 않거나 미루는 것은 모두 계명을 어기는 행위이니 감사하는 마음으로 영주님께 바쳐야 복을 받는다고."

"어머니, 제 말씀을 잘 들어보세요. 십계명 말이 나왔으니 말인데, 제가 기억하기로 십계명에는 간음을 하지 말라고 되어 있다고 사제님께서 말씀하셨어요. 그런데 영주님이 사냥을 떠나는 날이면, 어떤 기사가 찾아와 밤늦게까지 술을 마시며 마님과 함께 놀더군요. 그리고 하녀들에게 주인이 돌아오지 않는지 망을 보라고 해요. 하녀들과 함께 베를 짜면서 들은 것인데, 그 기사가 성을 빠져 나가는 시각은 새벽이라고 해요.

그런데 왜 마님은 하느님의 벌을 받지 않는 걸까요?"

"사제님께서 그러시는데, 인간은 매일 죄를 짓는다는구나. 남을 때리는 것도 죄요, 남을 욕하는 것도 죄요, 남을 속이는 것도 죄요, 이성을 보면서 음탕한 생각을 품는 것도 죄인지라 하루도 죄를 짓지 않고선 살아갈 수 없는 게 인간인데, 우리의 어린 양 그리스도께서 십자가에 못 박혀 죽으심으로써 인간의 죄를 대속하셨다는구나. 그래서 우리 인간이 예수님을 구주로 믿고 죄 사함을 빌면, 하느님께서 우리 죄를 용서하신다는구나. 얼마나 다행스런 일이니? 우리는 이 버림받은 세상에 독생자를 보내주신 하느님께 감사하며 살아야 하는 거란다. 그리고 우리 마님께서는 얼마나 독실한 신자시니? 빠짐없이 교회 행사에 나가셔서 신부님 앞에 고해성사를 하시지 않니? 듣자하니 마님께선 평생 죄를 지어도 다 용서받고 천당에 갈 수 있는 면죄부[3]도 사 놓으셨다더구나. 참 행복한 분이시지."

"어머니, 제 말씀을 잘 듣고 답해주세요. 우리처럼 면죄부를 살 수 없는 가난뱅이들은 지옥에 떨어지나요? 저는 도무지 이해할 수가 없어요. 그 면죄부를 판 사제들이 어떤지 알고 계세요? 제가 몰래 들은 이야기예요. 있잖아요. 파리의 대학에서 공부하고 있는 영주님의 큰아드님 말이에요. 그이가 왜 지금 고향에 내려와 있는 줄 아세요? 영주님은 너무 공부에 열중하여 머리를 식히기 위해 내려왔다고 하시지만, 저는 몰래들었어요. 학교에서 퇴학을 당했대요. 기숙사 친구들과 술을 마시고, 도박하고, 창녀들과 놀아나다 풍기문란으로 퇴학을 당했답니다. 그런데

---

3 면죄부 : 로마 가톨릭 교회가 죄를 면한다는 뜻으로 발행한 증서. 15세기 말기에는 교회의 재정을 조달하기 위해 대량으로 발행함으로써 루터의 비판을 불러일으키고 종교개혁의 실마리가 되었다.

더 웃기는 것은 그 아들의 항변이에요. 아버지는 세상 물정을 너무 모른다며 도리어 따지는 것 아니겠어요? 그 아들의 말에 따르면 교회의 높은 사제건 낮은 사제건 죄다 신도들의 돈을 가지고 고리대금업에 손을 대고 음탕한 생활을 즐긴다는군요. 그런 세태에 비추어 자기들 예비 사제의 행위는 꼬마들의 소꿉장난에 지나지 않는다고 태연하게 말하더라고요."

"하느님의 섭리를 자그만 인간의 마음으로 어떻게 다 헤아리겠니? 어떻게 질그릇이 질그릇을 만든 주인을 향해 '왜 나를 이렇게 못난 질그릇으로 만들었소?' 하고 항변할 수 있겠니?"

"어머니, 제 말씀 좀 잘 들어보세요. 사제님의 말씀은 하느님의 말씀이죠?"

"그렇지."

"그러면 사제님들 가운데 제일 높은 교황님의 말씀도 하느님의 말씀이 틀림없죠?"

"물론, 그렇고말고."

"어머니도 기억하시죠? 아버지가 십자군 운동에 나가실 때 뭐라고 말씀하셨는지를. 그때 아버지는 저희의 만류를 뿌리치고 성전에 참여하는 것은 하느님의 명령이라고 말씀하셨어요. 우르반 2세 교황님이 그렇게 선포하셨다고요."

"넌 기억력도 좋구나."

"어머니는 그 싸움에서 얼마나 많은 사람이 죽은 줄 알고 계실 거예요. 우리 마을만 해도 네 집 가운데 세 집은 죽고 돌아오지 못했잖아요."

"슬픈 일이지. 집에 어른이 없어졌으니."

"우리들에겐 하늘이나 다름없는 아버지들이 전쟁터에서 죽었는데, 왜 하느님은 아직까지 예루살렘을 사라센 사람의 수중에서 빼앗아오지 못하나요? 이것도 하느님의 섭리인가요?"

"글쎄다."

"아버지께 들었는데, 하느님의 백성들은 참으로 잔혹하게 사라센 사람들을 죽였대요. 남녀노소 가리지 않고 모조리 죽였대요. 밤에 성을 쳐들어가 닥치는 대로 죽였는데, 어찌나 많이 죽였던지 아침에 일어나보니 성 안이 온통 사라센 인의 시체로 뒤덮여 있었대요. 시체를 넘지 않고서는 걸어 다닐 수 없을 정도로요. 보에몽 기사는 궁전으로 피난했던 자들까지 습격해서 그들의 소유물 일체를 약탈하고, 살아남은 사람들은 노예로 팔아 넘기기 위해 안티옥으로 데려갔대요.

뿐만 아니었지요. 사라센 인을 죽이고 나서 톱으로 배를 갈라보는 십자군 병사들도 있었대요. 사라센 인은 약탈을 모면하기 위해 금은보화를 삼켜서 뱃속에 간직하는 마술을 부린다는 소문 때문이었다는데, 어떤 병사는 죽은 사람의 고기를 썰어서 요리해 먹기도 했대요. 아버지는 이때 하느님이 무엇인가, 성전이 무엇인가 하는 의문이 들었대요. '이렇게까지 잔혹하게 사람을 죽이는 것이 신의 섭리일까?'

아버지의 귀엔 매주 일요일마다 듣는 사제님의 말씀이 들리더래요. '네 이웃이 오른 뺨을 때리거든 왼쪽 뺨을 대주어라.' 이웃을 사랑하고 남의 죄를 용서하라고 가르치신 그 사제님들의 손이 사라센 인의 피로 물드는 장면을 어머니는 어떻게 이해하실 건가요? 이것도 하느님의 섭리인가요?"

"얘야, 너 큰일 날 소리를 지껄이고 있구나. 그런 추한 이야기는 이단의 입에서나 나오는 것인 줄 모르니? 정말 너에게 마귀가 씌웠나 보다. 너 그런 이야기를 남에게 했다가는 무슨 일이 벌어지는 줄 아니? 종교 재판정에 끌려가 마녀로 낙인이 찍히는 날에는 뭇사람이 보는 앞에서 목을 조른 후 불로 태워버린다는 것을 모르니?[4] 나무에 몸을 매달지. 그러고선 목을 서서히 조여 간단다. 화형식을 구경한 사람들의 말에 따르면, 목을 심하게 조여 나가면 혀가 빠질 듯 나온다더구나. 빨리 죽이지도 않지. 장작불이 완전히 피어 오를 때까지 사형수는 오랜 시간 비명을 지르며…….

애야, 생각만 해도 끔찍하다. 믿어야 한다. 믿고 살아야 한다!

욥의 이야기가 있잖니? 욥은 수천 마리의 양떼와 소들을 가지고 있던 부자였지. 하느님은 욥의 믿음을 시험하시려고 시련을 주었단다. 그 많은 짐승들이 난데없는 병에 걸려 다 죽어버렸지. 그뿐인 줄 아니? 몹쓸 병에 걸려 몸에서 냄새가 나자 욥의 친구들은 모두 욥을 외면했어. 심지어 욥의 자식들마저 아버지를 버렸다는구나. 오죽했으면 '어머니가 나를 밴 그날 밤이여, 저주 있으라!' 하고 절규했겠니?

실의와 좌절 속에서 세상에 대한 한탄과 저주만을 일삼던 욥은 마침내 다시 하느님의 품으로 돌아왔단다. 하느님이 욥에게 시련을 주신 것은 더 큰 보상을 주기 위해서였지. 믿음을 다시 찾은 욥은 건강을 회복하고, 예전에 가졌던 재산의 열 배를 모으게 되었다지.

하느님은 언제나 자신을 믿고 따르는 이에게 이런 축복을 내리시는 거야. 아무리 억울하고 고통스러운 처지에서라도 하느님의 자비를 믿고

---

4 마녀 재판 : 14~17세기의 유럽에서 마녀로 낙인 찍힌 여자를 재판에 회부하여 화형에 처하던 일. 중세 사회의 정치 · 종교적 붕괴에서 오는 불안을 배경으로 유행한 일종의 집단 히스테리 현상이다.

감사하는 마음으로 살아야 하는 거야. 그것이 이 세상을 살아가는 이치란다. 또 하느님의 뜻을 거역하지 않는 길이기도 하고 말이야."

이처럼 유럽의 중세는 종교라는 굴레가 이성을 가진 인간의 삶을 억압하던 시대였다. 세상을 향한 끝없는 의문은 끝내 답을 얻지 못하고 메리와 함께 땅에 묻혔다. 그리고 200년이 지난 뒤 메리의 무덤 위에는 '농민 반란'이라는 꽃들이 피어올랐다. 위클리프[5], 작 케리, 뮌처라 불리는 꽃들이. 그러나 이들 역시 메리의 의문을 풀어주지 못한 채 지고 말았다. 그리고 또 200년이 지나서야 메리의 의문에 답하는 꽃들이 비로소 피어났다. 루소, 몽테스키외, 로크라 불리는 계몽사상의 꽃들이…….

♌ 자본주의의 경제적 토대, 약탈과 살인

영어로 암살자를 어새신[assassin]이라고 한다. 이 단어는 페르시아 어 하산[hassan]에서 나온 것이다. 하산이란 마약을 이용한 환상적인 비밀 예식을 통해 청년들을 사로잡는 암살단의 우두머리를 칭하는 말이라고 한다. 왜 이 우두머리를 하산이라고 부를까? 그 이유는 그가 청년들을 마취시키는 데 해시시[hashish]라는 최면제를 사용하기 때문이다.

하산이라 불리는 노인은 두 개의 높은 산으로 둘러싸인 아름다운 골짜기에다 호화로운 정원을 만들어 각종 과수와 화초, 향목을 가꾸었다.

---

5 위클리프(J. Wycliffe, 1320?~1384) : 중세 말기 영국의 종교개혁자. 가톨릭 교회를 비판하고 성서주의를 제창하여 성서의 영어 번역을 꾀했다. 이단으로 탄핵되었으나 하층민의 지지를 받고 보헤미아의 후스파 운동에 영향을 주었다.

또 크고 작은 여러 가지 양식의 궁전을 정원 여기저기에 세워서 황금과 단청으로 아름답게 장식했으며, 실내는 훌륭한 비단으로 단장했다. 그리고 궁전 곳곳에 작은 관을 설치해서 술과 우유, 맑은 물 등이 어디서든지 흘러나오도록 했다.

이 궁전에 사는 사람들은 모두 젊고 아름다운 여성들이었다. 그들은 모두 노래를 잘 부르고 춤과 악기에 능했으며, 교태와 치장은 이루 말할 수가 없었다. 그들은 아름다운 옷을 입고 정원과 궁전에서 노닐 뿐, 절대로 외출을 할 수 없게 되어 있었다.

노인은 왜 이런 황홀하고 육감적인 궁전을 만들었을까? 그것은 일종의 '천당 체험관'이었다. 마호메트[6]는 자신의 가르침을 따르는 사람들에게 죽으면 천당에 가서 온갖 향락을 누릴 수 있다고 약속을 했는데, 그가 말한 천당이란 아름다운 여성들과 더불어 온갖 관능적인 만족을 취할 수 있는 곳이었다. 노인은 자기도 마호메트와 동격의 예언자임을 신도들에게 보여주기 위해 자기 마음에 드는 사람들을 골라서 산 채로 천당 체험을 시켜주기로 마음을 먹은 것이다. 노인은 자신의 허락을 받지 못한 사람들이 이 환락의 골짜기에 들어오지 못하도록 골짜기 입구에 튼튼한 성을 쌓고 그 밑에 비밀통로를 만들어놓았다.

노인은 산악 지대에 사는 많은 청년들을 뽑아서 궁전으로 데리고 왔다. 무술을 좋아하는 열두 살에서 스무 살까지의 용감한 청년들이었다. 노인은 매일 청년들에게 예언자가 말한 천당에 대해 들려주고, 그곳에 들어갈 수 있도록 하는 권한을 자기가 가지고 있다고 설교했다. 그렇게

---

6 마호메트(Mahomet, 570?~632) : 이슬람교의 개조. 마흔 살경에 계시를 받아 유일신 알라에 대한 숭배를 가르치기 시작했으며, 정치적 수완을 발휘하여 전 아라비아를 통일했다. 마호메트는 '무하마드'의 영어식 이름이다.

일정한 시간이 지나면 청년들 가운데서 10~12명을 뽑아 아편으로 혼수상태에 빠지게 한 다음 궁전에 있는 몇 개의 방에다 데려다놓았다.

혼수상태에서 깨어난 청년들은 눈앞에 펼쳐진 천당의 환락을 보고 놀라지 않을 수 없었다. 정신을 차려보니 아름다운 여성들에 둘러싸여 있는 것이 아닌가. 여성들은 노래를 부르고 갖은 애교를 다 떨며, 좋은 향료와 술을 권했다. 청년들은 술과 우유가 흐르는 풍성한 환락의 잔치에 도취해버렸다. 천당에 온 것으로 확신한 청년들은 이 환락경에서 떠나지 않으려 한다.

이렇게 4~5일이 지난 뒤 다시 아편으로 정신을 잃게 해서 정원 밖으로 옮겨놓는다. 청년들이 잠에서 깨면 노인은 그들을 불러다놓고 그동안 어디에 갔었느냐고 묻는다. 그들은 "당신의 높은 은총으로 천당에 가 있었습니다"라고 대답한다. 그리고 자기들이 체험한 것을 자세히 이야기한다. 그러면 노인은 이렇게 이야기한다.

"예언자께서 주를 보호하는 사람은 천당에 들어갈 수 있다는 확증을 보이신 것이다. 내 명령에 따라 일신을 바친다면, 그런 행복한 운명이 너희들을 기다리고 있을 것이다!"

이 말을 들은 청년들은 모두 열광하여 노인을 보호하는 일을 목숨 바쳐 수행하게 된다. 이런 청년 조직을 양성한 결과, 인근의 다른 군주가 노인의 감정을 조금이라도 다치게 하면 그는 바로 청년들에게 암살당했다. 청년들은 누구나 생명을 잃는 것을 아무렇지도 않게 생각하고, 오직 상전의 명령을 수행할 뿐이었다. 그래서 근처의 여러 나라에서는 이 노인을 크게 두려워했다.

노인은 두 사람의 대리인을 거느리고 있었는데, 그 가운데 하나는 다

마스쿠스 부근에서, 다른 하나는 쿠르디스탄에서 같은 방법으로 청년 암살단을 양성하고 있었다. 그래서 어떤 권력자든 이 노인에게 적의를 보이면 암살되지 않을 수 없었다.

앞의 이야기는 마르코 폴로[7]가 남긴 《동방견문록》에 나오는 것이다. 마르코 폴로는 1271년 아버지, 숙부와 함께 여행을 떠나 4년 뒤에 중국 원나라 궁정에 도착했다. 그는 1295년 베니스로 돌아오기 전까지 24년 동안 원나라 황제 쿠빌라이의 우대 속에서 북으로는 시베리아, 남으로는 인도까지 동방 세계의 전역을 두루 돌아다녔다. 그 경험담을 고향에 돌아와 옥중에서 기록한 것이 《동방견문록》이다. 이 책은 13세기 지구 상에서 전개되고 있는 갖가지 풍습과 종교, 사회상을 생동감 있는 필치로 전하고 있다.

비와 바람을 마음대로 조종하는 마술사 이야기, 5000여 두의 코끼리에게 금박 옷을 입히고 1만 명에 이르는 매 조련사를 거느리고 있는 황제 이야기, 잘생기고 품위 있는 타국인이 투숙하면 밤중에 암살해버리는 마을 이야기, 여자가 아이를 낳으면 남편이 아내가 누워 있던 자리에 누워서 40일간 아기를 돌보는 마을 이야기, 놀랍게도 잘 타는 검은 돌(석탄과 검은 액체 석유)이 나오는 섬 이야기, 눈 위에서 썰매를 끄는 거대한 흰 곰 이야기, 소를 신성한 영물로 취급하는 고장 이야기, 옥이 지천에 깔린 강과 진주가 가득 찬 바다 이야기, 식인종들이 사는 섬 이야기, 자기 남편을 따라 분신자살하는 과부들 이야기, 환자가 나을 가망이 없다 싶으면 환자의 골까지 다 삶아 먹는 사람들 이야기 등등.

---

7 마르코 폴로(Marco Polo, 1254~1324) : 이탈리아 베네치아의 상인·여행가. 1260년 아버지를 따라 중국을 왕래했다. 1271년 다시 원나라에 가서 쿠빌라이 황제의 우대를 받으며 정치에 관여하다가 귀국. 옥중에서 《동방견문록》을 구술했다.

세계가 지중해를 중심으로 형성되어 있는 것으로만 알았던 유럽인에게 마르코 폴로의 여행기는 경악 그 자체였다. 사람들은 그의 이야기를 새빨간 거짓말이라고 우겼다. 임종을 앞둔 마르코 폴로에게 신부는 이렇게 이야기했다. "적어도 숨을 거두기 전에 저 책에 쓴 내용이 모두 거짓말이라고 참회하시오." 늙은 마르코 폴로는 이렇게 대답했다. "아직 제가 알고 있는 일들의 절반도 말하지 못했어요."

유럽인에게 폴로의 보고서는 경이와 충격 그 자체였다. 무엇보다 유럽 영주들과는 비교가 되지 않는 거대한 제국을 거느리는 중국의 원나라는 경원의 대상이었다. 폴로의 여행기는 아시아 대륙 전역에 걸친 20여 년의 탐험에서 나온 기록이었지만, 그의 책을 읽는 독자들은 마치 그 진귀한 일들이 한 보따리에 쌓여 탁자 위에 놓여 있는 듯한 착각, 바로 손을 뻗쳐 잡아보고 싶은 강한 충동에 사로잡혔을 것이다.

이 착각에 빠져 거대한 모험에 나선 사람 가운데 한 명이 콜럼버스였다. 콜럼버스는 배를 타고 서쪽으로 가면 마르코 폴로가 낙타나 말을 타고 갔던 것보다 훨씬 빠른 시간 안에 동방에 도달할 수 있다고 믿었다. 그는 지구 둘레를 거의 정확하게 계산해낸 에라토스테네스[8]의 계산이 틀렸다고 생각하고, 에라스토테네스의 측정값보다 4분의 1에서 6분의 1정도로 작게 지구 둘레를 계산했다. 그 결과 한 달 정도 항해를 하면 동방 세계에 이를 수 있다고 믿었다.

콜럼버스는 이 원정에서 뜻하지 않게 신대륙을 발견하게 되었다. 사실, 유럽은 중국을 중심으로 한 동아시아권, 이란을 중심으로 한 이슬

---

8 에라토스테네스(Eratosthenes, 기원전 275?~194?) : 고대 그리스의 수학자·천문학자·지리학자. 소수(素數)의 선별법으로 유명한 '에라토스테네스의 체'를 발견했다. 처음으로 적도 주위를 측량하여 약 4만 5000킬로미터라고 산출했다. 저서로는 《지리학》이 있다.

람권, 인도를 중심으로 한 힌두교권, 아프리카의 흑인 세계, 아메리카의 인디언 문명 등으로 전개되어 온 세계 역사의 한 부분일 따름이다. 따라서 콜럼버스의 신대륙 발견은 유럽 문명이 다른 문명과 접하는 하나의 계기에 지나지 않는 일이다. 그런데도 이것을 세계사의 결정적 사건으로 기술하는 것은, 문명의 주연은 유럽이고 다른 모든 문명은 조연일 뿐이라는 서구 중심의 역사관을 반영한 것이다.

올바른 역사책이라면, 신대륙을 처음 발견한 사람은 콜럼버스가 아니라 아시아에서 베링 해협을 타고 건너간 인디언들이라고 기록해야 한다. 그들이 언제, 어떻게 대륙을 건너갔고 어떻게 생활해 왔는지 기록해야 한다. 이들이 바로 신대륙의 진정한 주인이며, 콜럼버스를 앞세우고 들이닥친 백인들은 침략자, 약탈자였다. 사실, 콜럼버스의 항해는 처음부터 침략과 약탈이 목적이었다. 그가 스페인의 이사벨라 여왕과 맺은 계약서를 보자.

1. 콜럼버스는 새로 발견하는 섬과 육지, 그리고 바다에서 여왕 다음 가는 부왕 겸 총독이 된다.
2. 거기에서 얻은 보물과 다른 모든 이익의 10분의 1은 콜럼버스 소유이다.
3. 콜럼버스는 새로 발견하는 영토에서 재판권을 갖는다.
4. 위의 세 가지 권리와 명예는 콜럼버스 자손 대대로 물려받는다.

그러니까 만약 콜럼버스가 자신의 착각대로 오늘의 인도나 중국에 도달했다면, 그 나라들은 통치권과 재판권, 재산 소유권을 몽땅 콜럼버스의 자손에게 넘겨주어야 할 판이었다. 실제로 이것은 아메리카 대륙에서 현실이 되었다. 백인이 발견하는 땅은, 그 땅의 사람과 재산 모두가 그들의 것이 되는 어이없는 역사가 이후 수백 년 동안 진행되었다.

1519년, 멕시코 해안에 커다란 전함 11척으로 편성된 함대가 나타났다. 함대의 지휘자는 에르난도 코르테스[9]. 배가 닻을 내리자 대포와 탄약 상자, 총들이 실려 나왔다. 멕시코 원주민들은 물에 뜨는 집, 옷으로 몸뚱이를 감싼 흰 살갗의 사람들, 그리고 이상한 무기 등을 경이로운 눈으로 바라보고 있었다. 무엇보다 인디언들은 부슬부슬한 갈기와 꼬리를 가진 짐승들을 보고 놀랐다. 그들이 처음 보는 이 짐승은 말이었다.

백인들이 왔다는 소문은 순식간에 온 해안에 퍼졌다. 곧 추장 회의가 열렸다. 추장들은 백인들이 금을 좋아한다는 사실을 알고, 황금 선물을 주어 돌려보내기로 의견을 모았다. 인디언 사절들은 수레바퀴만큼이나 큰 금고리와 금 장식물, 금으로 만든 인형과 동물 따위를 잔뜩 가지고 갔다. 코르테스와 동료들이 이 황금을 본 순간 멕시코 원주민의 운명은 결정되어버렸다. 사절들은 바다 저쪽으로 돌아가 달라고 탄원했지만, 막대한 양의 황금은 오히려 코르테스 일행의 눈을 불타오르게 만들었다.

코르테스는 출동 명령을 내렸다. 멕시코 사람들은 스페인 사람들에게 아무런 저항도 하지 않았다. 스페인 사람들은 원주민 군대의 대장인 몬테즈마를 포로로 잡았다. 원주민들은 이 무례한 행위를 더 이상 용납할 수 없었다. 그들은 돌을 던지고 활을 쏘았다. 총과 포 앞에 돌과 활은 무력했지만 인디언들은 열 명이 쓰러지면, 백 명이 복수하러 나섰다. 형은

---

9 코르테스(H. Cortes, 1485~1547) : 스페인의 멕시코 정복자. 1518년 쿠바 식민지 총독의 명을 받아 유카탄 반도에서 멕시코를 공격했다. 1521년에 아스텍 제국을 정복하고, 누에바 스페인 식민지를 건설하여 총독이 됐다.

아우를 위해, 큰아버지는 조카를 위해 복수하러 나섰다. 누구 하나 죽음을 두려워하는 자가 없었다. 코르테스는 사태가 불리함을 깨닫고 도망쳤다. 원주민들은 그를 추격하지 않았다. 하지만 본국의 새 군대를 이끌고 다시 나타난 코르테스의 무차별 공격 앞에서 인디언들은 자기 부락을 지킬 수 없었다.

이렇게 중남 아메리카를 초토화시킨 코르테스의 스페인. 그리고 스페인과 싸워 대서양의 패권을 쥔 네덜란드가 유럽을 대표하여 다른 세계에 대한 약탈과 학살의 선두에 섰다. 네덜란드 인들은 성인 원주민들을 노예로 붙잡아가는 것에 그치지 않고, 아직 성장하지 않은 어린 원주민들을 인도네시아 셀레베스 섬에 있는 비밀 감옥에 감금시켜 사육했다.

마카사르라는 도시는 비밀 감옥으로 가득 찼다. 감옥에서는 강제로 납치되어 온 어린이들이 쇠사슬에 묶인 채 유럽 인의 탐욕과 포악의 희생자가 되었다. 네덜란드 인의 발길이 스친 인도네시아는 어디서나 인간의 씨가 말라가고 있었다. 자바 섬의 바뉴왕기 지방은 1750년 당시 주민의 수가 8만 명이었는데, 1811년에는 8000명으로 줄어들었다.

영국은 어떠했을까? 정직한 청교도인 그들은 1703년, 의회에서 다음과 같은 결의문을 통과시켰다. "인디언 머리 가죽 한 장이나 포로 한 명에 대해 40파운드의 상금을 줍니다." 1720년에는 머리 가죽 값이 100파운드로 인상되었으며, 1744년 메사추세츠 만 지역에서는 여자나 아동 포로에 대해 50파운드, 여자나 아동 포로의 머리 가죽에 대해서도 50파운드가 지불되었다. 영국 의회는 살육과 머리 가죽 벗기기를 신과 자연이 기독교인들에게 부여한 수단이라고 선언했다.

이 같은 지리상의 발견, 유럽 인의 아프리카 · 아시아 · 아메리카 대륙의 발견은 이 대륙에서 평화롭게 살던 원주민에 대한 살육과 약탈을 의미했다. 그리고 이렇게 약탈한 어마어마한 금은 유럽 사회가 자본주의로 이행하는 경제적 토대가 되었고, 근대 유럽 문명의 초석이 되었다.

♌ 봉건제가 자본주의로 이행된 까닭은?

도요토미 히데요시가 일본을 통일한 여세를 몰아 한반도를 침공하던 때, 우리나라 방방곡곡에서 왜적을 물리치려는 의병의 깃발이 치솟았던 그때, 영국에서 국왕의 권위에 대항하다가 목이 잘린 한 사나이가 있었다. 그의 이름은 토머스 모어[10]. 그는 칼이 목에 닿으려는 순간 "반역죄를 저지른 일이 없는 이 수염을 한쪽으로 옮겨놓을 테니 처형을 잠깐 늦추어 주시오"라고 말했다는 일화가 전해진다. 토머스 모어는 "양이 사람을 잡아먹는다"는 말과 《유토피아》라는 책으로 유명하다.

"양이 사람을 잡아먹는다"는 말은 16세기 영국에서 대대적으로 진행된 인클로저enclosure 운동에서 비롯된 것이다. 인클로저 운동을 우리말로 옮기면 '울타리 치기 운동'이 되는데, 당시 영국에서 이 운동이 전개된 이유는 간단하다. 모직산업이 급속하게 발전하면서 많은 양모가 필요해졌고, 덕분에 같은 크기의 땅에서 밀을 생산하는 것보다 양을 사육하여 양모를 생산하는 것이 훨씬 더 커다란 이익을 낳게 되었다. 그러자 영국 귀족들은 앞을 다투어 장원에 소속돼 있던 공유지를 처분하여 목초지로

---

10 토머스 모어(Thomas More, 1478~1535) : 영국의 정치가. 헨리 8세 때 대법관에 임명되었으나 가톨릭 교도의 입장에서 왕의 이혼에 반대하고 국왕의 노여움을 사 반역죄로 단두형에 처해졌다. 인문주의자로서 에라스무스와 친교를 맺었고 1516년에는 영국 사회를 풍자한 《유토피아》를 발표했다.

바꿔 나갔다. 이 운동이 실제로 어떤 모습으로 전개되었는지 당시 영국 사회를 신랄하게 비판했던 토머스 모어의 《유토피아》의 한 대목을 함께 읽어보자.

꿀벌통의 게으름뱅이 수벌들처럼 소작인의 노동력에만 의존하여 놀고 먹는 귀족들이 요새 얼마나 많습니까? 엄청나게 비싼 소작료를 징수하여 소작인들의 피를 빨아먹고 사는 귀족들 말입니다. 그런데 이 몰락하는 귀족들은 많은 게으름뱅이 식객들을 거느리고 살거든요. 자기 힘으로는 돈 한 푼 벌 수 없는 놈팡이 무사들을 거느리고 산다는 겁니다. 그런데 말이지요. 그 식객들을 거느리던 귀족 주인이 죽거나 혹은 식객 자신이 병들거나 하면 그는 당장 쫓겨나고 말지요. 귀족 댁에서 쫓겨나는 자들은 도둑질을 안 하고는 굶어 죽을 수밖에 없게 되지요.

그건 그렇지만, 도둑질하지 않을 수 없도록 강요당하는 사람의 수가 많은 원인이 귀족들이 거느리는 게으른 시종배 때문만은 아니라고 나는 생각합니다. 영국에서만 발견되는 한 가지 독특한 원인이 있습니다. 이전에는 얌전하게 먹이를 조금만 먹고 자라던 당신네 나라 양떼가 그 한 가지 원인이지요.

그렇게 얌전하고 조금만 먹던 양들이 지금 와서는 너무 지나치게 탐식하고 또 사납게 되어서, 과장해 말하자면 인간들까지 다 잡아먹고 말 기세를 보이고 있습니다. 양떼가 지금 들판과 가정과 마을을 모두 유린, 약탈하고 있습니다. 양들이 보통 털보다 더 부드럽고 값진 털을 산출해주면 줄수록 귀족이나 양반은 물론 성직자들과 수도원장까지 토지에서 나오는 소작료 수입으로는 만족을 느끼지 못하게 되지요.

이전에는 게으르고 사치스럽게 생활하는 것을 자랑삼지 않던 그들이 목양업으로 큰돈을 벌게 되자 게으르고 사치스러운 생활을 남보라는 듯 뻔뻔하게 자랑하지 않습니까? 그들은 경작지 전부를 목장으로 변경하여 울타리로 사방을 둘러쌀 뿐만 아니라 교회당만 남겨놓고 그밖의 온갖 집을 헐어버리고 마을 전체를 파괴하고 있어요. 교회당만 헐지 않는 이유는 그 건물을 양 우리로 사용하기 위해서지요. 삼림과 사냥 금지 구역으로 지정된 토지는 이미 너무 큰 지면을 차지하고 있는데도, 목장을 새로 꾸미는 사람들은 마을을 마구 헐고 경작지를 모두 고쳐서 사막으로 만들고 있는 것입니다.

국가에게는 참으로 골칫덩이인 욕심꾸러기 탐식가 하나가 수백만 평에 이르는 토지를 울타리로 막아버리는 것입니다. 그래서 소작인들은 농토에서 쫓겨나고 있어요. 더러는 속임수 때문에, 더러는 강제 추방으로 또 더러는 착취와 학대에 못 견뎌 그들의 연장까지 싼값에 팔아버리고 농토를 떠나는 것입니다.

이 비참하기 그지없는 사람들, 남녀노소 · 남편과 아내 · 고아들 · 과부들 · 어린이들의 부모 등등 너무나 많은 가난한 사람들이 강제로 거주지를 옮기고 있습니다. 정든 집을 떠난 그들이 새로 정착해 살 수 있는 고장을 찾기란 거의 불가능합니다. 그들에게 남는 길이라곤 도둑질하다가 체포되어 사형을 당하거나―물론 공정한 재판을 받아 교수형으로 처벌당하거나 그렇지 않으면 비럭질, 이 두 가지 길밖에 무엇이 있겠습니까?

그러나 그들이 구걸하려고 길을 나다니면, 경찰은 게으른 부랑자라고 체포하여 감옥살이를 시키지요. 그들은 일자리 얻기를 갈망하지만 고용해주는 사람이 하나도 없거든요. 경작하는 토지가 다 없어진 마당에 그들이 어려서부터 배운 농사 기술은 아무 쓸모가 없게 되어버린 거지요. 농토에서는 좁은 땅을 가꾸는 데도 숱한 일손이 소용되지만, 꽤 넓은 목장에 가득 찬 양떼를 기르는 데는 단 한 사람의 목동으로 족하니까요.

서구의 중세 1000년 동안 귀족들은 그들 소유의 토지에서 피땀을 흘린 농노들의 노동을 통해 호화로운 삶을 누렸다. 그러나 이제 농사를 짓는 것보다 그 땅에서 양을 키우는 것이 더 수익성이 높아지자, 농토가 있어야만 살 수 있는 농노들을 한꺼번에 길거리로 내몰아버린 것이다. 이때 길거리로 내몰린 농민들이 겪어야 했던 비극에 대한 토머스 모어의 위 글은 매우 온건한 편이다. 카를 마르크스의 《자본론》[11]에는 이렇게 씌어 있다.

1530년의 헨리 8세 조례에 따르면, 늙고 노동능력이 없는 거지는 거지 면허를 받는다. 그와 반대로 건장한 부랑자는 태형과 감금을 당한다. 그들은 달구지 뒤에 결박되어 몸에서 피가 흐르도록 매를 맞은 다음 그들의 출생지나 최근 3년간 거주한 곳으로 돌아가서 '노동에 종사하겠다'는 맹세를 한다. 얼마나 잔인한 이율배반인가!

헨리 8세 통치 제27년의 조례는 이 법령을 반복했는데, 거기에 새로 더 보태어 한층 가혹하게 만들었다. 부랑죄로 재차 체포되면 다시 태형에 처하고 귀를 절반 자르며, 세 번 체포되면 중죄인이 되어 공동체의 적으로 사형에 처해진다.

---

11 《자본론》: 유물사관에 입각하여 노동력의 상품화를 기축으로 자본주의 사회의 경제적 운동법칙을 구조적으로 해석한 책.

에드워드 6세 통치 제1년인 1547년에 제정된 법령에 따르면, 노동하는 것을 거절하는 자는 그를 게으름뱅이라고 고발하는 자의 노예로 선포된다. 주인은 채찍과 쇠사슬을 사용하여 노예가 아무리 싫어하는 일이라도 시킬 수 있는 권리를 가진다. 노예가 도주하여 2주일이 되면 종신 노예의 선고를 받고 이마나 등에 'S'자 낙인이 찍힌다. 만약 세 번 도주하면 반역자로서 사형을 당한다.

주인은 노예를 동산이나 가축과 마찬가지로 팔아넘기거나 유산으로 물려주며, 임대도 할 수 있다. 만약 노예가 무엇이든 주인을 반대하는 기도를 하면 역시 사형을 당한다. 치안 판사는 주인의 신고가 있으면 도주한 범인을 수사하지 않으면 안 된다. 부랑자가 3일간 일 없이 돌아다닌 것이 판명되면, 출생지로 끌려와서 불에 달군 쇠로 가슴에 'V'자 낙인을 찍는다.

중세 봉건제는 영주와 농노라는 두 계급으로 이루어진 사회체제였다. 그리고 그 이후에 등장한 자본주의는 자본가와 노동자라는 두 계급으로 이루어진 사회체제이다. 그러면 봉건제에서 자본주의로 넘어가는 과정에서 어떻게 농노라는 거대한 사회계급이 소멸되고, 자본가와 노동자라는 새로운 계급이 형성된 것일까?

우리가 인클로저 운동에 대해 알아본 이유는 바로 이 문제 때문이다. 영국 귀족들은 목양업을 통한 돈벌이에 눈이 멀어서 농민들을 토지로부터 쫓아냈는데, 이는 스스로의 힘으로는 벗어날 수 없는 농노의 신분 구속을 벗겨준 셈이 되었다. 그것은 결국 굶어 죽는 것밖에 다른 선택을 할 수 없는, 문자 그대로의 프롤레타리아[12]들을 대거 도시로 보내준 것이다. 이렇게 도시의 자본가들은 빵 한 조각, 손짓 하나만으로도 쉽게 고용할 수 있는, 농노 신분에서 해방된 방대한 노동자층을 공급받게 되었다. 영국에서 산업혁명이 가장 먼저 전개된 이면에는 이런 비극이 자리 잡고 있었다.

인클로저 운동은 영국의 시민혁명과도 긴밀한 관련이 있다. 당시 영국에는 '젠트리'라는 향신 계층이 있었다. 이들은 기사의 후신으로, 작위를 부여받는 귀족들보다는 하위 계층이었다. 부유한 차지농, 법률가, 개업 의사 등 전문가나 부유한 상인들이 향신 계층을 구성했다. 장원의 공유지에서 농민들을 추방한 귀족들은 토지를 직영한 것이 아니라 자본가적 농업가에게 토지를 임대하여 지대 취득자가 되었는데, 이들 자본가적 농업가들은 대부분 젠트리였다.

또 젠트리보다 적은 토지를 경영했던 요맨, 곧 독립 자영농이 있었다. 이들 젠트리와 요맨은 인클로저 운동이라는 사회 변화에 가장 능동적으로 개입해서 그 수확을 거두어들인 계층이다. 이들은 토지를 잃은 농민들을 노동자로 고용하여 오로지 영리를 목적으로 토지를 경영했다.

젠트리와 요맨은 봉건적 신분이나 사상에 얽매이지 않고 삶을 과감하게 개조해나간 청교도들이었다. 따라서 이들은 나날이 성장하면서 대지주, 대상인의 이익을 옹호했던 왕권과 대립이 격화되었다. 크롬웰[13] 철기

---

12 프롤레타리아(proletariat) : 자본주의 사회에서 생산수단을 소유하지 못하고 자신의 노동력을 팔아 생활하는 노동자. 무산자(無産者).

13 크롬웰(Oliver Cromwell, 1599~1658) : 1642년 청교도혁명 발발 후 철기군, 신모범군(新模範軍)을 조직하여 왕당군(王黨軍)을 격파했다. 1649년 찰스 1세를 처형하고 공화제를 수립하였으며, 1651년 항해조례를 발표하여 영란전쟁(英蘭戰爭)을 유발시켰다. 1653년에는 호민관이 되어 엄격한 청교도주의로 독재정치를 단행했다.

군의 주력이 바로 이들이었으며, 이후 성립된 의회에서 지도적 역할을 맡은 사람들도 바로 이들이었다. 이렇게 근대의 자본주의는 중세 봉건 제의 품속에서 꿈틀거리며 성장해나간 것이다.

블로크,《중세 사회》

《중세 사회》는 중세 유럽을 배경으로 한 빼어난 대하소설 같은 느낌을 주는 역사서이다. 별다른 설명 없이 불쑥 들이미는 예화 하나하나가 저자의 논지에 녹아들면서 그 시대를 산 사람들의 갖가지 모습을 생생하게 드러내 보여준다. 이 책은 중세인들의 삶의 총체성을 드러내주는 탁월한 작품이며, 중세 사회를 이해하려는 사람들이 꼭 한번 읽어야 할 고전적 저작이다.

블로크는 스트라스부르 대학의 중세사 교수로 재직하던 1929년부터 평생의 학문적 동반자인 뤼시앵 페브르와 함께 《아날Annale》지를 발간함으로써 '아날학파'라는 새로운 역사학 방법론을 수립한 학자로 평가된다. 제2차 세계대전이 발발하자 연구실을 박차고 나온 그는 자신의 고향인 프랑스 리옹 근처에서 탁월한 조직력을 자랑하는 레지스탕스 운동의 지도자로 활약했다. 그리고 그 와중에도 역사학에 대한 자신의 생각을 틈틈이 정리하여 《역사를 위한 변명》을 집필하기도 했다. 그러나 그 원고가 채 완성되기 전인 1944년, 블로크는 게슈타포에 체포되어 총살당하고 말았다. 그의 나이 쉰여덟 살 때였다. 이처럼 블로크는 자신의 역사관을 몸으로 실천한 역사가였다. 저서로는 《중세 사회》를 비롯하여 《역사를 위한 변명》, 《프랑스 농촌사의 기본 성격》 등이 있다.

《중세 사회》는 블로크가 소르본 대학에서 경제사를 강의하던 시절, 앙리 베르가 기획한 '인류의 진보' 총서의 일환으로 1939년에 저술한 것이다. 이 저서는 그의 학자적 명성을 부동의 것으로 굳혀주었다. 그때까지 중세 사회를 파악하는 관점에는 크게 세 가지가 있었다. 하나는 오토 힌체가 파악한 개념으로, 봉건제도를 하나의 통치 조직으로 보는 것이었다. 둘째는 법제사적인 해석인데, 가신과 영주의 관계를 봉건제의 본질로 보는 입장이었다. 셋째는 마르크스주의 역사학의 입장인데, 봉건제를 하나의 생산양식으로 파악하는 관점이었다. 블로크는 이 같은 여러 가지 견해를 포괄적으로 수용하여, 강력한 사회사 지향성을 밑바탕에 깔면서 중세 사회의 종합사를 구축하려 했다.

《중세 사회》는 두 권으로 이루어져 있다. '인적 종속관계의 형성'이라는 부제가 붙어 있는 1권은 중세 사회를 형성하고 작동한 원리로서, 사람과 사람 사이의 의존 관계를 주로 논하고 있다. 2권에는 '계급과 통치'라는 부제가 달려 있는데, 중세 사회의 정치체제 문제를 주로 다루고 있다. 블로크의 중세 사회에 대한 관점이 집약적으로 드러나는 곳은 2권의 '사회 형태로서의 봉건제'라는 절인데, 그는 이 절에서 유럽 중세 사회의 기본 특징을 다음과 같이 정리하고 있다.

"농민층의 종속, 일반적으로 불가능하게 되어 있던 봉급제 대신 봉사 소유지(정확하게는 봉토 제도)가 널리 채택된 점, 전문적 전사 계급이 차지하고 있던 우월한 위치, 인간과 인간을 서로 결속시켜준 복종과 보호의 유대관계(이것이 전사 계급에서는 가신제라는 형태를 취함), 권력의 세분화……."

블로크는 이 같은 중세 사회가 봉건제에 선행하는 양대 사회, 곧 로마 사회 조직과 게르만적 사회 구조가 모두 급격하게 붕괴하는 와중에 발전 단계가 서로 다른 이 두 사회 형태가 폭력에 의해 강제 결합된 결과로서 생겨나게 되었다고 말한다. 또 블로크는 중세 사회를 1기와 2기로 구분했다. 그에 따르면, 중세 사회 2기는 화폐경제, 상업제도, 도시의 발달 등에 따라 사회적 전환이 이루어진 11세기에 시작되었다. 그리고 이 같은 전환이 이루어지기 이전인 중세 사회 1기를 그는 순수한 중세 사회라고 부른다. 중세 1000년 전체를 하나의 사회로 규정한 것이 아니라 그 가운데 4~5세기만을 중세 사회라는 이름으로 포괄하고 있는 것이다.

블로크의 역사 서술에서 특징적인 점은 다양한 자료를 활용한다는 것이다. 《중세 사회》에서 그는 서사시, 벽화, 기도문 등 당시 사람들의 일상이 반영된 정신적 소산을 사료로 적극 활용했다. 귀족층이 하나의 계급으로 굳어진 이후 그들의 생활 세계와 감정, 사고방식에 대해서는 '롤랑의 노래', '시드의 노래' 같은 전통적인 무훈 서사시뿐만 아니라 주로 프랑스에서 작품화되었던 이른바 반역자 무훈 서사시, '트루바두르 기사 이야기' 등을 풍부하게 인용하여 분석해나간다. 그는 문학작품이 일정하게 현실을 반영하고, 또 규정할 수 있다는 점에 주목한 것이었다. 예를 들어 당대인의 의식구조를 알려주는 기사도의 전범은 그것이 일단 하나의 이념형으로 표현되고 난 뒤에는 거꾸로 기사들의 사고방식과 행동거지를 규제하는 일종의 모범으로 작용함으로써 귀족, 기사 계급의 자의식을 형성하는 데 크게 한몫할 수도 있다는 것이다.

6장

"인간은 태어나면서부터 자유롭고 평등하다"

—— 프랑스혁명

The French Revolution

프랑스혁명은 말 그대로 시민(부르주아지)의 혁명이었다. 봉건 귀족과 절대 군주를 몰아내고 부르주아지가 정치 권력을 장악한 것이다. 그들의 인권선언은 "모든 인간은 태어나면서부터 자유롭고 평등하다."고 못 박았다. 하지만 이 자유가 본질적으로 부르주아적 자유였듯이, 평등 또한 부르주아적 평등이었다. 인권선언Declaration of Rights of Man에 등장하는 모든 인간Man은 부르주아지였던 것이다.

역사는 끊임없이 진보를 향해 나아갔다. 프랑스혁명이 나아가지 못하고 멈춰 선 지점에서 다시 역사는 진보를 향한 몸짓을 했다. 그런데 이제는 진보의 역사를 만들어가는 주인공이 바뀌어야 했다. 인간의 범주에서 제외되었던 노동자 계급과 식민지 민중 그리고 하늘의 절반을 차지하는 여성들이 그들이었다.

1655년 4월 어느 날, 파리의 고등법원 법관들은 왕이 내놓은 새로운 재정법령에 반대하기 위한 회의를 하고 있었다. 이 자리에 열일곱 살의 루이 14세가 불쑥 나타났다. 사냥에서 돌아오는 길인지, 승마복을 입고 승마화를 신은 채 손에는 채찍을 들고 있었다. 그는 서슴지 않고 법복을 입은 귀족들에게 이렇게 경고했다.

여러분은 짐이 내놓은 법령이 과연 국가의 이익에 합당하는지 검토하고 있는가? 여러분은 오해하고 있다. 짐을 떠나서는 국가가 없다. 짐이 곧 국가다.

16~17세기에 이르러 서유럽에서는 국왕을 정점으로 한 강력한 중앙집권 국가, 곧 절대주의 국가가 출현했다. 이전의 봉건 국가들에서 왕권을 제약했던 신분 의회, 예컨대 프랑스 삼부회[1]는 점차 약화되었고, 그 대신 국왕이 중앙 및 지방 행정을 담당할 관료조직과 함께 국내 치안과 방어를 목적으로 하는 상비군을 운영했다. 또 절대주의 국가는 국가 재

---

1 삼부회(三部會) : 성직자 · 귀족 · 평민 출신 의원으로 구성된 프랑스의 신분제 의회. 1302년에 성립되었고, 절대 왕정의 확립에 따라 1614년에 폐쇄됐다. 1789년에 재개되었으나 토의 형식을 둘러싸고 분규가 일어나 프랑스 혁명의 발단이 되었다.

정을 확충하기 위한 방안으로 전 국민에게 조세를 부과하는 한편, 중상주의[2] 정책을 통해 국내 상업과 공업 기반을 육성하는 데 적극적으로 관심을 기울였다. 그리고 이 무렵, 프랑스의 보댕과 영국의 홉스는 왕권은 신으로부터 받은 신성불가침의 권력이므로 어느 누구의 간섭도 받지 않는다는 왕권신수설을 제창하여 왕권의 절대성을 옹호했다. 관료기구와 상비군, 중상주의 경제정책, 왕권신수설은 절대주의 국가의 세 가지 특징이 되었다.

어린 나이에 귀족들 앞에서 '짐이 곧 국가'임을 대담하게 선언한 루이 14세는 자타가 공인하는 절대주의 시대의 대표적인 왕이었다. 지금부터 이 절대주의 시대의 열락과 그 열락을 뒷받침하는 곳에서 터져 나오는 탄식 소리를 들어보자. 한 사회가 다른 사회로 변화할 때, 일차적으로 중요한 요인은 그 사회가 안고 있는 내부 모순이다. 절대주의 시대에 이루어진 여러 사회적 관계들이 서로 어떻게 협력하고 어떻게 충돌했는지 잘 관찰해보자.

♌ 태양왕 루이 14세

프랑스에서 절대 왕권이 본격적으로 발달한 것은 루이 13세(재위 1610~1643) 때부터였다. 루이 13세를 보필하면서 프랑스 왕정의 토대를

---

2 중상주의(重商主義, Mercantilism) : 16세기 말기부터 18세기의 유럽에서 지배적이었던 경제 이론 및 정책. 국부(國富)를 증대시키기 위해 보호무역주의의 입장에 서서 수출산업을 육성하고 무역 차액에 의해 자본을 축적하고자 한다. 콜베르 등에 의하여 추진되었고 절대 왕정의 경제기반 확립에 공헌했다.

세운 재상 리셜리외[3]는 언제나 이렇게 말했다고 한다.

내 제1의 목표는 국왕에 대한 존경이고, 제2의 목표는 왕국의 융성이다.

이런 리셜리외에게 풀기 어려운 한 가지 고민이 있었다. 루이 13세에게 아들이 없어서 자칫하면 왕의 동생인 가스통에게 왕위가 넘어가게 된 것이다. 그러나 루이 13세는 그의 이런 고민에는 아랑곳하지 않고 왕비인 안느 도트리시를 제쳐둔 채 다른 귀부인들과 놀아나기에 바빴다.

답답해서 견딜 수가 없었던 리셜리외는 훗날《태양의 나라》라는 책으로 유명해진 이탈리아의 점성술사 캄파넬라Campanella를 불러 물어보았다. 캄파넬라는 "왕비 안느가 임신하기 전에는 가스통이 왕위를 계승하지 않는다"며 재상의 근심을 덜어주었다.

그때 왕은 루이 드 라 파이예트라는 귀부인을 좋아했다. 그런데 그녀가 별안간 세상을 버리고 수도원에 들어가버리자, 그녀를 잊지 못한 국왕은 수도원까지 찾아다니며 연애를 했다. 그러던 어느 날, 두 사람이 수도원에서 만나 얘기를 나누다보니 날이 어두워졌다. 왕은 밤늦게 귀로에 올랐는데 천둥, 번개와 함께 쏟아지는 폭우 때문에 도중에 길을 바꾸어 별거 중인 왕비의 숙소로 가게 되었다. 그날 밤, 왕비 안느는 결혼 20년 만에 임신을 하게 되었고, 이때 잉태된 아이가 훗날의 루이 14세이다.

영국에서 청교도혁명의 막이 오른 1642년, 프랑스에서는 리셜리외가

---

3 리셜리외(A. Richelieu, 1585~1642) : 프랑스의 정치가. 루이 13세 때의 재상으로 중앙집권화에 노력했다. 대외적으로는 30년 전쟁에 간섭하고, 식민정책을 진행시켜 프랑스 절대주의의 기초를 쌓았다.

죽었고 이듬해에는 루이 13세가 죽었다. 이로써 다섯 살 난 루이 14세가 왕위를 계승하였고, 실제 국정은 안느와 추기경 마자랭[4]이 맡게 되었다. 마자랭 역시 전임자 못지않게 국왕과 왕국에 충실한 재상이었다.

1657년, 젊은 국왕 루이 14세는 마자랭의 조카딸인 오랑프 만시니를 사랑하게 되었다. 하지만 마자랭은 조카딸 오랑프 만시니를 재빨리 딴 사내에게 출가시켜버렸다. 그러자 루이 14세는 마자랭의 또 다른 조카딸 마리 만시니를 사랑한다. 하지만 마자랭은 이번에도 반대하며, 왕비 후보로 스페인 왕녀 마리 테레즈를 추천했다. 그러나 루이 14세와 마리 만시니는 이미 사랑을 굳게 맹세한 사이. 한사코 결혼을 하겠다며 어머니와 재상에게 눈물로 애걸하고 위협도 했다.

이때 재상은 '폐하의 영광을 위해, 명예를 위해, 왕국의 행복을 위해' 스페인 왕녀와 결혼할 것을 강요하다시피 하였고, 루이 14세는 하는 수 없이 스페인 왕녀와 결혼하게 되었다. 그에 따라 프랑스 왕실은 50만 에퀴라는 막대한 금화를 신부의 지참금으로 벌어들였다. 조카딸을 희생시키면서까지 정략결혼을 추진한 마자랭, 그가 탄탄하게 다져놓은 왕권이 태양왕 루이 14세의 출발이었다.

1661년 3월, 마자랭이 죽고 루이 14세의 친정이 시작되었다. 사람을 잘 믿지 않았던 루이 14세는 재상 제도를 폐지해버리고 직접 재상의 일을 맡았다. 하지만 마자랭 밑에서 성장한 푸케 등의 노련한 정치가들이 아직 남아 있었고, 왕은 이들을 제거할 기회를 기다려야만 했다.

푸케는 루이 13세 때 재무장관을 맡았는데, 부정 축재를 통해 삽시간

---

4 마자랭(J. Mazarin, 1602~1661) : 이탈리아 태생의 프랑스 정치가. 교황의 사절로서 프랑스 궁정에 접근한 뒤 추기경을 거쳐 재상이 되었다. 루이 13세 사후 실권을 장악. 뛰어난 외교 수단으로 프랑스의 국제적 지위를 높이고 왕권 절대화를 위해 노력하였으며 부르봉 절대 왕제(王制)의 기초를 굳혔다.

에 거부가 되었다. 그의 성에는 1만 3000여 권의 장서와 수많은 미녀, 일류 화가들의 작품이 즐비했다고 한다. 섭정인 안느조차도 "그 사람 다른 것은 다 좋은데, 미녀와 화려한 건물을 너무 좋아하는 흠이 있다"고 꼬집었을 정도였다.

주위 사람들의 질시를 받는 것도 모르고 푸케는 자신의 성곽에서 대축제를 열고 국왕을 초대했다. 명성과 영광을 독차지한 푸케의 성곽을 본 루이 14세는 문자 그대로 굴욕과 불안을 느꼈다. 왕은 푸케의 성을 수색케 했다. 거기에서 반정부 쿠데타 음모를 진행한 서류가 발견되었고, 푸케는 곧바로 감옥으로 향했다.

푸케의 후임으로 등용된 콜베르[5]는 프랑스 중상주의를 대표하는 인물이다. 콜베르는 국가의 부강이 곧 그 나라가 가진 은의 양에 따라 결정된다고 보고, 다른 나라에서 은을 빼앗아 오는 데 열을 올렸다. 또 세계의 무역량은 일정하다는 가정 아래 프랑스가 더 많은 은을 축적하려면 가능한 한 수출을 늘리고 수입을 줄여야 한다고 생각했다. 그런데 이 목적을 달성하려면, 유럽의 무역을 담당하는 2만 척의 선박 중 대부분을 프랑스가 차지해야만 했다.

이런 이유로 콜베르는 상선을 건조하는 사업을 후원했고 동인도회사, 서인도회사, 레판토회사를 설립했다. 또 상선들을 보호하기 위한 군함 건조를 서둘러서, 1661년에 18척이던 군함이 1683년에는 276척으로 불어났다. 그런 한편, 국내에서는 수출을 위한 직물과 사치품의 생산을 장려했다.

---

5 콜베르(J. Colbert, 1619~1683) : 루이 14세 때 재무총감을 지냈으며 중상주의 정책에 따라 재정개혁을 단행했다. 서인도회사·동인도회사를 설립하고 해군력을 증강했다.

♌ 환락의 궁전, 베르사유

　그곳은 원래 파리에서 남서쪽으로 11킬로미터 떨어진 숲속의 한촌에 불과했다. 1624년, 루이 13세는 그곳에 조그마한 집 한 채를 짓고 사냥 나갈 때마다 잠깐 들러서 쉬곤 했다. 그 후 이곳은 소년왕 루이 14세가 아름다운 애인 라 발리에르를 데리고 와서 밤새 노는 장소가 되었다.

　1661년 가을, 루이 14세는 문제의 푸케의 성곽을 방문한 뒤 곧바로 베르사유 궁전의 착공을 명했다. 콜베르는 프랑스의 유명한 예술가들을 모조리 동원하여 이곳에 새로운 궁전을 짓기 시작했다. 궁전의 건축 담당은 르 보, 정원 담당은 르 노트르, 궁전의 장식 담당은 화가 르 브룅, 진행은 콜베르, 그리고 모든 결정은 국왕 자신이 했다.

　착공한 지 3년 뒤인 1664년 봄, 정원과 샘의 일부가 완성되었을 뿐인데도 루이 14세는 '마법의 섬에서의 환락'이라는 이름의 축제를 1주일 동안 밤낮을 가리지 않고 열었다. 이 이벤트는 왕의 애첩 라 발리에르를 위한 것이었다. 첫날 국왕 일행이 이 미완성의 궁전에 닿았을 때, 파리와 그 주위에서 구경 나온 인파가 열 겹 스무 겹으로 궁전을 에워쌌고, 그 가운데에는 조신과 귀족, 군인들이 입추의 여지없이 들어차 있었다.

　기마경기, 불꽃놀이, 연주회, 연극, 무용……. 끝없는 향연이 계속되었다. 이 초대형 축제의 주인공인 국왕은 몸소 연극《마법의 섬》의 주인공을 맡았으며, 여기에서 몰리에르의 유명한 희극《타르튀프》가 처음 상연되었다. 왕은 축제에 참석한 부인들에게 평균 300리브르짜리 고급 보석을 고루 나누어주었다.

　베르사유 궁전은 준공되기까지 24년이 걸렸다. 그 오랜 기간 동안 '물도 없고 흙도 없이 모래와 늪뿐'이던 공사 현장에서 과로와 사고, 질병으로 죽은 노동자의 시체가 매일 밤 짐차에 가득히 실려 나갔다. 이제 궁전은 중세 때처럼 외적의 습격이나 위협에서 성의 주민을 지켜주는 방어 성곽이 아니었다. 절대왕정의 궁전은 지상의 모든 환락을 모아다 즐기는 에덴동산이었다.

이제 신은 절대 군주가 되어서 이 동산을 걸어다녔다. 군주는 언제나 황금과 보석으로 수놓은 화려한 의상을 걸치고 나타나며, 신하와 종복들에게도 금빛 찬란한 옷을 걸치게 했다. 군주가 앉는 의자, 군주가 식사하는 탁자, 군주의 음식을 담는 그릇, 포크나 스푼, 침대의 커튼 등 모든 것은 금과 은으로 제작되었다. 군주의 마구도 황금으로 만들어졌고, 향연을 벌일 때 켜는 수천 개의 촛대 또한 황금으로 만들어졌다.

루이 14세는 절대 군주의 대표적 인물답게 호화로운 생활의 극치를 달렸다. 그는 새벽에 일어날 때, 옷을 갈아입을 때, 식사할 때, 저녁에 잠들 때마다 시종관과 주방장, 의사, 성직자, 귀족, 조신 등을 모아놓고 의식을 가졌다. 그리고 조신이나 귀족들은 이 의식에 참석하는 것을 일생일대의 명예로 알았다.

궁정에는 귀족들이 줄을 지어 드나들었다. 정치적, 경제적, 정신적, 물질적으로 과거의 기반을 죄다 잃은 귀족들은 국왕의 은혜에 의지하지 않으면 안 되었다. 당시 파리의 궁정 관리들은 4000명이었는데 그들은 궁정의 관리로서 월급을 받았고, 군인으로서 봉급을 받았으며, 툭하면 던져주는 왕의 하사금을 받았다. 귀족은 자기 고향에 가서 살면 마음은 자유롭지만 먹고 살 길이 궁했고, 반대로 궁정에 출입하면 먹을 걱정이 없긴 하지만 왕의 노복이 되어야 했다.

이 당시에는 웃기는 이야기들이 참 많았다. 프롱사크라는 이름의 귀족은 왕의 애인인 멩트농 부인의 도움으로 국왕 곁에 한번 가보기 위해 날씨가 덥건 춥건 날마다 아침 7시에 예배당의 조그만 계단 밑에서 그녀를 기다렸다. 그러나 번번이 허탕이었다. 견디다 못한 프롱사크 공은 멩트농 부인에게 "소생이 두 달 동안이나 무진 애를 써도 국왕 폐하를 뵙지 못했으므로 차라리 이대로 죽어버리고 싶은 심정이외다"라는 애원 아닌 협박성 편지를 썼다고 한다.

장군인 라 파이아드 공은 1688년에 자기 돈으로 국왕의 기마상을 만들어 빅투아르 광장에 세웠다. 청동에 황금을 입힌 그 조상의 제막식에 부하 일개 연대를 끌고 간 그는 세 번이나 기마상 주위를 보무당당하게 행진했다. 하지만 끝내 왕은 모습을 나타내지 않았다.

궁정을 유지하는 데 막대한 비용이 소요되자 관직 매매가 공공연한 비밀이 되었다. 루이 14세 시대에는 궁정의 돼지를 검사하는 관리, 왕의 가발을 감독하는 관리, 버터의 신선도를 검사하는 관리, 버터를 시식하는 관리, 건초를 계산하는 관리, 목재를 감독하는 관리 등 4000명의 귀족들이 시시콜콜한 일을 맡아 궁정에서 살았다. 포도주를 관리하는 귀족만도 900명이 넘었다고 한다.

문제는 이런 쓰레기 같은 관직을 얻는 데도 모두 돈이 들었다는 것이다. 그리하여 소문난 얼간이가 추밀원 고문이 될 수 있었고, 사기꾼이 시장을 맡을 수 있었으며, 도둑도 법관이 될 수 있었다. 돈만 바치면 말이다. 관직 수여식에서는 아예 이런 서명이 버젓이 행해졌다.

성스러운 전하께서 신토 ○ ○ ○에게 관직을 수여하기로 결정하셨으므로 신은 이를 영광으로 알고 즉시 ○○○굴덴의 금액을 바치겠습니다.

이처럼 왕국은 군주의 개인 소유물이었다. 절대 군주는 국토의 모든 재산에 대해 태어날 때부터 소유권을 가지고 있다고 생각되었다. 왕은 모든 조세 수입을 자기 마음대로 사용할 수 있었고, 왕이 개인의 사치를 위해 조세 수입의 대부분을 탕진하는 것도 당연한 일로 통용되었다. 절대 군주는 자신의 변덕스런 사치를 위해 써도 되는 최대 금액을 알지 못했다. 만일 적자가 생기면, 당연히 국민이 그 뒤치다꺼리를 해야 한다고 생각했다. 이런 절대 군주에 빌붙은 특권 계급들은 호사스런 궁전 안에서 아래와 같이 하루를 보냈다.

우리들은 기쁨 속에서 잠을 자고 눈을 떴다. 서로 다른 두 악단이 기상음악을 연주했다. 우리들은 다 함께, 날마다 그늘이 짙은 숲속에서 아침식사를 한다. 그리고 어느새 시골풍의 반주에 맞추어 론도^{rondo}(원무곡)나 카드리유^{quardille}(프랑스의 사교 댄스)가 시작된다. 밤의 향연에 필요한 모든 것들이 준비되며, 휴식시간에는 화장을 고치거나 놀이를 하거나 음식을 먹었다.

프랑스혁명 이후 궁정의 낙원생활을 잃어버린 한 귀족은 이렇게 흘러간 과거를 쓸쓸하게 추억했다. "낙원은 사라졌다. 1789년 이전의 시대를 알지 못하는 사람은 이 세상에 산 보람이 없다." 실제로 앙시앵 레짐[6]의 문학과 예술을 보면, 대혁명 이후에 귀족들이 느낀 슬픔이 결코 거짓

---

6 앙시앵 레짐(Ancient Regime) : 1789년 프랑스혁명에 의해 타도된 정치 · 경제 · 사회의 구체제. 16세기 초부터 3세기에 걸친 절대 왕정 시대의 체제를 말한다.

이 아님을 알 수 있다. 그 시대의 문학과 예술 속에는 한 점의 얼룩도 없는 화려한 아름다움이 넘치고 있었다. 모든 것이 아름다웠다. 여자가 그처럼 염려艶麗하게 보인 적도 없었고, 남자가 그처럼 활달하고 고상하게 보인 적도 없었을 것이다.

절대 왕정 시대 특권 귀족들의 눈에는 모든 것이 향기롭고 우아하여 마법에 걸린 듯 빛날 뿐이었다. 비극도 고통도 범죄도 인간의 얼굴을 찌푸리게 하지 않았다. 모든 사람의 얼굴에 즐거움과 행복이 빛났고, 눈물은 웃음으로 씻겼으며, 불행도 결국 더 큰 행복을 향한 사다리에 지나지 않았다. 사람들의 한평생은 영원한 청춘 그것이었고, 임종 때조차 익살을 떨고 농담을 했다. 말초적인 관능과 호색의 천지였다.

이처럼 밑 빠진 독과 같은 낭비는 18세기 특권 계급사회의 특징이었다. 하지만 불행하게도 그런 행복을 즐길 수 있는 자는 한줌밖에 되지 않았다. 이 한줌의 인간들이 보인 온갖 광태, 어이없는 변덕, 일시적인 기분을 위해 전체 인구의 95퍼센트가 굶어 죽든가 아니면 빈곤과 생활고에 허덕이는 나날을 견뎌야 했다.

파리의 노동자들은 하루 번 것으로 그날 먹을 빵을 살 수 없었고, 지방의 농민들은 빵을 구경하기도 어려웠다. 어쩌다 아이가 빵을 들고 길에 나서면, 그 빵 때문에 목숨을 잃기도 했다. 곡식은 으레 익기도 전에다 베어다 먹어 치웠고, 겨울에는 땔감이 없어서 가축과 붙어 자야 했으며, 먹은 음식이 빨리 소화되지 않도록 가능한 한 몸을 움직이지 않았다. 그래서 이런 말이 유행했다. "프랑스에서는 인구의 10분의 9가 굶어 죽고, 나머지 10분의 1은 너무 많이 처먹어서 죽는다더라."

♌ 아무 일도 없었다

프랑스혁명이 일어나기 15년 전인 1774년 5월 10일, 베르사유 궁전의 한 방에서 루이 15세가 죽었다. 죽기 며칠 전부터 루이 15세의 살 썩는 냄새가 온 궁전에 진동했다. 천연두로 참혹하게 죽어간 왕을 향해 프랑스의 민중 어느 누구도 애도하지 않았다. 평생 사냥과 여색에 빠져 산 한 사람의 사치를 위해 얼마나 많은 사람이 눈물을 흘려야 했을까!

루이 14세는 "짐이 곧 국가"라는 말로 유명한데, 루이 15세는 "내가 죽으면 대홍수가 일어나리라" 하는 유언을 남기고 죽었다. 하지만 자신이 예언한 대홍수에 떠밀려 아들 루이 16세가 기요틴에서 최후를 맞이하게 될 줄은 상상하지 못했을 것이다. 그 아비에 그 아들이었던가. 루이 16세가 하는 일 역시 사냥놀이였다. 그는 혁명이 일어나기 직전까지 사흘에 하루 꼴로 사냥을 나갔다. 그에게 사냥이 없는 삶은 아무것도 아니었다.

아무 일도 없었다.

1789년 7월 11일, 루이 16세는 일기에 이렇게 썼다. 그러나 이날은 재정총감 네케르[7]를 해임시켜 파리 시민을 격노케 한 날이었다. 7월 13일의 일기에도 아무 일이 없었다고 씌어 있으며, 7월 14일의 일기는 아예 조용하다. 그러나 바로 이날은 세계사를 뒤바꾼 혁명이 일어난 날이

---

7 네케르(J. Necker, 1732~1804) : 프랑스의 재정가. 루이 16세의 재무장관이 되어 재정 긴축·국채 발행 등을 통해 재정 위기 타개에 전력했다.

었다.

사슴 한 마리 잡았다.

1789년 8월 4일의 일기에는 이렇게 적혀 있다. 이날은 봉건제 폐지를 결정하고서 파리의 귀족과 시민 모두가 흥분에 떤 날이었다.
그러면 파리의 아낙네들이 비를 철철 맞으며 '빵을 달라'고 외치면서 베르사유 궁전으로 행진하던 날, 그에게는 무슨 일이 있었을까?

10월 5일, 사냥 가서 81마리 잡았다. 사건 때문에 사냥이 중단되었다.

'빵을 달라'는 민중의 절규를 이해하지 못하고 "빵이 없으면 고기나 먹지"라고 대꾸했다는 마리 앙투아네트. 오스트리아 황실 출신의 왕비 역시 하는 일이라곤 연극과 댄스, 음악, 트럼프 따위뿐이었다. 남편은 천하의 플레이보이요, 아내도 천하의 플레이걸인데, 프랑스 국민들은 이들을 향해 늘 '국왕 폐하 만세!'를 외쳤다.
프랑스 국민들은 왜 이토록 무지했던 것일까? 이 바보 같은 자의 머리에서 왕관을 벗겨내는 일이 왜 그렇게 힘들었을까? 그것이 바로 이데올로기, 곧 지속적으로 주입되는 고정관념의 무서운 힘이다. 프랑스 국민들이 모자랐던 것이 아니라 이데올로기의 힘이 그만큼 강했던 것이다. 지금부터 프랑스 국민들이 왕이 없는 세상을 스스로 열어가기까지 얼마나 많은 미로를 헤매야 했는지, 그 일을 결행하기까지 얼마나 두려워했는지 관찰해보자.

멀리 프로이센에서 프랑스의 '혁명의 시대'를 주목하고 있던 괴테[8]는 '목걸이 사건'이야말로 프랑스혁명의 서곡이라고 말한 적이 있는데, 이 목걸이 사건은 혁명 직전 궁정 생활의 부패를 한 폭의 그림처럼 잘 보여 준다.

사건의 주역은 미남이면서 야심가인 루이 드 로앙이다. 그는 빈 대사 시절 마리 앙투아네트[9]에 대한 악평을 퍼뜨리고 다녀서 왕비의 미움을 샀다. 그의 야심은 궁정의 요직을 바라고 있었지만, 자신의 경솔한 행동은 야심의 실현을 막고 있었다. 그는 왕비를 만나 잘못을 뉘우치고 용서를 구하고 싶었지만, 왕비는 만나주지 않았다.

이런 사정으로 고민에 싸여 있던 로앙에게 라 모르 백작 부인이 다가가 속삭였다. "왕비를 만나게 해줄 터이니, 화해하고 싶은 생각이 있나요?" 궁정 고위직에 앉고 싶어 안달했던 야심가 로앙은 곧바로 왕비에게 자신의 과거 잘못을 뉘우치는 편지를 써서 백작 부인의 손에 건네주었다. 그러자 왕비는 백작 부인을 통해 15만 리브르의 돈을 빌려달라는 부탁을 해왔다. 로앙은 어쩌면 이렇게 일이 잘 풀리는가 싶어 바로 그 거액을 보내주었다.

이제 왕비와 로앙이 데이트를 할 차례였다. 1784년 8월 어느 날 밤, 근위병으로 변장한 로앙은 베르사유 정원의 비너스 상 그늘 밑에 숨어 있었다. 약속대로 나타난 왕비는 이렇게 말했다. "과거는 다 잊어버립시

---

8 괴테(J. Goethe, 1749~1832) : 독일의 시인 · 소설가 · 극작가. 독일 고전주의의 대표이자 세계적인 문호로 꼽힌다. 그의 작품은 모두 자기 체험의 고백과 참회이며, 고전주의, 낭만주의의 각 시대를 통해 전인적인 창조력을 발휘했다. 작품으로 《젊은 베르테르의 슬픔》, 《시와 진실》, 《빌헬름 마이스터의 편력 시대》, 《파우스트》 등이 있다.

9 마리 앙투아네트(J. Antoinette, 1755~1793) : 루이 16세의 왕비. 마리아 테레지아의 딸로 대혁명 때 반혁명파의 중심이 되어 활동하다 반역자로서 처형됐다.

다. 지난 일을 생각해봐야 무엇합니까?" 로앙은 뛸 듯이 기뻐했다.

그러나 이것은 라 모르 백작 부인이 꾸며낸 연극이었다. 로앙에게 보낸 왕비의 편지는 라 모르 백작 부인의 자필 편지였고, 로앙이 만난 왕비 역시 왕비와 얼굴이 비슷한 백작 부인의 친구였다. 이 사기극은 여기서 멈추지 않았다. 그 무렵 어떤 보석상이 160만 리브르짜리 다이아몬드 목걸이를 왕비한테 팔려다가 실패한 일이 있었는데, 백작 부인은 이 보석에 눈독을 들였다.

그녀는 먼저 보석상에게 왕비의 마음이 달라져서 다른 사람 이름으로라도 물건을 사고 싶어한다고 통보했다. 이어서 로앙에게는 '국왕 몰래 그 목걸이를 사고 싶으니 이름을 빌려달라'고 부탁했다. 왕비의 호감을 살 절호의 기회라고 생각한 로앙은 두말없이 명의를 빌려주었다. 이렇게 해서 보석을 손에 쥔 백작 부인은 바로 그것을 비밀리에 매각해서 돈을 챙겼다.

보석 대금을 지불할 의무는 명의를 빌려준 로앙의 몫이었다. 그러나 그 금액이 워낙 커서, 로앙은 백방으로 노력했지만 결국 대금 결제에 실패하고 말았다. 약속 기일인 3개월이 지나도 대금이 결제되지 않자 불안해진 보석상은 직접 왕실에 문의를 하게 되었다. 그리고 라 모르 부인의 사기 행각은 마침내 백일하에 드러났다.

전 유럽 인이 지켜보는 가운데 진행된 이 사기 사건의 재판에서 로앙은 무죄, 라 모르 부인은 종신 금고형에 처해졌다. 세상 사람들은 베르사유 궁정에서 자행되어 온 매관매직의 악습과 호화 사치의 전모를 보고는 경악을 금치 못했다. 그러나 사건이 여기서만 종결되었어도 괜찮았을 것이다.

문제의 라 모르 백작 부인은 감옥을 탈출하여 영국으로 피신했다. 그런데 행여 부인이 궁정의 비리를 폭로할까 두려워진 프랑스 왕실은 부인의 입을 막기 위해 도리어 20만 리브르를 비밀리에 보내주었다. 그러나 부인은 계속 떠들었다. 로앙을 은밀히 만난 것도, 문제의 목걸이 사건이 일어난 것도 모두 왕비가 시켜서 한 일이니 자신은 무죄이고 죄는 왕비에게 있다고 주장하고 다녔다. 프랑스 왕실의 위신은 땅에 떨어졌다.

♌ 귀족과 사제와 부르주아지

권력층의 사치와 낭비 때문에 심각한 재정 적자를 겪고 있던 루이 16세의 프랑스가 회생할 수 있는 기회는 있었다. 재무총감으로 임명된 튀르고[10]는 양심적인 지식인이었다. 취임을 승낙한 튀르고는 먼저 자신의 연봉 40만 리브르를 8만 리브르로 삭감했다. 당시 정부의 수입은 2억 8000만 리브르였는데, 지출은 3억 3000만 리브르였다. 매년 5000만 리브르의 적자를 기록했던 것이다.

튀르고는 파산도 하지 않고, 세금도 늘이지 않고, 더 빚을 지지도 않기 위해 국왕의 협력을 요구했다. 그는 우선 국왕의 절약을 요구하고, 다음으로 조세 수입의 암적 존재로 지목되었던 징세 청부제의 감독을 강화했으며, 곡물 가격 안정을 위해 유통기구에 제약을 가했다.

그런데 동부 프랑스의 디종에서 갑작스레 폭동이 발생했다. 밀가루

---

10 튀르고(A. Turgot, 1727~1781) : 프랑스의 정치가로 루이 16세의 재무총감을 지냈다. 주요 저서로는 《부의 성과 분배에 관한 성찰》 등이 있다.

상인이 저울눈을 속여서 밀가루를 비싸게 팔자, 이에 격분한 민중이 폭동을 일으킨 것이다. 18세기 초부터 기아는 이미 사회문제가 되어 있었지만, 그해 1775년 봄에는 밀의 수확량이 현저히 줄어들어 대도시의 빵값이 마구 치솟았던 것이다.

디종의 폭동은 전주에 지나지 않았다. 파리 주변의 각처에서 잇달아 폭동이 발생하더니 5월 2일에는 베르사유, 그 다음 날에는 파리에서 폭동이 일어났다. 이 소요로 체포된 사람은 거의 400명에 이르렀고, 사람들은 이 사건을 '밀가루 전쟁'이라고 불렀다. 그런데 이 폭동의 배후에 튀르고의 개혁정책에 반대하는 세력들이 연루되어 있다는 소문이 나돌았다.

튀르고가 단행한 궁정비 삭감, 자유사상 보호, 과세 평등, 곡물가격 자유화 등의 정책은 루이 16세와 진보적 지식인, 노동자, 농민의 환영을 받았다. 하지만 그에 못지않게 승려와 귀족, 금융업자 같은 부유한 부르주아지의 반대에 부딪혔다. 무엇보다 아직 스무 살도 안 된 철없는 왕비 마리가 투정을 했다. 왕비는 기어이 국왕을 움직여 튀르고를 해임시켜 버렸다. 이 치맛바람의 승리를 본 볼테르[11]는 이렇게 썼다.

파멸이다. 우리에게 남은 것은 죽음뿐이다.

튀르고의 뒤를 이은 네케르는 미국의 독립전쟁을 지원하느라고 정부의 빚을 더 늘려놓았다. 이제 해결책은 딱 하나밖에 남지 않았다. 그것

---

11 볼테르(Voltaire, 1694~1778) : 프랑스의 소설가 · 극작가 · 사상가. 신앙과 언론의 자유를 추구하는 합리주의 계몽사상가로 활약했다. 작품으로는 소설 《캉디드(Candide)》, 논문집 《철학사전》이 있다.

은 바로 귀족들에게 세금을 징수하는 것이었다. 세금을 내지 않는 것은 귀족들의 오랜 특권 가운데 하나였다. 따라서 귀족들에게 세금을 요구하면 강력한 저항이 일어날 것은 불을 보듯 뻔한 일이었다. 파산의 문턱에 선 왕실은 세금 징수에 대한 반대를 사전에 막기 위해 국왕의 자문기관인 명사회를 소집했다. 명사회는 특권 귀족의 모임이었다.

명사회에서 귀족들은 자신들의 특권을 확대해줄 것을 요구했다. 부유한 귀족들은 광업이나 무역업에 진출할 수 있는 독점적 권한을 왕이 하사해주길 원했고, 가난한 귀족들은 잃어버린 토지를 되찾을 수 있는 특혜를 원했다. 그들은 모두 루이 14세 이후 강화된 절대 왕정 체제에서 약화된 귀족들의 정치적 권리를 회복할 것을 바랐다. 그렇게 하려면 1614년 이후 소집되지 않았던 삼부회를 개최하여 왕권에 도전하는 정치의 중심세력으로 부상할 필요가 있었다.

재정 파탄을 눈앞에 둔 왕은 귀족들의 요구에 굴복할 수밖에 없었다. 삼부회 소집에 동의를 한 것이다. 1789년 5월 1일, 삼부회가 개최된다는 공고가 나붙었다. 이것은 명백히 왕권에 대한 귀족의 승리였다. 왕권을 제한하고 자신들의 권력 강화를 원했던 귀족들, 그러나 그들의 승리는 왕과 귀족 모두를 휩쓸어버릴 대홍수의 전조일 뿐이었다.

중세 유럽이 성직자들의 천국이었듯이, 아직 봉건체제를 벗어나지 못한 18세기 프랑스에서 가장 존귀한 신분은 역시 사제였다. 제1신분, 곧 왕국 제1의 집단임을 자처했던 이들은 정치와 사법, 조세상의 중요한 특권을 갖고 있었다. 무엇보다 사제들의 경제적 힘은 십일조 징수와 방대한 규모의 토지 재산에 기초를 두고 있었다.

그런데 이 집단 안에서도 고위 성직자와 하급 성직자 사이에 큰 경제적 차이가 있었음을 주목할 필요가 있다. 고위 성직자인 주교, 수도원장, 교회 참사원 회원 등은 사제 세계의 귀공자들이었다. 이들은 세속의 대영주가 누리는 것과 다름없는 호화 사치를 누렸다. 그러나 지방의 주임 사제나 보좌 신부들은 교회에서 지급하는 생계 수당에 의지해 살아가는 교회 빈민이나 다름없었다.

1789년 당시 프랑스의 주교 139명은 모두 귀족 출신이었지만 하급 성직자들은 거의 대부분 평민 출신이었다. 그들은 글자 그대로 민중과 함께 살면서 민중과 똑같은 요구와 희망을 가졌다. 따라서 이들이 고위 성직자와 달리 구체제의 해체를 희망한 것은 당연한 일이었다.

전체 인구의 1.5퍼센트(약 35만 명)를 차지했던 귀족은 군주제의 제2의 신분이었지만, 사실상 사회의 지배계급이었다. 제1신분인 사제들은 생물학적으로 신분 세습이 불가능했기 때문에 성직자 계급은 언제나 귀족의 자제들로 충원될 수밖에 없었다. 아버지는 귀족이고 아들은 사제인 셈이니, 사실상 프랑스의 지배계급은 귀족들이었던 셈이다.

귀족은 많은 특권을 영유하고 있었다. 농민들로부터 수십 가지 명목의 세금을 거둬들였으며 군대와 교회, 재판소의 주요 직책을 독점했다. 궁정을 출입하는 궁정 귀족은 약 4000명. 이들은 국왕의 주변을 둘러싼 채 베르사유에 거주했다. 그들은 국왕이 턱없이 내주는 연금과 군인으로서 지급받는 봉급, 왕가의 직책수당으로 받는 소득 그리고 수도원에서 받는 성직록을 가지고 호화로운 생활을 했다. 수많은 하인, 사치스러운 옷, 도박, 손님 접대, 축제, 저택에서의 연극 상연, 사냥이 그들의 일상이었다. 하지만 사치는 그들의 경제적 처지를 점점 곤궁하게 몰아 나갔다.

지방 귀족은 궁정 귀족에 비해 초라한 처지에 있었다. 신분상으로 노동을 하지 않는 것으로 되어 있었기 때문에 시골 귀족이 의지하는 수입은 오로지 농민들로부터 뜯어내는 봉건적인 부과조였다. 그런데 이 부과조가 화폐로 지불되기 시작한 이래 화폐의 가치가 떨어지자 지방 귀족의 가계는 쪼들리게 되었다. 그러자 그들은 봉건적 부과조를 더욱 가혹하게 징수했고, 그들에 대한 농민의 증오심도 더해갔다.

귀족들은 18세기 말엽에 몰락의 밑바닥에 이르렀다. 궁정 귀족은 베르사유에서 영락해가고 있었으며, 지방 귀족은 자신의 영지에 파묻혀 곤궁한 생활을 이어가고 있었다. 벼랑 끝에 내몰린 귀족들은 더욱 필사적으로 전통적인 권리에 매달릴 수밖에 없었다. 그들이 삼부회를 소집하여 왕권을 제약하고 자신들의 정치적 지위를 높이려 했던 것은 몰락하는 자의 마지막 발악이었던 셈이다.

귀족과 사제를 제외한 사람들, 즉 일하는 사람 전부가 제3신분으로 분류되었다. 따라서 제3신분에는 농민과 부르주아지, 프롤레타리아가 포함된다. 그런데 여기서 18세기의 부르주아지에 대해 유의할 점이 있다. 오늘날 부르주아지는 자본가계급으로서 사회의 지배계급을 의미하지만, 14세기 전후 봉건시대의 부르주아지는 도시 안에 사는 주민들 일반을 통칭하는 단어였다는 점이다. 그리고 16세기 이후 지금 우리가 주목하는 18세기까지 부르주아지는 도시에 사는 부유한 시민들을 지칭하는 단어였다.

18세기의 부르주아지는 마치 조선사회에서 상인들이 양반들로부터 '천한 것들'이라는 경멸을 받았듯이, 특권계급들로부터 신분상의 차별을 받아온 계급이었다. 전제 군주 시대의 중상주의 정책에 힘입어 돈을 많이 모은 부르주아지를 향하여 특권계급들은 '돈밖에 모르는 자들'이라는 경멸과 질시를 보냈다.

하지만 부르주아지는 제3신분 내의 지도적인 계급이었으며, 시민혁명을 주도한 계급 역시 부르주아지였다. 부르주아지는 크게 세 부류로 나뉘었다. 국가 재정을 좌우할 정도로 많은 자본을 가진 금융업자, 보르도나 마르세유 등 항구도시에서 수십 척의 배를 운영하는 식민지 무역상, 일정액의 세금을 선납하고 민중들로부터 두세 배의 세금을 뜯어내던 징세 청부업자들로 이루어진 상층 부르주아지가 있었고, 그 밑에는 장인과 상인으로 이루어진 중소 부르주아지가 있었다. 그리고 법관·변호사·공증인·교수·의사·작가 등 자유직업에 속하는 이들이 있었다.

귀족들은 결코 봉건제의 폐지를 원하지 않았으며, 오히려 봉건제의 강화를 원했다. 다만 군주제 아래서 자신들의 정치적 권리를 증대하기를 바랐을 뿐이다. 하지만 부르주아지는 봉건제에 아무런 미련이 없는 계급으로서 오히려 자신들을 신분상으로 차별하는 봉건제의 폐지를 희망했다. 그러면 군주제에 대한 부르주아지의 태도는 어땠을까? 그들은 왕정 폐지를 원했을까? 그렇지 않았다. 왕이 중상주의 정책을 옹호하는 한, 부르주아지는 왕을 버릴 필요가 없었다. 다만 그들은 왕의 절대적인 권한을 헌법과 의회라는 수단으로 묶어둘 필요가 있었을 뿐이다.

결론적으로, 귀족과 부르주아지는 '왕권 제약'이라는 점에서 생각이 일치했다. 그러나 그것은 동상이몽同床異夢이었다. 한쪽은 역사의 수레바퀴를 과거로 돌리는 왕권 제한이었고, 다른 한쪽은 역사의 수레바퀴를 전진시키는 왕권 제한이었던 것이다. 이 동상이몽은 삼부회가 소집되자 금방 표면으로 부각되었다.

♌ 테니스 코트의 서약

애초부터 삼부회는 귀족들의 정치적 향연을 위한 정치 집회였다. 그런데 1614년과 1789년 사이에는 170년이라는 긴 세월의 나이테가 새겨져 있었다. 그 사이에 어린 부르주아지가 성년으로 장성했고, 이들 성년 부르주아지는 더 이상 귀족들의 들러리가 되길 거부했다. 과거의 삼부회는 각 신분에서 300명의 대표를 뽑아 총 900명으로 구성되었으나, 18세기의 삼부회는 부르주아지의 항의에 따라 사제 300명, 귀족 300명, 제3신분 600명으로 구성되었다. 당시 프랑스 인구 구성을 보면 사제가 10만 명, 귀족 40만 명, 제3신분은 2000만 명이 넘었으니, 이런 비율조차 매우 불평등한 것이었다.

1789년 5월 5일, 대망의 전국 삼부회가 마침내 개회식을 갖게 되었다. 그런데 의석 배치에서부터 부르주아지는 또 다시 차별 대우를 받았다. 사제와 귀족은 각각 왕의 좌우편에 앉았으나, 부르주아지 대표들은 왕으로부터 뚝 떨어진 맞은편에 앉도록 되었던 것이다. 이튿날도 마찬가지였다. 특권 신분들에게는 별도의 회의실을 제공해주었지만 제3신분에게는 휑뎅그렁한 홀 하나가 배당되었다. 그리고 의원 자격 심사도 신분별로 분리되었다. 제3신분은 합동 심사를 주장하면서 완강히 버텼다. 이렇게 삼부회는 개회 벽두부터 주도권 싸움에 들어가서 이후 한 달간이나 정회되었다. 여기에서 나오는 것이 유명한 '국민회의'다.

제3신분 대표들은 신분제에 따른 삼부회를 정면으로 거부하고, 자신들이 국민의 다수 의견을 대변하는 '국민회의'이므로 귀족과 사제 대표들이 자신들의 '국민회의'에 출석할 것을 통보했다. 이는 대담한 공세였다. 공을 넘겨받은 귀족과 사제들은 국민회의를 인정할 것이냐 부정할 것이냐를 둘러싸고 다투었다. 그리고 특권신분 내의 보수세력은 국왕을 움직여 제3신분의 행동 일체를 무효화하려는 음모를 꾸몄다. 그들은 제3신분의 회의장을 수리한다는 명목으로 회의장을 폐쇄하는 잔꾀를 부렸다. 바로 이런 상황에서 이른바 '테니스 코트의 서약'[12]이 등장했다. 회의장마저 폐쇄하는 졸렬한 행위 앞에 비분강개한 제3신분의 각오가 한뜻으로 맺힌 곳이 바로 테니스 코트였던 것이다. 그들은 궁전 옆의 테니스 코트에서 이렇게 선언했다.

헌법이 제정되고 그 기초가 확립되기까지 우리들은 결코 해산하지 않으며, 사정에 따라서는 다른 장소에서도 집회를 갖기로 한다.

제3신분의 대표들은 이렇게 정치적 목표를 공식화했다. 삼부회가 귀족의 '왕권 제한'을 목표로 소집된 것이라면, 제3신분의 국민회의는 '헌법 제정'을 목표로 싸운다는 것이었다. 그들은 이 헌법에 무엇을 새겨 넣으려고 했던 것일까? 바로 '자유'였다. 무엇으로부터의 자유였을까? 바로 봉건적 신분제도로부터의 자유였다.

앞에서 보았듯이 특권신분인 귀족과 사제들도 집단 내적으로 엄청난 경제적 차이가 있었다. 고급 사제는 연봉 5만 리브르를 받는 반면, 마을의 하급 사제는 고작 500리브르를 받았다. 귀족들 가운데는 왕실의 지위를 이용하거나 광업·무역업을 독점해서 막대한 부를 축적한 자들이

---

12 테니스 코트의 서약 : 프랑스대혁명의 발단이 된 사건의 하나다. 1789년 국왕의 회의장 폐쇄에 대항하여 전국 삼부회 제3신분 선출 의원들이 궁전 옆의 테니스 코트에 모여 헌법 제정이 실현될 때까지 해산하지 않는다는 결의를 선언한 일을 말한다.

있는가 하면, 중세 이래의 '기사도 정신'[13]을 고집하면서 시골에서 사는 가난한 귀족들도 많았다. 특권계급 내에 존재하는 이러한 빈부 격차는 특권계급의 몰락을 재촉하는 요인으로 작용했다.

또 재미있는 것은, 진보사상을 탄압해야 할 귀족 관료들 가운데서 그런 사상가들을 몰래 후원하는 이들이 많았다는 점이다. 그 좋은 예가 루이 15세의 애첩인 퐁파두르 부인이었다. 이 아름다운 애첩은 20년 동안 루이 15세를 손아귀에 넣고 국정에 간섭한 것으로 알려진 여장부인데, 사제들의 진부한 설교를 못마땅하게 여긴 나머지 진보 사상가들의《백과전서》출판을 도와주었다. 또 출판장관 말제르브는 진보적인 서적을 단속해야 할 위치에 있으면서도 루소[14], 디드로[15]와 두터운 친교를 나누었고, 그들의 원고를 압수하라는 정부의 명령이 떨어지자 원고를 몰래 빼돌려 자기 집에 보관해두기도 했다.

6월 13일, 사제 대표 3명이 제3신분 쪽에 합류했다. 6월 19일에는 사제 대표 19명이 더 합류했다. 6월 24일의 국민회의에는 151명의 사제 대표가 합류했다. 25일에는 귀족 대표도 47명이 합류했다. 6월 27일, 국왕은 나머지 사제 대표와 귀족 대표들에게 국민회의에 합류할 것을 권고했다. 이날은 바로 전국 삼부회가 붕괴하고 국민회의가 역사적 권위를 획득한 날이며, 제3신분이 프랑스 정치의 지도적 계급으로 공인받은

---

13 기사도 정신 : 중세 유럽의 기사 계급의 정신적 규범. 기독교 및 단결 정신의 영향 아래 발달했으며, 충성·무용·예절·명예 및 부인에게 봉사 등의 덕을 이상으로 삼았다.

14 루소(J. J. Rousseau, 1712~1778) : 프랑스의 계몽사상가. 이성에 대하여 감정의 우위를 주장하고, 인위적인 문명 사회의 타락을 비판하면서 자연으로 돌아갈 것을 역설했다. 저서에《인간불평등기원론》,《사회계약론》,《에밀(Emile)》,《참회록》등이 있다.

15 디드로(D. Diderot, 1713~1784) : 프랑스의 철학자·문학가. 무신론·유물론에 가까운 입장에 서서 철학·문학 등을 비평했다. 달랑베르와 함께《백과전서》를 편찬·출판했으며 작품으로《자연 해석에 관한 사색》,《라모의 조카》,《달랑베르의 꿈》등이 있다.

날이다. 이날, 국민회의의 한 의원은 승리의 기쁨을 이렇게 썼다.

혁명은 끝났다. 피 한 방울 흘리지 않고!

10일 뒤인 7월 7일, 대망의 헌법위원회가 설치되었고 이틀 뒤인 9일에는 정식으로 제헌국민의회란 명칭을 채택했다. 그러면 과연 국민회의는 이때부터 피 한 방울 흘리지 않고 혁명을 평화적으로 수행해나갔을까?

♌ 가자, 바스티유로!

사태는 결코 만만하지 않았다. 제3신분의 공세에 밀린 국왕과 귀족들은 반격의 음모를 추진해나갔다. 사료에 따르면, 이미 6월 22일에 동부 수아송의 스위스 용병대에 파리로 이동하라는 왕의 명령이 하달되었다. 파리 주위의 군대에는 제3신분에 동조하는 자들이 많아서 좀처럼 믿을 수 없었기 때문에 외국인 용병을 동원한 것이다. 그리고 26일에는 독일 용병대 6개 부대에도 파리로 이동하라는 명령이 하달되었다. 이렇게 국왕은 7월 13일까지 파리와 베르사유 주위에 용병 3만여 명을 집결시켜놓았다.

국민회의는 문제의 군대를 파리에서 철수시킬 것을 정중한 태도로 국왕에게 간청했다. 그러나 국왕이 보낸 것은 조롱 섞인 답변이었다. 그렇게 불안하면 국민회의를 수아송으로 옮기면 될 것이 아니냐는 것이었다. 7월 11일에는 국민회의를 옹호하던 네케르가 파면되었다. 국민회의

의원들은 아연 긴장했다. 그날 밤 군대가 기습할지 모른다는 두려움 때문에 집에 들어가지 못한 의원도 있었다. 불길한 긴장감과 망설임 속에서 7월 11일 밤이 고요히 깊어갔다.

만약 18세기 프랑스의 제3신분이 부르주아지로만 구성되었더라면, 프랑스혁명은 아마도 여기에서 멈추었을 것이다. 부르주아지는 자신의 힘으로 보수적인 특권계급과 국왕의 힘을 물리칠 수 없었다. 하지만 역사는 이 시점에서 프랑스혁명을 전진시킬 또 다른 주역을 불러낸다.

당시 파리 인구 60만 명 가운데 사제는 약 1만 명, 귀족은 약 5000명, 부르주아지는 약 4만 명이었다. 그러면 나머지는 누구였을까? 파리 인구의 절대 다수는 가난한 사람들, 곧 무산자들이었다. 이들을 프롤레타리아라고 부르는데, 프롤레타리아는 본래 로마 시의 무산자들을 지칭하던 말이었다. 국왕의 군사조직 앞에서 혁명이 풍전등화의 위기에 놓였을 때, 파리의 프롤레타리아들이 혁명의 새로운 주인공으로 부상했다.

7월 12일 오전 9시께, 네케르가 해임되었다는 소식이 파리 시민들에게 퍼져나갔다. 그러자 날품팔이, 나무 배달꾼, 행상인들이 시내로 꾸역꾸역 모여들었다. 특권계급의 집에서 일하는 정원사, 하인, 요리사, 문지기들도 일을 그만두고 모여들었다. 동업조합에서 일하는 노동자들, 매뉴팩처에서 일하는 노동자들도 모여들었다. 자본가 쪽 상인들의 주문을 받아 물건을 생산하는 장인들도 모여들었다.

부르주아지로 하여금 혁명을 수행케 한 요인이 신분상의 차별대우였다면, 이들 민중들로 하여금 혁명에 가담하게 만든 요인은 굶주림이었다. 징세 청부인들의 가혹한 세금 수탈, 상층 부르주아지와 귀족들의 매점매석으로 더욱 살기 힘들어진 그들은 네케르의 개혁에서 마지막 희망을 구하고 있었다. 그런 상황에서 네케르를 해임한 것은 그들의 마지막 희망의 싹을 꺾어버린 것과 같았다. 이런 상황에서는 선동자가 누구였고, 그가 얼마나 탁월한 웅변으로 선동을 했는가는 별 의미가 없다. 한 젊은 변호사가 군중 앞에 나섰다.

네케르를 해임한 것은 국민에 대한 모욕입니다. 놈들은 오늘 밤 제2의 바르톨로뮤 학살을 감행하려 하고 있습니다. 우리의 애국자들을 학살하려는 것입니다. 여러분, 무기를 듭시다! 무기를 듭시다!

흥분한 군중 6000여 명이 국왕이 있는 튈르리 궁전으로 향했다. 여기서부터 프랑스혁명은 피를 흘리기 시작했다. 대기 중이던 독일 용병대가 군중을 향해 발포를 시작한 것이다. 독일 용병대의 발포는 파리 시민들의 자존심에 불을 질렀다. 외국 군인들을 앞세워서 시민들에게 발포를 해? 프랑스의 국왕이? 징세 청부인의 벽이 허물어지고, 세관 54군데가 불타고, 생 라자르 수도원이 습격당했다. 당시 이 수도원에서 나온 식량만 짐차 52대분이 될 정도였다고 한다.

13일 아침에는 국왕의 군대에 맞설 시민군을 편성하자는 결정이 내려졌다. 하지만 무기가 없었다. 그때 바스티유 감옥에 화약이 저장되어 있다는 소문이 돌았다. 시민들은 바스티유로 진격했다. 바스티유 감옥은 본래 파리를 방어하기 위해 지은 요새였는데, 루이 14세 때부터 국사범을 수용하는 감옥으로 바뀐 곳이었다. 파리 시민들이 바스티유로 진격할 당시 그곳에 수감되어 있는 정치범은 몇 명 되지 않았다. 하지만 시민들이 노린 것은 정치범 석방이 아니라 화약이었다. 시민들과 감옥

수비대의 치열한 접전이 벌어졌다. 시민 89명, 감옥 수비대 1명이 희생되는 격전 끝에 마침내 바스티유 감옥의 화약이 시민들의 수중에 들어갔다.

바스티유 감옥이 함락되고, 라파이예트[16]를 사령관으로 하는 시민군이 결성되면서 정세는 변했다. 이제 국왕의 무력은 힘을 잃었다. 총칼로 혁명 진영을 진압할 수 있는 반격의 기회를 잃어버린 것이었다. 국왕이 할 일은 단 하나, 항복뿐이었다. 군대를 해산하고, 네케르를 복직시키고, 시민들의 혁명을 승인할 수밖에 없었다. 그러나 군중 앞에 나선 어리석은 왕을 보고 파리 시민들은 여전히 '국왕 만세! 국왕 만세!'를 외쳤다.

이처럼 국왕의 무력 진압 앞에서 벌벌 떨던 제3신분의 대표들을 이름 없는 민중들이 구출해낸 것이다. 그리고 이들은 역사의 수레바퀴를 '자유와 평등'을 향해 힘차게 굴려냈다. 영웅사관으로 유명한 역사학자 칼라일[17]은 자신의 신조와는 정반대로 프랑스혁명을 이렇게 묘사했다.

배고픔과 헐벗음과 당면한 억압이 2500만의 가슴을 무겁게 짓눌렀다. 이것이 프랑스대혁명의 원동력이었다. 상처받은 허영이나 철학 옹호자들이 갖는 모순된 철학, 부유한 상인, 시골 귀족들이 혁명의 원동력은 아니었다. 어느 나라에서나, 어느 혁명에서나 이와 같을 것이다.

---

16 라파이예트(M. Lafayette, 1757~1834) : 프랑스의 군인·정치가. 미국 독립전쟁에 종군하여 승리에 공헌했다. 귀국 후 프랑스혁명에 참가하여 인권선언을 기초하였으나 후에 공화파와 대립하여 망명했다. 왕정 복고 후 자유주의 정당을 지도하여 7월 왕정의 성립에 공헌했다.

17 칼라일(T. Carlyle, 1795~1881) : 영국의 사상가·역사가. 독일 관념론 철학을 연구하였으며 경험론 철학과 공리주의에 도전했다. 저서에 《의상 철학》, 《프랑스대혁명사》, 《과거와 현재》 등이 있다.

♌ 농민 폭동과 인권선언

일요일인 7월 19일, 도시의 폭동과 혁명에 관한 소식이 지방으로 퍼져 나갔다. 프랑슈콩테 주에서는 이런 일도 있었다. 그 지방의 영주는 겁을 먹고 일찍이 어디론가 사라졌는데, 영주의 집을 지키던 하인이 근처 농민들을 불러서 시민들이 바스티유 감옥을 점령한 것을 축하하는 술을 돌렸다.

술자리는 와자지껄 늦은 밤까지 이어졌다. 그러다가 술이 떨어지자 몹시 취한 농민 한 사람이 촛불을 들고 캄캄한 지하실에서 술독을 찾다가 그만 화약이 담긴 그릇에 불을 떨어뜨렸다. 순간 화약이 폭발하였고 많은 사상자가 났다. 그러자 농민들은 홧김에 영주의 집에 불을 지르고, 다른 영주들의 집에도 불을 놓아버렸다. 이것이 전국적인 농민 폭동의 도화선이 된 프랑슈콩테 농민 폭동의 시작이었다.

인류의 역사 속에서는 우연한 사건이 역사의 물줄기를 바꿔버리는 일이 종종 발생한다. 프랑슈콩테 영주의 도망 → 하인들의 술잔치 → 지하실에서 술독 찾기 → 실수로 인한 폭발 사고 → 홧김의 방화 등으로 이어지는 일련의 사건들은 모두 우연이라는 실로 엮어져서 마침내 농민 폭동이라는 역사적 사건을 연출해냈다.

이처럼 하나의 사건만을 들여다볼 때는 그 사건을 움직이는 힘이 필연이 아닌 우연인 것으로 이해하기 쉽다. 그렇지만 한번 생각해보자. 프랑슈콩테 지방의 농민 폭동은 7월 20일에서 8월 6일까지 전국으로 번져나갔다. 과연 어떤 힘이 한 지방의 폭동을 전국적인 사건으로 비화시켰을까? 프랑스 전역에서 똑같은 우연이 같은 시각에 발생했던 것일까,

아니면 소수 혁명가들이 꾸민 음모였을까?

2000만 명에 이르는 프랑스 농민들이 같은 시각에 폭동의 물결에 휩쓸려간 데에는 분명 어떤 보편적인 원인이 있었을 것이다. 이 시기에 농민 폭동이 일어날 수밖에 없었던 어떤 필연성이 있었음에 틀림없다. 그 보편적 원인은 농민의 굶주림과 이를 초래한 영주들의 수탈이었으며, 농민 폭동은 소멸되어야 할 봉건제도의 운명이 폭력적으로 표출된 것이었다.

그러면 도시에서는 농민 폭동을 어떻게 바라보았을까? 궁지에 몰린 국왕과 귀족들에게 농민 폭동은 기사회생할 수 있는 절호의 기회일 수 있었다. 폭동을 진압한다는 명목으로 국왕은 상비군을 자유롭게 동원할 수 있게 되고, 그렇게 농민을 진압하고 난 뒤 여세를 몰아 도시를 평정할 수 있는 상황이 온 것이다.

한편, 혁명을 옹호하는 도시의 부르주아지와 일부 귀족들은 농민 폭동에 커다란 당혹감을 느꼈다. 이들은 대부분 농민 폭동의 피해자들이었다. 그런데 농민 폭동을 진압하려면 국왕의 무력을 빌려야만 했고, 이것은 혁명의 무덤을 파는 일이었다. 국민회의는 철야로 토론을 벌였다. 그러나 아무리 토론을 해도 출구를 찾을 수 없었다. 국민회의 대표들이 놓인 상황 자체가 이율배반적이었으므로 그것은 당연한 일이었다. 농민 폭동은 그들이 예견하지 못한 사건이었다.

그렇게 시간이 계속 흘러갔다. 이때 느와이유 자작이라는 한 귀족이 돌연 봉건제의 폐지를 제안했다. 농민 폭동을 국왕 군대의 도움 없이 수습하려면 이 방법밖에 없다는 것이 그의 논지였다. 이래도 죽고 저래도 죽는 상황에서, 차라리 '혁명의 진전' 쪽을 택하자는 것이었다.

그러자 국왕 다음으로 많은 토지를 소유하고 있던 에이기욘 공이 선뜻 그 제안에 동의했고, 뒤이어 몽모랑시 공과 낭시 주교가 동의했다. 물론 반대하는 이들도 많았다. 8월 4일 밤 회의는 새벽 2시까지 계속되었고, 봉건 영주가 다수인 회의 참석자들은 자기 희생의 흥분과 감격 속에서 봉건제 폐지를 극적으로 결의했다. 프랑스에서 1000년 동안 지속되어온 봉건제, 마치 태양처럼 영원할 것만 같았던 영주의 특권을 귀족들 스스로 폐지한 것이다. 이때의 감격을 한 의원은 이렇게 기록했다.

우리들은 울면서 서로 끌어안았다. 이 국민! 이 영광! 프랑스 인이야말로 얼마나 명예로운가!

이 놀라운 결의는 '8월 4일 밤의 마술'이라고 불리기도 하지만, 영주들이 자신의 모든 것을 포기한 것은 아니었다. 이때 폐지하기로 결의한 것은 수렵 독점권, 부역 강제권, 재판권 등 영주의 특권이었다. 하지만 가장 중요한 토지 소유권에 관해서는 지대 20년분에 해당하는 값으로 매도하기로 했기 때문에, 농민들이 그 토지를 매입한다는 것은 거의 이루어질 수 없는 일이었다. 그러나 이 마술은 예상대로 적중했다. '봉건제 완전 폐지'를 문자 그대로 받아들인 농민들은 하루아침에 조용해졌다.

농민들의 대규모 폭동을 이처럼 간단하게 해결한 국민회의는 8월 26일, 유명한 '인간과 시민의 권리 선언'[18]을 채택한다.

---

18 인권선언 : 1789년 프랑스 국민회의가 인권에 관하여 채택·발표한 선언. 인간의 자유·평등의 권리를 분명히 한 것으로 전문과 17조로 되어 있다.

인간은 자유스런 신분으로 태어나고, 살며, 또 권리가 평등하다.

그러나 여기서 한 가지 유의할 것이 있다. 이 인권선언을 채택한 프랑스는 오늘날의 민주공화제가 아닌 입헌군주제 아래 있었다는 점이다. 이제 프랑스 국민들은 모든 인간이 자유스런 신분으로 태어난다는 사상을 공공연히 이야기할 수 있게 되었음에도, 여전히 왕을 신처럼 높은 존재로 존경했다. 적어도 귀족이나 부르주아지는 루이 16세의 머리에서 왕관을 벗기는 쪽보다 그 왕관 아래 무릎 꿇길 원했던 것이다.

이런 의식구조는 사회개혁을 추진해가는 데에 근본적 장애가 되었다. 의회에서는 봉건제도를 하나씩 허물어가는 의사 결정을 단행했지만, 왕이 재가를 하지 않아서 그 결정이 효력을 발휘하지 못하는 일이 이어졌다. 왕은 '봉건제 폐지'에 관한 법령도 재가하지 않았고, '인권선언'도 마찬가지였다. 프랑스가 군주제에서 벗어나지 않는 한, 왕의 이 같은 사보타주 앞에서 의회는 속수무책이었다. 이제 남은 문제는 누가 하늘의 태양을 바다에 처박을 것인가 하는 것이었다.

10월 1일, 국왕은 플랑드르의 병력 1000명을 베르사유 궁으로 이동시켜서 대연회를 열었다. 마치 초근목피로 연명하는 민중을 비웃기라도 하듯, 국왕이 베푼 성대한 연회에서 군인들은 부어라 마셔라 밤새 술과 음악과 춤을 즐겼다. 국왕에 대한 충성을 맹세한 이 군대는 술자리에서 프랑스혁명을 상징하는 삼색기장을 떼어내버리고, 부르봉 왕가[19]를 상징하는 백색기장을 다는 소동을 벌였다. 이 소동이 10월 31일자 각 신

---

19 부르봉 가 : 프랑스 절대주의 시기의 왕가. 발루아 왕조 단절 후 앙리 4세의 즉위에서 시작되어, 프랑스대혁명으로 일시 중단되었다가 왕정 복고로 재흥하여 7월 혁명 때까지 계속되었다.

문에 보도되자, 시민들은 기어이 격분을 터뜨리고 말았다.

베르사유로 가자!

흥미로운 사실은, 이날 베르사유 행진을 주도한 사람들이 대부분 부녀자들이었다는 것이다. 오전 11시께 시청 앞에 집결한 6000~7000명의 부녀자들은 왕을 잡기 위해 베르사유로 출발했다. 이날은 낮부터 비가 주룩주룩 내렸다. 부녀자들은 주린 배와 비에 흠뻑 젖은 몸을 이끌고 오후 4시께 베르사유에 도착했다.

뱃속에서 새 생명이 태어날 때 어머니는 온몸이 분해되는 듯한 혹심한 고통을 겪는다. 그래도 산모의 힘만으로 아이를 세상에 내보내기가 힘들 때는 조산부가 도와준다. 이처럼 낡은 사회의 태내에서 새로운 사회가 태어날 때는 종종 폭력이 조산부의 역할을 하곤 한다.

우리는 폭력을 싫어한다. 그러나 인류 역사에서는 폭력을 절대적으로 거부할 수 없는 상황이 자주 발생한다. 압제자나 침략자가 폭력을 사용하여 무고한 생명을 죽일 때, 정의를 사랑하는 사람은 압제자나 침략자에 저항하여 싸울 수밖에 없다. 누구보다 평화를 사랑했던 과학자 아인슈타인이 히틀러가 전쟁을 일으켰을 때 연합군의 승리를 위해 활동했던 것처럼 말이다.

프랑스혁명이라는 역사적 사건에서도 폭력이 역사 발전의 조산부 역할을 하는 중요한 장면을 우리는 보았다. 바스티유 감옥의 화약을 탈취하여 시민군을 조직함으로써 시민혁명은 일거에 승리의 기틀을 다질 수 있었고, 농민들이 영주의 저택에 가한 폭력과 방화는 봉건제 폐지를 촉

발했다.

그리고 지금, 왕을 붙잡아 파리로 데려오기 위해 베르사유 궁에 도착한 시위대도 폭력에 의지할 수밖에 없는 상황에 직면했다. 파리로 가서 시민들과 함께 살자는 요구를 왕이 한사코 거부했기 때문이다. 10월 6일 아침, 동이 트자 기다리다 지친 시민들은 궁정 내부로 침입해서 왕과 왕비를 찾아 나섰다. 한쪽에서는 근위대 병사들과 시민군의 칼부림이 벌어지고, 왕비는 잠옷 바람으로 도망 다니는 소동이 벌어졌다. 이윽고 시민군이 궁정 안뜰을 완전히 점령했다.

오후 1시, 부녀자들과 시민군은 왕을 연행하여 파리로 향했다. 대검에 빵을 꿰어서 치켜들고, 왕실 창고에서 끌어낸 밀가루 포대를 싣고, 왕과 왕비를 태운 마차를 앞세운 전대미문의 행렬이 빗속을 행진했다. 굶주림과 피로에 지친 군중은, 국왕 일족을 이웃의 굶주림엔 아랑곳하지 않고 돈벌이에만 혈안이 되어 있던 당시의 빵집 주인들에 비유하여 이렇게 노래했다.

빵집 주인, 빵집 귀신, 빵집 중대가리⋯⋯.

♌ 루이 16세, 처형되다

이쯤에서 프랑스혁명의 진행 과정을 일자별로 간단히 정리해보자. 위쪽 표는 우리가 지금까지 살펴본 1789년 혁명의 경과이고, 아래쪽 표는 이후에 전개될 진행 과정이다.

5월 5일	삼부회 소집	8월 4일	봉건제 폐지
6월 17일	삼부회, 국민회의로 개칭	8월 26일	인권선언 채택
7월 14일	바스티유 함락	10월 1일	베르사유 궁전 시위

1791년	6월 21일 : 루이 16세 도망
1792년	8월 10일 : 파리 민중, 튈르리 궁 장악(군주제 몰락)
1793년	1월 21일 : 루이 16세, 단두대에서 처형

베르사유 궁의 시위를 계기로 루이 16세의 왕관은 더 이상 광채를 발휘하지 못했다. 왕의 권위는 땅에 떨어졌다. 그날 왕이 시위 대열에 둘러싸여서 파리 시내로 이동한 것은 범죄자를 잡아가는 '연행'과 하나도 다를 것이 없었다. 그리고 왕이 파리 시내의 튈르리 궁전에 거처를 잡은 것은 범죄자를 가두어두는 '연금'이나 마찬가지였다.

이런 상황에서 이미 땅에 떨어진 왕관의 먼지를 털어주려고 안달하는 사람들이 등장했다. 그들은 바로 혁명을 지휘해온 지도자들이었다. 참으로 이해하기 힘든 일이다. 미국 독립전쟁에 참여했고, 인권선언을 기초했으며, 시민군 사령관이었던 라파이예트가 바로 그러했다. 그는 루이 16세의 신임을 얻기 위해 스스로 군주제의 수호자임을 과시했다. 그는 이렇게 말했다.

민주적인 왕정은 왕권을 제한하는 것이 아니라, 오히려 왕권을 증대시키는 것이다. 국왕은 신민들의 자유스런 찬동에 의해 권위를 가지게 되었다.

이처럼 비굴하게 왕실의 신임을 구걸하는 라파이예트를 향해 맹렬하게 비난을 퍼부은 사람은 또 다른 혁명 지도자인 미라보[20]였다. 그러나 그는 비밀리에 왕실의 고문역을 수행하면서 20만 리브르라는 거액을 챙긴 것으로 알려졌다.

혁명 지도자라는 사람들이 이렇게 갈팡질팡하는 틈을 타서 왕은 궁전 탈출을 감행했다. 1791년 6월 20일 밤 10시, 왕은 몇몇 시녀와 함께 튈르리 궁전을 탈출해서 파리를 벗어났다. 이런 일이 가능했던 것은 시민군 사령관 라파이예트가 왕비의 환심을 사기 위해 왕비의 애인인 페르센이 궁전을 자유롭게 드나들 수 있도록 출입구 하나에 경비병을 배치하지 않았기 때문이란 이야기가 있다.

파리를 무사히 탈출한 국왕 일행은 상파뉴 들판에 이르러 기분이 좋아지자, 유유히 산책하며 늑장을 부렸다. 그래서 호위대를 만나기로 예정되어 있던 장소에 도착했을 때는 약속시간을 훨씬 넘긴 뒤였고, 왕을 호위하기 위해 기다리던 쇼와르 공은 왕의 탈출이 실패한 것으로 알고 돌아가버렸다.

그런 줄도 모르고 호위대를 찾아다니던 국왕 일행은 드루에라는 근위대 출신의 한 시골사람에게 목격되었다. 드루에는 곧 마을 사람들과 함께 왕을 추격하여 붙잡았다. 국왕 일행은 보석을 운반 중인 코르프 남작이라고 속이려 했지만, 패스포트에는 국민회의 의장의 서명이 없었다.

마을 사람들은 면장을 불러서 이 수상한 사람들의 정체가 뭔지, 정말 드루에의 주장대로 파리를 탈출한 국왕인지 확인하려 했다. 그러나 국

---

20 미라보(H. Mirabeau, 1749~1791) : 프랑스혁명 초기에 삼부회의 제3신분 대표로서 활약하고 국민회의 성립에 중요한 역할을 했다. 후에 궁정 쪽에 매수당하여 왕과 의회의 타협을 꾀했다. 웅변으로 유명하다.

왕을 본 적이 없는 면장은 아무 말도 할 수 없었다. 마을 사람들은 이제 지방판사를 불렀다. 마을 사람들한테 에워싸여 있는 국왕을 본 판사는 그 자리에서 "오오, 폐하"라고 내뱉었다.

루이 16세의 파리 탈출은 프랑스 인들에게 '배신행위'로 여겨졌다. 왕이 먼저 국민들로부터 등을 돌렸으니, 국민들도 왕에게 등을 돌릴 수밖에 없었다. 왕이 없는 세상을 감히 상상할 수 없었던 국민이었지만, 국민을 버린 루이 16세를 더 이상 왕으로 모실 이유가 사라졌다. 의회 내에서는 여전히 입헌군주제를 옹호하는 온건세력이 득세했지만 의회 밖, 민중 속에서는 왕이 없는 공화제를 옹호하는 세력이 다수가 되어갔다.

그 후 2년, 참으로 다사다난한 세월이 지나서야 파리 시민은 루이 16세를 단두대에 세울 수 있었다. 관습이 얼마나 무서운 것인가를 루이 16세에 대한 판결이 말해준다. 사형 찬성 387표, 사형 반대 334표였다. 1793년 1월 20일, 지금의 콩코드 광장에서 수많은 군중이 주시하는 가운데 루이 16세는 기요틴[21] 앞에 섰다.

♌ 그들만의 자유, 그리고 평등

21세기를 사는 우리들이지만, 여전히 우리는 200년 전 프랑스 파리에서 일어났던 사건들의 자장磁場 밑에 있다. 1789년에 터져 나온 민주주의 혁명이라는 거대한 화산은, 나폴레옹 전쟁을 통해 그 뜨거운 마그

---

21 기요틴(Guillotine) : 무겁고 날카로운 칼이 위에서 떨어지면서 수형자의 목을 베도록 되어 있는 장치. 프랑스혁명 때 기요틴 의원의 제안으로 만들어졌다.

마를 전 유럽의 봉건제에 덮어씌웠다. 나폴레옹은 프랑스혁명의 정신인 '자유·평등·박애'를 봉건 유럽에 확산시켰다.

하지만 혁명도 인간이 하는 일이라서, 시간이 흐르면 피곤해지고 혁명이라는 분출구에서 나온 마그마도 식기 마련인가 보다. 유럽은 나폴레옹을 제거했고, 프랑스는 다시 왕정체제로 돌아갔다. 그러나 이후에도 프랑스에서는 구체제의 지각을 부수는 혁명의 화산이 계속 터져 나왔다. 1830년 7월 혁명, 1848년 2월 혁명, 1871년 파리코뮌[22]이 그것이다.

100년의 세월을 두고 계속 진전된 프랑스의 민주주의 혁명은 유럽 역사 발전의 견인차였다. 20세기에 들어와 프랑스혁명은 러시아혁명에 진보의 깃발을 넘겨주었다. 그리고 프랑스혁명과 러시아혁명의 정신은 인도와 중국, 한국과 베트남 등 전 세계 식민지 국가에서 전개된 민족해방운동과 민주주의운동, 사회주의운동에 지대한 영향력을 발휘했다.

우리는 영국의 청교도혁명과 미국 독립전쟁, 프랑스혁명을 3대 시민혁명이라고 배웠다. 하지만 혁명의 폭과 깊이에서 가장 철저한 시민혁명은 프랑스혁명이었다. 무엇보다 프랑스혁명은 '자유'의 혁명이었다. "인간은 태어나면서부터 자유롭고 평등하다"는 인권선언의 제1조는 전제주의의 종식과 자유의 대출발을 상징하는 것이었다. 인권선언은 정치적 자유주의의 기본원칙을 확정해주었다. 제7조, 제9조, 제11조를 통해 정치적 자유의 구체적인 내용을 신체의 자유, 사상과 언론의 자유로 정식화해준 것이다.

4·19혁명에서 1980년 광주항쟁을 거쳐 1987년 6월 민주항쟁에 이

---

22 파리코뮌 : 1871년 3월 18일부터 5월 28일까지 72일 동안 파리에 수립된 혁명 정권. 보불전쟁에 패배한 후 소시민·노동자로 이루어진 국민군이 파리에서 대의원을 선출하여 자치정부를 조직. 빈곤계층의 요구를 실현하려 했으나 '피의 1주일'이라고 불리는 정부군과의 대전투에서 패배하고 붕괴되었다.

르는 우리 현대사의 민주화운동은 프랑스혁명의 자유정신이 한국의 지표에 뿌리 내린 좋은 예였다. 여기서 우리는 '자유'의 역사적 의미와 계급적 제약을 새겨둘 필요가 있다.

모든 자유는 '~로부터의 자유'이다. 자유라는 개념 그 자체는 빈 것이며, 그것은 역사의 구체적인 상황 속에서만 내용을 갖는다. 프랑스혁명의 자유는 봉건적 구속으로부터의 자유였다. 혁명에 뛰어든 개인들은 절대적 자유를 부르짖고 향유하고 싶었겠지만, 그들의 자유는 신분제도와 전제군주의 억압으로부터의 자유였지 그 이하도 그 이상도 아니었다.

그렇게 자유를 갈구했건만, 이후 프랑스의 민중은 한 조각의 빵을 얻기 위해 자본가들에게 자신의 자유를 팔 수밖에 없었다. 그들은 분명 법적, 정치적으로 자유로운 인간이었다. 경제적으로도 원하는 것을 마음대로 사고 팔 수 있는 자유가 있었다. 하지만 그들은 굶주렸고, 한 조각의 빵을 위해 자유의 증서를 팔 수밖에 없었다.

자유를 자본가에게 양도한 노동자들은 하루 16시간씩 기계의 속도에 맞춰 노동을 해야 했으며, 그러지 않으면 벌금을 물거나 해고를 당했다. 빛도 없고 공기도 통하지 않는 지하실이나 상하수도 시설조차 없는 주택에 살면서 전염병이 돌면 최대의 희생자가 되어야 했다.

중세의 농노는 낮에만 일하고, 해가 지면 오두막집으로 돌아왔다. 그러나 근대의 노동자에겐 낮과 밤이 없었다. 중세의 농노는 주로 가장의 노동으로 생계를 꾸려갔지만, 근대의 노동계급은 가장의 벌이만으로는 생계를 꾸릴 수 없게 되었다. 아이를 키워야 할 어머니도, 일고여덟 살의 아동들도 공장에 나가야 했다. 문자 그대로 레미제라블Le Miserable이었다. 고대의 노예가 '말하는 도구'였다면, 근대의 노동자는 '자유의 증서를 손에 쥔 노예'였다. 왜 이렇게 되었을까?

시민혁명은 말 그대로 시민(부르주아지)의 혁명이었다. 절대주의 국가
는 이들 성장하는 부르주아지와 소멸해가는 봉건 귀족의 힘의 균형 위
에서 출현한 국가라 할 수 있다. 16세기에는 봉건 귀족들의 힘이 압도적
으로 우월했지만, 18세기 프랑스의 절대주의 치하에서 이 힘의 관계가
역전된 것이다. 이제 더 이상 부르주아지는 절대주의 국가의 귀찮은 간
섭을 받을 필요가 없었으며, 더 이상 봉건적 신분사회로부터 굴욕을 느
끼며 살 필요가 없었다. 봉건 귀족과 절대 군주를 몰아내고 부르주아지
가 정치권력을 장악한 것이 바로 프랑스혁명의 내막이었다.

또 시민혁명을 경제사적 관점에 보면, 봉건제의 태내에서 성장해온
자본주의적 생산양식을 봉건적 굴레에서 해방시켜준 사건이었다. 자본
주의가 거리낌 없이 발전하려면 자유가 필요했다. 자본주의가 원하는
자유는 모든 상품을 매매할 자유였는데, 여기에는 노동력이라는 상품을
판매할 자유도 포함되었다. 이렇게 해서 자신의 노동력이라는 상품을
자유롭게 판매할 수 있는 임금노동자 계급이 출현하면서 자본주의는 모
든 것을 얻게 된 것이다. 경제사적으로 볼 때, 시민혁명의 '자유'는 '부르
주아지가 임금노동자 계급의 노동을 구입할 수 있는 자유'를 의미했다.
봉건제를 무너뜨리고 새로운 사회를 연 것이 시민혁명이었는데, 이 새
로운 사회의 주인은 민중이 아니라 부르주아지였던 것이다. 시민혁명이
쟁취한 위대한 자유사상에 계급적 제약이 있다는 것은 바로 이것을 말
한다.

프랑스혁명은 '평등'의 혁명이었다. 평등은 자유와 밀접하게 결합된
것이어서, 인권선언은 "모든 인간은 태어나면서부터 자유롭고 평등하

다"고 못 박았다. "태어나면서부터 자유롭다"는 표현은 신분 사회에 대한 부정이요, 모든 특권과 억압으로부터의 해방을 승인하는 것이었다. 하지만 자유가 본질적으로 부르주아적 자유였듯이, 평등 또한 부르주아적 평등이었다.

인권선언 제6조에서 언급한 기회의 균등은 사실상 부르주아지가 축재할 기회의 균등이었다. 제17조에서는 '소유권은 아무도 침범할 수 없는 신성한 권리'라고 못 박았는데, 이 소유권 역시 부르주아지의 재산을 법적으로 보호하는 것일 따름이었다. 제헌의회는 세금 지불 능력에 따라 시민을 능동적 시민과 수동적 시민으로 구별하고, 능동적 시민에게만 투표권을 주는 제한선거제를 도입했다. 인권선언Declaration of Rights of Man에 등장하는 모든 인간Man은 바로 부르주아지였던 것이다.

역사는 끊임없이 진보를 향해 나아갔다. 프랑스혁명이 나아가지 못하고 멈춰선 지점에서 다시 역사는 진보를 향한 몸짓을 했다. 그런데 이제는 진보의 역사를 만들어가는 주인공이 바뀌어야 했다. 인간Man의 범주에서 제외되었던 노동자 계급과 식민지 민중 그리고 하늘의 절반을 차지하는 여성이 바로 그들이었다.

홉스, 《리바이어던》

"너는 낚시로 리바이어던을 낚을 수 있느냐? 그 혀를 끈으로 맬 수 있느냐? 코에 줄을 꿰고 턱을 갈고리로 꿸 수 있느냐? 그가 네게 빌고 빌며 애처로운 소리로 애원할 성싶으냐? 너와 계약을 맺고 종신토록 너의 종이 될 듯싶으냐? 지상의 그 누가 그와 겨루랴. 생겨날 때부터 두려움을 모르는구나. 모든 권력자가 그 앞에서 쩔쩔매니, 모든 거만한 것들의 왕이 여기에 있다."

《구약성서》욥기 제40~41장에 나오는 구절이다. 야훼가 욥에게 신의 절대적 위력을 과시하던 끝에 자신이 창조한 '리바이어던'이라는 바다 괴물의 위력을 묘사하는 대목이다. 홉스는 이 구절에서 자신의 책 제목을 따왔다. 그러면 홉스가 말하는 리바이어던은 구체적으로 무엇을 의미할까? 바로 국가를 뜻한다. 절대적 권력을 가진 전제국가, 홉스는 그것을 성경에 나오는 리바이어던에 빗댄 것이다. 따라서 홉스의 《리바이어던》은 국가론이라고도 할 수 있다.

1588년, 스페인의 무적함대가 영국으로 쳐들어온다는 소문으로 국민들이 공포에 떨고 있을 때, 런던 교외 한 목사의 집에서 홉스가 태어났다. 그는 대학을 마친 뒤 어느 귀족 집안의 가정교사가 되었는데, 그 귀족을 따라 세 차례 여행을 하게 되었다. 세 번의 여행을 통해 홉스는 종교전쟁으로 혼란에 빠져 있던 유럽의 처참한 생활상을 보았고, 유클리드 기하학의 정밀성과 논리성에 큰 감명을 받았으며, 이탈리아에서 갈릴레이를 만난 뒤에는 자연과학에 대해 깊이 공부하게 되었다.

1637년, 세 번째 여행에서 돌아온 홉스는 체계적인 저술 계획을 세우고 1640년에 《법의 원리》라는 책을 썼다. 책의 내용은 주로 왕의 절대적 권력에 대한 분석이었는데, 전반적인 경향은 왕권을 옹호하는 입장이었다. 그런데 이 해에 영국 의회는 왕권 옹호론자 처벌 결의안을 통과시켰고, 지레 겁을 먹은 그는 프랑스로 망명해버렸다. 그러나 파리에서 그는 전통적인 왕당파에게도 미움을 샀다. 왕권을 옹호하기는 했지만 논리 전개가 왕당파와는 달랐기 때문이었다.

《리바이어던》은 홉스가 파리에 머물던 시기에 집필한 책이다. 그때 자신의 조국 영국은 왕과 의회의 싸움으로 매우 어수선했는데, 그는 영국이 하루 빨리 안정을 되찾고 평화와 질서를 회복하기를 바랐다. 이 무렵 크롬웰의 청교도혁명이 성공을 거두었다. 홉스는 크롬웰의 신생 공화국이 자신의 희망을 이루어줄 수 있을 것이라는 큰 기대를 걸었고, 그 공화국의 앞날을 축하하면서 《리바이어던》을 집필했다.

이 책은 크게 4부로 이루어져 있다. 1부는 인간론, 2부는 국가론, 3부는 기독교 국가론, 4부는 몽매함의 세계론이라는 제목을 달고 있다. 책을 읽다 보면, 홉스가 매우 실증적이고 논리적인 분석과 설명을 시도하고 있다는 것을 알 수 있다. 이것은 그가 세 차례의 여행을 하면서 배운 수학과 자연과학의 정밀한 방법론으로 윤리와 정치의 문제를 연구하고 싶었기 때문이다. 실제로 책 내용 가운데도 당시 유행하던 '기계적 유물론' 같은 자연과학 이론이 상당 부분 도입되어 있다.

홉스 사상의 핵심은 17~19세기 시민혁명의 이념이 되었던 사회계약설이다. 사회계약설에 입각한 그의 윤리 사상은 로크와 루소의 국민주권 사상으로 이어져 근대 시민국가 형성의 정신적 토대가 되었다. 그래서 우리는 홉스를 사회계약설의 선두주자라고 부른다. 《리바이어던》은 사회계약설을 비롯한 홉스의 사상을 체계적으로 탐구할 수 있는 저서이다.

1부 '인간론'에서는 인간의 인식이 어떻게 이루어지는지를 설명하고 있다. 홉스는 여기서 인간의 사고 과정, 추론, 과학, 지식 등에 대해 분석하고 인간만의 고유한 특징인 언어의 문제도 다룬다. 2부 '국가론'의 내용은 주로 사회계약설과 관련된 것이다. 그는 여기서 절대군주제를 강력히 옹호했다. 군주는 법의 규제를 받지 않으며, 그 누구도 군주에게 책임을 물을 수 없다. 사람들이 군주에게 자신의 권력을 위임한 이상, 그들에게 남는 것은 절대적인 복종과 순종뿐이다. 홉스는 국가 권력을 분할하는 것에 대해서도 강력히 반대했다. 그에 따르면, 권력을 나누는 것은 마치 인간의 영혼을 나누는 것과도 같아서 결코 있을 수 없는 일이다. 3부 '기독교 국가론'은 자신이 주장한 내용을 성경을 통해 증명하려는 독특한 성경 해석을 시도한 것인데, 3부와 4부는 읽지 않아도 전체적인 논지 파악에는 별 지장이 없다. 이 책을 읽으면서 우리가 주력해야 할 일은, 그가 주권 재민 사상을 가졌으면서도 강력한 전제군주론을 주장하게 된 이론적 배경과 정치적 상황을 이해하는 것이다.

홉스의 주장에는 문제가 많다. 먼저 그가 전제군주제를 합리화하는 근거로 설정한 '만인의 만인에 대한 투쟁'이라는 자연 상태는 근거가 약하다. '왜 인간의 자연 상태가 서로 죽이고 죽는 것이어야만 하는가, 서로 협조하여 잘 살아갈 가능성은 없는가?' 하는 물음에 홉스는 완전한 대답을 할 수 없다. 다만 인간의 본성이 악해서 그렇다는 말밖에 할 수 없는데, 그렇다면 인간의 본성은 원래 선해서 평화로운 자연 상태를 이룬다는 주장도 같이 성립하게 된다. 무엇보다 그의 주장은 단지 논리적 추론의 산물이라는 점에서 근본적 한계가 있다. 설사 그의 자연상태론을 인정한다 해도, 거기서 무소불위의 권력을 소유한 전제군주론으로 바로 이어지는 것은 지나친 논리의 비약이다. 군주의 권력을 합리적인 방법을 통해 많은 사람이 공유함으로써 정치의 목적을 더욱 잘 수행할 수도 있을 텐데 말이다.

이 같은 문제점에도 불구하고, 서구 사회가 근대로 이행하는 시점에서 사회계약론의 첫 테이프를 끊은 홉스의 사상적 기여는 매우 중요한 의의를 가지고 있다. 또한 인간의 본성에 대한 심도 있는 분석과 이에 근거한 논리적 전개에서 유추된 계약과 국가에 대한 분석은 여전히 탁월함을 인정받고 있다. 이런 점들 때문에 《리바이어던》은 지금도 가치 있는 책으로 읽히고 있는 것이다.

7장

링컨은 왜
남북전쟁을 찬성했을까?

—— 노예 해방

The Civil War

미국의 남북전쟁은 노예제와 연방제 속에 잉태되고 성장한 사회적 모순이 폭력적으로 해결되는 과정이었다. 노예제 폐지는 겉으로 휘날리는 깃발이었을 뿐, 연방제가 안고 있는 모순의 해결이야말로 전쟁의 이면에 깔린 노림수였다. 노예제는 분명 전쟁의 주요 계기였고 노예제 폐지는 북군의 대의명분이었지만, 전쟁의 근본 목적은 남부와 북부의 정치적 패권 다툼이었던 것이다. 남부는 북부가 주도하는 연방국가를 거부하고 독자적인 연합국을 수립하고자 하였고, 북부는 자신의 패권을 확실히 보장하는 연방국가를 만들고자 했던 것이다.

1994년 5월 9일 밤, 남아프리카공화국의 새 대통령으로 당선된 넬슨 만델라의 연설이 시작되자 요하네스버그는 눈물바다가 되었다. 인종차별 철폐운동에 평생을 바친 노 혁명가가 국가지도자로 선출되는 감동적인 순간이자, 342년간의 백인 통치와 46년 동안 지속되어온 아파르트헤이트apartheid(인종차별정책)가 종식되는 역사적인 순간이었다.

지금이야말로 남아공 국민 모두가 자축해야 할 순간입니다. 그러나 이 자축은 평화적으로, 또 존경심을 잃지 않고, 그리고 무엇보다 새 국가에 봉사하겠다는 다짐 속에서 치러져야 합니다.

연설이 이 대목에 이르렀을 때, 한 여성이 단상으로 뛰어올라 만델라와 깊은 포옹을 나누었다. 그녀는 미국의 흑인 인권운동가 마틴 루터 킹 목사의 미망인인 코레타 스코트 킹 여사였다. 이 장면은 매우 상징적이었다. 아직도 흑백 인종차별이 엄존하는 미국의 흑인운동과 이제 갓 승리를 쟁취한 남아공 흑인운동의 뜨거운 연대를 상징하는 장면이었기 때문이다. 만델라의 연설은 킹 목사가 생전에 애창한 개선 구호를 인용, 낭독하는 것으로 절정을 이루었다.

"드디어 자유로다! 드디어 자유로다! 하느님, 감사합니다. 우리는 드디어 자유를 얻었습니다."

남아공 흑인들의 감격을 토로하는 동시에 미국 흑인들의 갈망을 잘 대변한 이 구호는 만델라의 사진과 함께 미국 신문들의 머리기사를 장식했다. 남아공 만델라 대통령의 취임을 보도하는 미국 언론들은 흥분했다. 미국에는 여전히 인종차별주의가 사회 저변에 깊숙이 남아 있었기 때문이었다. 법적으로는 인종차별이 금지되었지만, 미국인들의 생활 저변에서는 여전히 흑인차별이 기승을 부리고 있다. 미국 언론이 흥분한 것은, 세계에서 가장 선진적인 민주주의를 구현하고 있다는 미국에서 남아공보다 후진적인 흑인차별이 이루어지고 있는 현실의 역설을 인정하지 않을 수 없었기 때문이었다.

'링컨 = 노예제를 폐지한 위대한 정치인'

'미국 남북전쟁 = 노예해방전쟁'

이것이 우리의 상식이다. 이 상식은 진실일까? 만약 이것이 진실이라면, 1960년대 미국을 뒤흔들었던 흑인운동의 지도자 말콤 X와 마틴 루터 킹이 암살되고, 1993년 LA에서 대규모 흑인 폭동이 일어난 현실을 어떻게 설명해야 할까? 만약 이것이 진실이 아니라면, 당시 미국의 1400만 청년 인구 가운데 5분의 1이 참전하여 만 4년 동안 분노하고, 피 흘리고, 죽어간 남북전쟁은 무엇이었을까? '흑인노예해방'이라는 인류 역사의 명장면 뒤에 가려진 역사의 진실을 들여다보자.

♌ 미국 헌법의 혹, 노예제

영국에서 독립한 직후, 미국에는 13개 국가가 분립되어 있었다. 당시 미국의 스테이트state는 지금의 주州가 아니라 독립국가였던 것이다. 1776년 7월 4일, 아메리카 식민지들은 대륙회의에서 독립을 선포하고 13개의 공화국이 되었다. 그리고 각 공화국이 영구적 동맹을 약속한 연합헌장을 채택한 것은 5년이 지난 뒤인 1781년 3월이었다.

이 연합헌장에 따라 각 국가는 아메리카합중국으로 불리는 단일 연합에 소속하여 공동 방위와 안전을 보장받기로 했다. 하지만 각 국가는 자신의 주권을 그대로 유지했다. 연합회의는 공동 방위에 관련된 외교와 국방에 관한 권한을 행사할 뿐 과세권, 통상권, 사법권을 갖지 않았기 때문에 중앙 정부의 구실을 할 수 없었다.

통일된 중앙정부를 수립하기 위한 필라델피아 제헌의회가 소집된 것은 1787년 여름이었다. 여기서 독립국가 대표들은 중앙정부의 구성에서 서로 자국에 유리한 구상을 제기했고, 의견 대립은 끝이 없었다. 예를 들어 인구 수가 많은 버지니아 대표는 그만큼 많은 세금을 연방정부에 내야 했기 때문에 인구 수에 비례한 대표제를 주장했고, 버지니아 인구의 16분의 1밖에 되지 않는 델라웨어는 주민 수에 비례하는 대표제를 거부하고 주마다 동등한 대표제를 주장했다.

연방정부의 통상권을 둘러싼 대립도 격렬했다. 강력한 연방을 주장하는 연방주의자들은 연방정부의 통상규제권을 옹호했고, 반연방주의자들은 그것이 북부의 상공업자에게 유리하게 운영될 것을 우려하여 적극 반대했다. 이처럼 연방정부의 시초부터 강력한 중앙정부를 지지하는 쪽과 주의 독립을 옹호하는 쪽의 대립이 일었다.

1963년, 흑인 인권운동가 킹 목사는 링컨 기념회관 앞의 군중집회에서 "미국 독립선언서는 모든 미국 시민에게 발행한 일종의 약속어음이었다"고 말했다. 그는 또 "이 어음은 모든 인간의 생명과 자유, 행복 추구라는 남에게 양도할 수 없는 권리를 보장하는 것이었다"고 밝힌 뒤에 "미국은 흑인들에게 부도수표를 발행했다"고 비난했다.

독립전쟁 당시 아메리카의 총 인구는 250만 명이었는데, 그 가운데 50만 명이 흑인이었다. 그런데 대부분의 미국 교과서는 독립전쟁 때 흑인들이 수행한 공로를 삭제해버렸다. 그래서 미국 독립전쟁의 정신을 북과 피리로 일깨운 대열 속에 흑인들이 다수 끼어 있었다는 것을 이해하지 못하는 백인들이 많았다. 포지 계곡의 흰 눈이 백인만이 아니라 흑인들의 피로도 붉게 물들었다는 사실을 모르는 백인들도 많았다. 하지만 독립전쟁 당시 흑인들의 활동상을 말해주는 자료를 찾는 것은 그리 어려운 일이 아니다.

영국군과 식민지군의 첫 무력 충돌이었던 '보스턴 학살사건'에서 희생된 사람은 도망 노예 출신 흑인이었다. 흑인들은 독립전쟁 초기부터 독립군에 가담하여 싸웠고, 여러 중요한 전투에서 크게 활약했다. 흑인 노예들은 자신들의 해방운동을 식민지 독립운동과 결부시켜서 독립전쟁에 적극 가담했다.

미국 독립전쟁은 식민지 독립운동이었을 뿐 아니라 민주세력이 봉건 정치세력을 제거해나간 시민혁명이기도 했다. 실제로 전쟁이 끝난 뒤 아메리카에 거주하던 10만 명의 왕당파는 영국으로 돌아가버렸다. 영국에 대한 반항은 초기에는 상공업자, 대농장주 같은 상류계급이 주도했지만, 시간이 지남에 따라 농민·수공업자 같은 대중의 역할이 커졌다. 그들은 전쟁에서 흘린 피의 대가로 자유와 평등, 민주주의를 요구했다.

독립전쟁 후 사회 여러 영역에서 인도주의적 개혁운동이 일어났는데, 그 운동의 하나가 노예제 폐지운동이었다. 만인의 평등을 선언한 미국인들에게 노예제도는 크나큰 도덕적 수치로 여겨졌다. 1780년, 펜실베이니아에서 최초로 노예제를 폐지했다. 1784년에는 코네티컷과 로드아일랜드, 1799년에는 뉴욕, 1804년에는 뉴저지에서 각각 노예제를 폐지했다. 게다가 전쟁에서 진 영국도 1792년에 노예무역 폐지를 결의하고, 1807년에는 노예무역을 불법화했으며, 1834년에는 대영제국 내의 모든 노예를 해방시켰다. 이것을 보면 19세기 역사에서 노예제 폐지는 너무나 당연한 추세였음을 짐작할 수 있다.

하지만 미국 건국의 아버지들은 연방제를 위해 남부의 노예제를 묵인하는 타협을 하고 말았다. 또한 미국 헌법은 세금을 내지 않는 인디언과 흑인들에게 참정권을 주지 않음으로써 사실상 남부의 노예제를 법적으로 옹호했다. 그런데 하원의 의석 수를 각 주의 인구에 비례하여 배정한다는 조항은 노예주들에게 또 하나의 문제를 야기했다. 노예가 많았던 조지아 주[1]의 경우에는 전체 인구의 40퍼센트를 흑인이 차지했는데, 흑인들의 참정권을 인정하지 않음으로써 조지아 주는 대단한 정치적 불이익을 자초하게 된 것이다.

이 때문에 그들은 흑인 인구의 5분의 3에 해당하는 투표권을 노예주인 백인들에게 덤으로 인정해주는 타협안을 제시했다. 이에 따라 미국의 헌법은 주권재민 사상을 최초로 성문화한 역사적 공헌과 함께 스스

1 조지아 주 : 미국 남동부의 주. 건국 13주의 하나로 면화의 산지이다. 주도는 애틀랜타.

로 천명한 만인평등사상을 배반하고 마땅히 흑인들에게 가야 할 정치적 권리를 백인들에게 넘겨주는 오점을 남겼다. 흑인 인구의 5분의 3에 해당하는 투표권을 백인들에게 넘겨준다는 조항은 세계사를 아무리 뒤집어보아도 찾을 수 없는, 매우 흉칙한 미국 헌법의 흑이었다.

북부 상공업 지역에서는 노예가 별로 필요하지 않았으므로 1804년까지 노예제가 모두 폐지되었다. 서부의 새로운 영토에서도 1787년 서북조례에 따라 노예제가 금지되어 있었다. 그러나 남부에서는 사정이 달랐다. 산업혁명으로 영국의 면방직 공업이 발달하자 면화 재배가 수지 맞는 사업이 되었으며, 남부의 노예주들은 면화 재배에 흑인 노동력이 유용함을 알게 되었다.

이런 사정으로 남부의 노예제는 축소되기는커녕 확대일로를 걸었다. 또 루이지애나와 미시시피 주에서는 사탕수수 농업에, 켄터키와 테네시 주에서는 담배 농업에 노예노동을 투입했다. 그리하여 1808년에 노예무역이 금지되었음에도 미국 내 노예의 수는 100만이 넘었고, 이에 투자한 자본도 5억 달러에 이르렀다. 이렇게 미국 연방에 가입한 여러 주들은 노예제를 유지하고 있는 '노예주'와 노예제를 폐지한 '자유주'로 나뉘어 있었다.

노예제가 본격적인 정치 문제로 등장한 것은 1819년에 인구 6만 명을 넘은 미주리 주가 연방 가입을 신청했을 때부터였다. 미주리는 노예주로서 가입을 신청했다. 그러나 당시 노예주와 자유주의 수는 각각 11개로 균형을 이루고 있었으므로 미주리의 연방 가입은 자유주에 불리한 것이었다. 자유주 입장을 대변하는 제임스 톨미지 하원의원은 노예제를 점진적으로 폐지해야 한다는 헌법 수정안을 제출했다. 톨미지 수정안은 열띤 논란 끝에 하원을 통과했으나, 상원에서 부결되었다. 이제 사태는 막다른 골목에 다다랐다.

이때 오랫동안 매사추세츠에 붙어 있던 메인 주가 자유주로 연방 가입을 신청했다. 의회는 미주리와 메인을 동시에 가입시켜서 노예주와 자유주의 수를 각각 12개로 균형을 잡는 방법으로 문제를 해결했다. 이 것이 1820년의 '미주리 타협'이다. 미주리 타협은 북위 36도 30분 이북의 땅에서는 노예제를 영원히 금지한다고 규정했다.

미주리 타협은 미국의 연방제가 노예주와 자유주 사이의 힘겨운 줄타기 위에서 유지되고 있음을 보여준 대표적 사례이다. 그러나 그것은 노예제가 사라질 수밖에 없는 역사의 유물이라고 볼 때, 언젠가는 연방의 평화가 무너질 수밖에 없다는 불길한 징조이기도 했다. 자라나는 혹을 타협의 손으로 가린다 해서 혹이 성장을 멈추는 것은 아니기 때문이다.

♌ 남북전쟁을 이끈 《톰 아저씨의 오두막》

미국 역사는 인디언의 땅과 아프리카 흑인들의 노동을 토대로 해서 시작되었다고 해도 지나친 말이 아니다. 콜럼버스가 황금을 찾아 도착한 산토 도밍고나 영국 청교도들이 종교의 자유를 찾아 도착한 북아메리카 모두 인디언의 땅이었다. 그때 북아메리카 대륙에서 평화롭게 씨족 사회를 영위하고 있던 인디언의 수는 적게는 1000만 명, 많게는 5000만 명으로 추산된다. 유럽의 청교도들은 '하느님이 부여한 신성한 권리'라는 미명 아래 그 많은 사람들을 말살해버렸다.

그들은 인디언을 살육하여 빼앗은 광활한 땅에 흑인들을 잡아다 노예로 부렸다. 미국에 처음으로 흑인이 수입된 해는 1619년이었다. 처음에는 이 흑인들을 '하인'이라고 불렀지만 점차 '노예'라는 호칭이 일반화되었다. 16세기 이래 스페인, 포르투갈, 네덜란드 인들은 아프리카 흑인을 대량으로 신세계에 수출했다. 남미와 서인도제도의 플랜테이션² 대농장에서 일할 값싼 노동력이 필요했기 때문이다. 영국은 1663년에 찰스 2세가 왕실 모험단회사에 특허장을 줌으로써 뒤늦게 아프리카 노예무역에 참가했다. 17세기 말까지 영국은 네덜란드와 비교도 되지 않을 만큼 소규모 노예무역을 했으나, 북미 대륙에서 식민지가 발달하면서 18세기 말에는 유럽 국가들 가운데 가장 중요한 노예무역 국가로 등장했다. 18세기 내내 영국은 적어도 600만 명의 아프리카 흑인들을 아메리카 대륙으로 수출했다.

아프리카 인들이 미국 대륙까지 팔려가는 과정은 인류 역사의 참혹한 드라마였다. 그들은 대부분 아프리카 노예 사냥꾼들에게 붙잡혀서 적도선을 따라 황금해안으로 불리는 서해안으로 끌려왔다. 어떨 때는 1600킬로미터 이상을 쇠사슬에 묶인 채 맨발로 행군해야 했는데, 그 과정에서 다섯 명 중 두 명꼴로 생명을 잃었다. 어떤 이들은 상상을 초월하는 고통을 견디다 못해 자살을 하기도 했다.

그들이 서해안에 도착하면 영국 의사들이 건강검진을 했다. 그리고 신체적으로 정상인 사람들만 선택해서 조그마한 나룻배에 나누어 태웠다. 나룻배들은 해안 밖에 정박한 노예 본선을 향해 나아갔다. 이 과정

---

2 플랜테이션 : 자본과 기술을 지닌 유럽 · 미국인이 원주민의 값싼 노동력을 이용하여 쌀 · 고무 · 솜 · 담배 따위를 대량으로 가꾸는 열대지방의 농업경영형태.

에서 알 수 없는 불안감 때문에 아프리카 인들은 아우성을 쳤다. 그들은 멀어지는 아프리카 땅과 불길한 노예상선을 번갈아 바라보면서 통곡했고, 수많은 이들이 배에서 뛰어내려 자살하고 말았다.

노예선의 환경도 생지옥이었다. 그들은 한 달 남짓한 긴 항해 동안, 몸을 한 치도 움직일 수 없도록 제작된 공간에 반듯하게 누운 채 망망한 하늘과 바짝 붙어 있는 동료 흑인들만을 바라보아야 했다. 많은 아프리카 인들이 죽기를 결심하고 음식을 거부했으며, 한정된 계약 노예들을 무사히 북미 대륙까지 수송해야 하는 선원들은 이들에게 강제로 음식을 먹였다. 입술에 뜨거운 석탄 덩어리를 갖다 대어 강제로 입을 벌리거나, 특별히 제조된 펜치로 반항하는 흑인들의 입을 벌리고 음식을 집어넣었다.

흑인들은 다섯 명 가운데 한 명꼴로 항해 도중 목숨을 잃었으며, 살아서 도착한 이들의 상당수도 질병과 영양 부족으로 거의 반죽음 상태였다. 그들은 이제 낯선 땅, 낯선 사람, 낯선 언어를 가진 사회에서 자신들의 주인에 의해 어딘가로 운반되어 처참한 노예생활을 시작해야 했다. 이렇게 한 번 노예로 팔려온 이들은 평생 노예로 살았다. 이들의 몸에서 태어난 아이들 역시 평생토록 노예 신분으로 살아야 했다. 그들을 자유롭게 하는 것은 오로지 죽음뿐이었다. 솔soul 음악이 저 멀리 보이는 천국을 사모하는, 몸부림치는 듯한 가사와 곡조로 가득한 이유가 바로 여기에 있다.

미국에서 노예제 폐지운동이 본격적으로 시작된 것은 1831년, 로이드 개리슨[3]이 보스턴에서 《해방자Liberater》라는 급진적 신문을 발간한 다

---

3 개리슨(W. Garrison, 1805~1879) : 미국의 노예제 폐지론자. 1833년에 미국노예제폐지협회를 설립하고 인도적 입장에서 노예제 폐지를 주장하였다.

음부터였다. 개리슨은 독립선언서의 이상주의와 기독교적 인도주의에 입각하여 노예제를 악으로 규정하고 즉각 폐지할 것을 요구했다.《해방자》창간호에서 그는 이렇게 말했다.

나는 진리처럼 준엄하고, 정의처럼 타협하지 않을 것이다. 나는 이 문제만큼은 온건한 태도로 생각하고, 말하고, 글쓰는 것을 거부하겠다. 절대로, 절대로! 지금 자기 집이 불타고 있는 사람에게 온건하게 경보를 울리라고 말하라. 자기 아내가 강간당하고 있는 남자에게 온건하게 구하라고 말하라. 또 자식이 불 속에 빠져 있는 어머니에게 자식을 천천히 구하라고 말하라. 그러나 노예제도에 관한 한, 나에게 온건하라고 강요하지 말라. 나는 열정적으로 임할 것이며, 얼버무리지 않을 것이며, 용서하지 않을 것이며, 한 발짝도 물러서지 않을 것이다. 나는 기필코 관철할 것이다.

개리슨은 만약 남부가 노예제를 포기하지 않으면 북부는 연방에서 탈퇴해야 한다는 과격한 주장을 내놓았고, 모든 노예제 폐지 옹호론자들에게 투표와 관직을 거부하라고 호소했다. 그는 악마적인 연방정부를 후원하는 것은 곧 악마를 후원하는 것이며, 그것은 크나큰 죄를 범하는 것이라고 주장했다. 이 같은 개리슨의 도덕적 노예 해방주의는 링컨에게도 영향을 준 것으로 알려졌다. 북부에서 전개되는 급진적인 노예제 폐지운동은 남부인들에게 커다란 자극이 되었다. 1838년 미국노예제폐지협회의 회원은 25만 명에 육박했는데, 이처럼 북부의 노예제 폐지운동이 확산될수록 남부와 북부 사이의 적대적 감정은 깊어만 갔다.

그런데 여기서 백인들이 주도한 노예제 폐지운동에 근본적 한계가 있었다는 것에 주목할 필요가 있다. 그들이 노예제 폐지를 주장한 것은 흑인 노예의 진정한 해방을 위해서라기보다는, 시대착오적인 노예제가 미국에 잔존하는 것을 자신들의 수치라고 여겼기 때문이었다.

흑인들에게 '자유' 다음으로 중요한 것은 '생계'였다. 그런데 대다수 백인 노예제 폐지론자들은 흑인을 자신의 사업장에 채용해주지 않았다. 노예제 폐지를 옹호한 대다수 백인들 역시 노예제의 이념적 토대인 백인 우월주의에서 전혀 자유롭지 못했다. 링컨 또한 백인과 흑인은 명백한 인종상의 차별을 갖는다고 주장했다. 개리슨의 제자 격인 흑인 더글러스가 흑인이 주도하는 노예제 폐지운동을 위해 독자적으로 신문을 발간했을 때 개리슨이 그에게 보인 적대적 태도 역시 흑인에 대한 우월의식에서 비롯된 것이었다.

페인[4]의 《상식》이 미국 독립전쟁을 이끈 책이라면, 남북전쟁을 이끈 책으로는 스토 부인의 《톰 아저씨의 오두막》을 들 수 있다. 흑인 가정의 파괴를 그린 이 책을 읽고 북부의 많은 백인들은 흑인에 대한 연민을 느끼고 노예제 폐지의 정당성에 공감하였을 것이다. 하지만 현실로 돌아오면, 교회에서마저 백인과 흑인의 좌석을 분리하는 것이 당시 북부의 실정이었다.

남부의 노예제는 북부인의 눈에 분명 야만적 제도로 보였을 것이다. 그리고 이것을 폐지하는 것은 인간의 양심에 따르는 것이라고 믿었을 것이다. 남북전쟁이 노예제 폐지라는 깃발을 내세웠을 때, 많은 북군은 성스러운 전쟁에 참가한다는 자부심과 사명감을 느꼈을 것이다. 그러나

---

4 페인(T. Paine, 1737~1809) : 영국의 정치평론가. 1774년 미국으로 건너갔으며 1776년에 《상식》을 집필하여 미국 독립의 세론(世論)을 환기했다. 1787년에 프랑스로 건너가 프랑스대혁명을 지지하고 활동했다.

이런 도덕적 태도들만이 35만 명이 죽어간 피비린내 나는 4년간의 전쟁을 이끈 동력이었을까?

♌ 연방 옹호자, 링컨

조각난 집은 서 있지 못한다. 합중국 정부가 절반은 노예주, 절반은 자유주라는 상태로 영구히 유지되리라고는 믿을 수 없다. 나는 연방이 와해되기를 바라지 않는다. 나는 이 집이 쓰러지는 것을 바라지 않는다. 내가 바라는 것은 단 하나, 연방이 더 이상 두 조각으로 나뉘어 싸우지 말아야 한다는 것이다.

이 발언은 1858년, 링컨[5]이 한 상원의원과 논쟁하면서 밝힌 자신의 정치적 소신이다. 링컨은 개인적으로 노예제 폐지에 찬성했지만, 만약 노예제 폐지가 연방의 와해로 이어진다면 남부의 노예제를 인정하는 쪽을 선택하겠다는 보수적 견해를 가지고 있었다. 이 같은 견해는 남북전쟁이 시작된 직후, 링컨 행정부 대변인인 오빌 브라우닝의 발언에서도 다시 확인된다.

반란을 일으킨 주 모두가 연방에 충성을 바치게 되길 바란다. 만일 그들이 연방에 복귀한다면, 만일 무기를 버리고 본래의 임무와 의무에 다시

---

5 링컨(A. Lincoln, 1809~1865) : 미국의 제16대 대통령. 남북전쟁에서 북군을 지도하여 승리했다. 노예제도 폐지를 주장하고 1863년에 노예해방선언을 했지만 암살되었다. 게티스버그 연설 중 '인민을 위한, 인민에 의한, 인민의 정치'란 말은 민주주의의 참 모습을 잘 나타낸 것으로 유명하다.

충실해진다면 종전과 같은 노예의 소유와 사용, 관리 등 노예에 관한 권리 일체를 영구히 보호해줄 것이다.

링컨의 대통령 취임식은 불우했다. 취임식을 하기도 전에 남부의 노예주들이 독립을 선언하고 독자적으로 남부연합을 결성한 것이다. 대통령 선거에서 링컨이 얻은 표의 99퍼센트가 북부의 자유주에서 나왔다는 사실은, 이미 남부와 북부의 적대적 대립이 극한으로 치달았다는 것을 의미한다. 그런 상태에서 영원한 소수파의 지위를 면할 수 없었던 남부 노예주들은 건국의 부조들이 동의했던 주권state's right에 따라 연방 탈퇴를 선언한 것이다.

건국의 부조들이 연방의 통일성을 위해 타협에 타협을 거듭했듯이, 링컨도 연방 유지를 위해 모든 것을 양보하겠다는 태도를 견지했다. 그의 대통령 취임 연설은 개인의 정치적 소신을 떠나 미합중국 대통령으로서 취할 수밖에 없는 태도가 무엇이었는지를 극명하게 드러내준다.

지금 노예주에서 실시되고 있는 노예제에 대해 직접적으로든 간접적으로든 간섭하고 싶은 생각이 나에게는 전혀 없다. 나에게는 그럴 수 있는 법률적 권한이 없다고 생각하며 또 그럴 생각도 없다.

링컨의 이 발언은 1861년, 미국 사회의 평균적인 정치적 견해를 반영한 것이라고 보아야 한다. 미국 건국자들이 1787년에 헌법을 제정할 때부터, 남부 출신 대표자들과 북부 출신 대표자들은 노예 문제를 둘러싸고 미묘한 갈등을 드러냈다. 이후 남부의 노예제는 헌법의 혹으로 성장했다. 그렇다면 남북전쟁은 이러한 혹을 떼어내기 위해 불가피하게 치러야 했던 전쟁이었을까? 1787년 대타협을 시작으로 수없이 타협을 해온 미국은 왜 더 이상 타협을 할 수 없었던 것일까?

역사에서 비약적인 변화는 흔히 혁명과 전쟁의 형태를 취한다. 혁명과 전쟁에 참여하는 대중은 자신이 왜 그 혁명과 전쟁을 수행하는지, 역사의 수레바퀴는 어디로 굴러가고 있는지도 모른 채 분노하고 울고 싸우고 죽는다. 1860년대의 미국 역사는 어디로 흘러가고자 했던 것일까?

건국의 부조들이 만든 미국 연방제는 진정한 의미의 통일된 연방이아니었다. 이질적인 여러 세력이 통일을 이루는 데는 압도적으로 우세한 통일의 중심세력이 존재해야 한다. 그러나 건국자들이 헌법을 만들당시, 미국은 중앙집권을 지휘할 힘의 구심이 없었다. 그래서 각 주가가진 현실적 힘의 크기에 따라 양보와 타협으로 연방제를 엮어놓을 수밖에 없었던 것이다.

그러나 그 뒤로 80년이 지났을 때, 남부의 노예주와 북부의 자유주는현격한 힘의 차이를 보이고 있었다. 남부 연합 11개 주의 인구는 545만명이었던 데 비해, 북부 19개 주의 인구는 1895만 명이었다. 북부는 남부보다 자본은 4배, 제조업체 수는 6.5배, 산업노동자 수는 12배, 공업생산은 11배, 철도 길이는 2배로 우위를 보였다. 남북전쟁은 이 같은 힘의 격차를 바탕으로 통일된 연방정부를 확립하기 위해 추진된 것이었다.

1862년 2월, 의회에서 퇴장한 남부 의원들의 자리가 식기도 전에 공화당은 세율이 높은 모릴 관세법을 제정했다. 높은 세율은 북부 상공업자들에게 유리했고, 남부의 플랜터들에게는 불리했다. 그래서 그동안 남부의 반대로 고율의 세법을 제정하지 못한 터였다. 또 오랫동안 논란이 되어왔던 대륙횡단철도의 노선도 결정했다. 지난 10년 동안 남부는 남부선을 고집하고 북부는 북부선을 고집해왔는데, 이제 남부인들이 없어졌으니 북부선으로 결정된 것이다. 대륙횡단철도는 남북전쟁이 끝나고 4년이 지난 1869년에 완공되었고, 미국은 두 대양을 잇는 대륙국가가 되었다.

공화당 정부는 상공업자의 오랜 숙원이었던 중앙집권화와 통일된 금융, 통화제도를 마련하는 데 성공했다. 1832년 잭슨[6] 대통령이 합중국은행을 폐지한 이후, 미국의 금융통화제도는 분권화되고 문란했다. 1863년에 연방정부가 전쟁 수행을 쉽게 하기 위해 제정한 전국금융법은 금융제도에 대한 연방정부의 통제권을 확립하는 데 기여했다.

미국의 남북전쟁은 노예제와 연방제 속에 잉태되고 성장한 사회적 모순이 폭력적으로 해결되는 과정이었다. 노예제 폐지는 겉으로 휘날리는 깃발이었을 뿐, 연방제가 안고 있는 모순의 해결이야말로 전쟁의 이면에 깔린 노림수였다. 노예제는 분명 전쟁의 주요 계기였고 노예제 폐지는 북군의 대의명분이었지만, 전쟁의 근본 목적은 남부와 북부의 정치적 패권 다툼이었던 것이다. 남부는 북부가 주도하는 연방국가를 거부하고 독자적인 연합국을 수립하고자 하였고, 북부는 자신의 패권을 확실히 보장하는 연방국가를 만들고자 했던 것이다.

---

6 잭슨(A. Jackson, 1767~1845) : 미국의 제7대 대통령. 시골 농부의 아들로 태어났다. 농민과 중소기업가의 이익을 옹호하고 잭소니언 데모크라시 시대를 열었다.

로크,《정부론》

미국은 시민혁명의 시대에 탄생한 신생 국가였다. 영국의 식민지 지배에서 벗어나 독립 정부를 수립한 미국의 헌법에는 현대 자본주의, 자유민주주의 사회의 기본 철학과 원칙이 잘 반영되어 있다. 미국 헌법의 철학적 기초를 이룬 것은 세 권의 책이라고 할 수 있다. 정치적인 면은 로크의《정부론》, 경제적인 면은 스미스의《국부론》, 윤리적인 면은 밀의《자유론》위에서 미국이라는 현대 민주주의 국가가 성립한 것이다. 실제로 프랭클린, 애덤스, 제퍼슨을 비롯한 미국 독립혁명기의 지식인들은 자연권이나 사회계약에 관한 글을 쓸 때 대부분 로크를 인용했다. 몽테스키외, 볼테르, 루소 같은 프랑스 계몽사상가들보다 로크가 더욱 직접적으로 미국혁명에 영향을 미친 것이다.

로크는 정치 권력의 기원을 자연 상태에서 찾는다. 그러나 그것은 홉스와는 달리 '자유롭고 평등한 상태'이다. 자연 상태란 각자의 자연법 범위 안에서 자기 행동을 규율하고, 스스로 적당하다고 생각하는 대로 자신의 신체와 소유물을 처리할 수 있는 완전한 자유의 상태이다. 그리고 거기서는 누구나 똑같이 평등한 권리를 가지게 된다. 따라서 로크의 자연 상태는 전쟁 상태 또는 노예 상태와 대비되는 개념이다.

자연 상태에서는 인구가 적고 토지는 광대하여 자연의 산물이 풍부했으며, 다툼과 전쟁을 벌이지 않고 온 인류가 평화롭게 살아갔다. 그러나 화폐가 생겨나자 상황은 달라지기 시작했다. 화폐는 썩지 않으며, 얼마든지 축적할 수 있다. 그리고 근면의 정도에 따라 사람들 사이에 차이가 생기고, 재산이 많고 적은 차이도 생기게 되었다. 소유물의 차이가 생기면 다른 사람의 소유권을 침해하는 자도 생겨나게 된다. 그런데 자연 상태에서는 그것을 처벌할 수 있는 공통의 권력이 없기 때문에 여러 가지 불편이 따랐다. 로크는 이 같은 자연 상태의 결함을 다음 세 가지로 정리했다.

첫째, 자연 상태에서는 옳고 그른 것의 표준이자, 사람들 사이의 다툼을 판결할 공통의 척도 즉, 일반의 동의에 의해 승인되고 확정된 법률이 없다. 둘째, 자연 상태에서는 확립된 법률에 따라 온갖 분쟁을 해결하는 권위를 가진 공평한 재판관이 없다. 셋째, 자연 상태에서는 판결이 정당했을 때 그것을 지지하고 집행할 권력을 갖지 못한다. 이처럼 자연 상태는 법률, 재판관, 권력이 결여되어 있기 때문에 자유와 평등을 향유하려고 해도 그것이 매우 불확실하며, 끊임없이 타인으로부터 침해당할 위험 앞에 놓이기 쉽다고 로크는 말한다.

로크는 이러한 자연 상태의 불편함과 불확실성에서 벗어나기 위해 정치권력이 처음 생겨났다고 이야기한다. 각 개인들이 생명의 자유와 재산권을 보호하기 위해 자발적 동의를 통해 정치권력을 성립시켰다는 것이다. 사람들은 자신의 자연권을 더 안정적으로 향유하기 위해, 그리고 상호간에 일어나는 분쟁을 해결하고 범죄를 처벌할 수 있는 권위를 가진 공통의 법과 법정에 호소하기 위해, 개인적인 처벌권을 포기하고 그것을 정부에 일임하는 것이다. 이렇게 성립된 정치권력에 대해 로크는 다음과 같이 말한다.

"나는 정치권력을 이런 것으로 생각한다. 그것은 재산을 규제하고 보유하기 위해 사형과 그 이하의 형벌을 당연히 가할 수 있는 권능이 따르는 법률을 만들 수 있는 권리이다. 또 그것은 그 법률을 시행하기 위해, 그리고 외적의 침해로부터 나라를 방위하기 위해 공동 사회의 힘을 능히 사용할 수 있는 권리이다. 그리고 이 모든 것은 오로지 공공의 복지만을 위해 행사해야 하는 권리이다."

이 같은 방식으로 인간은 서로 결합하여 하나의 사회를 결성할 것을 계약한다. 이 계약의 목적은 개인의 생명과 자유와 자산을 사회 안팎의 침해자로부터 보호하고, 평화롭고 안전하고 행복한 생활을 영위하는 데에 있다. 정치권력의 성립에 관한 로크의 이런 설명은 국민주권론의 원형을 이루는 것이다. 왜냐하면 권력의 기원을 서로의 이익을 보호하기 위한 개인 간의 자발적 계약에서 찾고 있기 때문이다.

로크는 《정부론》에서 권력의 기원과 성립을 설명한 후, 권력의 목적을 달성할 수 있도록 해주는 민주적인 정치기구에 대해 다룬다. 그는 주요한 통치기관으로 입법권, 행정권, 연합권을 제시한다. 로크는 이 세 가지 가운데 입법권이 국가에서 최고의 권력을 가진다고 말한다. 사람들의 생명과 소유를 안전하게 보호할 수 있는 수단은 법이기 때문이다. 그리고 그는 행정권과 연합권을 군주의 권한으로 귀속시킨다. 물론 이것들이 입법권에 종속된다는 전제 아래에서다. 다시 말해 입법권을 가진 기관이 군주보다 우위에 있다는 이야기다. 로크의 이 같은 생각은 의원내각제의 길을 열어놓은 것이다. 로크는 책의 말미에서 자신의 생각을 다음과 같이 요약하고 있다.

"국민은 최고의 권력자로 행동할 수 있는 권리를 가지고, 입법권을 자신들의 수중에 계속 존속시킬 것인지 또는 새로운 통치형태를 수립할 것인지, 그도 아니면 낡은 통치형태를 유지하면서 입법권만을 새로운 사람들의 수중에 위임할 것인지의 문제를 놓고 자신들이 좋다고 생각하는 대로 결정할 수 있는 권리를 가지게 되는 것이다."

8장

시간과 공간의 파괴자, 아인슈타인

—— 상대성 이론

The Theory of Relativity

우주는 끊임없이 변화한다. 더 정확히 표현하면, 우주는 계속 확대되고 있다. '팽창'하고 있는 것이다. 이는 일반 상대성 이론에서 수학적으로 계산할 때 자연스럽게 나오는 결론이다.

아인슈타인은 우주가 이렇게 팽창한다는 것을 도무지 믿을 수 없어서 초기에는 이를 부정했다. 그러나 그의 이론을 통해 우주에 대한 우리의 관점은 근본적으로 바뀌었고, 그 뒤 관찰을 통해 실제로 우주가 계속 팽창하고 있다는 사실이 입증되었다. 아인슈타인은 이렇게 말했다.

"나는 신이 세계를 어떻게 창조했는지 알고 싶다. 나는 신의 생각을 알고 싶다."

중세 시대 인류의 삶을 지배한 것이 '신'이었다면, 근대 이후 신의 권능을 대신하고 있는 것은 '과학'이다. 과학은 야누스의 얼굴을 가지고 인류 역사에 이중적인 발자취를 남기고 있다. 풍요롭고 편리한 생활을 가져온 반면, 인류의 생존을 위협하는 파멸적인 재앙도 함께 불러온 것이다. 21세기 인류가 풀어야 할 절박한 과제인 핵 문제, 에너지 문제, 생명공학 문제, 생태환경 문제 등은 모두 근대 이후 비약적으로 발전한 과학과 연관되어 있다. 현대사회에서 과학은 인류의 장래를 규정할 만큼 결정적인 역할을 하고 있는 것이다.

인간의 정신세계에서 중세의 어둠을 걷어낸 힘은 계몽주의 사상과 과학혁명이었다. 사람들은 과학의 발전에 따라 세상을 다르게 보기 시작했다. 이제 신이 아니라 인간을 중심으로, 감정이 아니라 이성을 중심으로 세계를 바라보기 시작했다. 그때까지 내려오던 모든 제도와 문화는 '이성의 불'을 거쳐 새롭게 태어났다. 더 이상 권위에 의해 강요되는 제도와 문화는 용납되지 않았다. 경험적인 실험과 관찰, 합리적이고 논리적인 추론을 통해 모든 것이 다시 검토되었다. 그래서 그 시대는 '이성의 시대', '과학의 시대'라고도 불린다.

시간이 흐르면서 과학은 절대적이라고 여겨졌다. 과학은 항상 올바르고 정당하며, 인간 사회의 발전과 행복을 보장해준다고 믿어졌다. 사람들은 과학과 이성이라는 무기를 앞세워 중세 시대의 사상을 격파해나갔고, 정치와 경제를 발전시켰다. 근대 과학은 서양에서 시민혁명과 산업혁명을 가능하게 만들었고, 자본주의를 꽃피울 수 있게 했다.

거꾸로, 산업혁명과 자본주의의 발전 역시 과학에 커다란 변화를 가져왔다. 무엇보다 과학은 이제 기술과 떨어지려야 떨어질 수 없게 되었다. 과학의 연구 성과가 곧바로 산업생산의 기술이 되었던 것이다. 역으로 기술 발달에 따른 산업생산의 증가는 또 다시 과학의 발달을 촉진했다.

또한 산업혁명과 자본주의의 발전은 과학과 국가를 결합시키는 효과를 낳았다. 자본주의는 국내적으로나 국제적으로 경쟁을 통해 운영되는 경제체제다. 경쟁은 일차적으로 상품의 생산과 판매를 통해 이루어지는데, 과학기술은 바로 그 경쟁의 승리자와 패배자를 만들어내게 되었다. 뛰어난 과학기술로 상품의 원가를 낮추고 질을 높인 국가는 경쟁에서 승리하여 강자가 될 수 있었다. 더불어 과학기술은 배의 건조나 무기의 생산을 가능하게 했고, 이 때문에 과학기술이 발전한 나라는 군사적으로도 강대국이 될 수 있었다. 이런 이유로 모든 국가는 과학기술의 발전에 총력을 기울였다. 이 때문에 과학기술의 발전에 대한 믿음은 거의 '종교'가 되다시피 했다.

이 같은 근대 과학의 토대를 구축하는 데 가장 크게 기여한 사람은 뉴턴이었다. 그리고 뉴턴의 체계를 근본적으로 뒤집어엎으면서 현대 과학의 새 길을 연 사람은 아인슈타인이었다. 근대 물리학을 집대성하고 현대의 새로운 세계관을 제시했다고 평가되는 아인슈타인의 상대성 이론, 그 역사적 전환점 속으로 들어가보자.

♌ 장자와 갈릴레이의 공통점은?

《장자莊子》는 춘추전국시대의 제자백가 가운데 도가道家 계열에 속하는 책이다.《장자》는 무엇보다 스케일이 웅장하고 대담하다. 그래서 책을 펴 들고 읽다 보면 가끔 광활한 우주를 여행하는 듯한 기분을 느낀다. 또《장자》는 우리의 고정된 생각을 뒤흔들어놓고 상식과 통념을 깨는 심오한 사고로 가득하다. 다음은《장자》에 나오는 유명한 문장들이다.

북쪽 바다에 물고기가 있는데, 이름을 곤이라고 한다. 곤의 크기는 몇 천 리나 되는지 알 수가 없다. 이것이 변하여 새가 되면 이름을 붕이라고 한다. 붕의 등도 길이가 몇 천 리인지 알 수 없다. 붕이 한 번 날아오르면 그 날개는 하늘에 드리운 구름과 같다. 이 새는 바다에 태풍이 불면 남쪽 바다로 날아간다. 남쪽 바다란 천지를 말한다.

옛날에 장주莊周(周는 장자의 이름)가 꿈에 나비가 되었다. 훨훨 날아다니는 나비가 되어 자신이 장주라는 것도 깨닫지 못했다. 그러다 문득 잠에서 깨어나니, 자신은 엄연히 장주였다. 도대체 장주가 꿈에 나비가 된 걸까, 아니면 나비가 꿈에 장주가 된 것일까? 장주와 나비에는 반드시 구별이 있을 것이다. 그것을 물화物化, 만물의 변화라고 한다.

아인슈타인A. Einstein (1879~1955)의 '상대성 이론'the theory of relativity을 살펴보는데 어째서 장자 이야기가 등장하는 걸까? 그 이유는 분명하다. 장자의 '꿈 이야기'에 상대성 이론의 핵심이 들어 있기 때문이다.

코페르니쿠스의 지동설을 더욱 발전시킨 사람이 갈릴레이[1]였다. 갈릴레이의 업적 가운데 가장 위대한 것은 '상대성 원리'the principle of relativity를 발견한 것이라고 할 수 있다. 그는 '지동설'을 입증하기 위해 이 원리를 발전시켰다. 당시 가장 흔하게, 그리고 가장 강력하게 지동설을 비판하는 근거는 이런 것이었다.

어떤 탑 위에 올라가서 아래로 돌을 떨어뜨린다면, 돌이 손에서 벗어나 지면에 도착하기까지 시간이 걸린다. 그러나 이 시간 동안에도 지구는 움직이고 있다. 그렇다면 바로 아래로 떨어뜨리려 해도 돌은 약간 서쪽으로 떨어질 것이다. 왜냐하면 돌이 땅에 떨어지는 동안 지구는 서쪽에서 동쪽으로 움직이기 때문이다. 그러나 실제로 실험해보면 그런 일은 일어나지 않는다. 따라서 '지구가 돌고 있다'는 주장은 엉터리다.

갈릴레이는《천문학 대화》에서 이 같은 주장을 통렬하게 비판한다. 그의 반론을 간략히 정리하면 다음과 같다.

우리가 배에 타고 있다고 가정해보자. 배는 일정한 속도를 유지하면서 한 방향으로 계속 나아간다. 만약 한 사람이 돛대 위에 올라가 아래로 사과를 던진다면, 사과는 아래로 바로 떨어진다. 배가 앞으로 달리고 있으니, 사과가 약간 뒤쪽으로 떨어질 것 같지만 결코 그렇지 않다.

---

1 갈릴레이(G. Galilei, 1564~1642) : 이탈리아 르네상스 말기의 과학자. '물체의 낙하법칙', '관성의 법칙' 등 역학상의 여러 법칙을 발견했다. 또한 자신이 만든 망원경을 사용하여 달 표면의 요철, 목성의 위성, 태양의 흑점 등을 발견하고, 종래의 우주관을 근본적으로 변혁시켰다. 코페르니쿠스의 지동설을 인정하여 종교재판을 받았다. 저서에《천문학 대화》,《신과학 대화》가 있다.

이번에는 선실로 내려가 밖이 보이지 않는 방으로 들어갔다고 치자. 이 방에서는 밖을 볼 수 없기 때문에 배가 달리고 있는지 아닌지를 알 수가 없다. 방 안을 둘러보니 여러 가지 일이 일어나고 있다. 파리가 날아다니는가 하면, 어항에는 물고기가 헤엄치고 있다. 또 주전자에 물을 부어보기도 한다. 여기서 일어나는 모든 일들은 배가 움직이지 않을 때 일어나는 일과 아무런 차이가 없다. 그래서 밖이 보이지 않는 선실에 들어온 사람은 그 배가 움직이고 있다는 사실을 알 수가 없다.

자, 이런 것들은 무엇을 의미할까? 우리는 배가 막 움직일 때 또는 멈출 때는 속도가 변하기 때문에 그것을 느낄 수 있다. 그러나 배가 일정하게 움직이고 있으면 그것을 전혀 느낄 수 없다. 갈릴레이는 움직이고 있는 지구를 움직이는 배와 똑같이 생각하면 된다고 말한다. 그러면 왜 탑위에서 던진 돌이 바로 아래로 떨어지는지, 왜 우리가 지구의 운동을 느낄 수 없는지를 설명할 수 있다. 이것이 바로 상대성 원리다. 곧 어떤 것이 움직이고 있건 정지하고 있건 물체의 운동법칙은 다 같다는 것이다.

이번에는 이 내용을 좀 더 체계적으로 정리해보자. 이 이야기를 풀어가기 위해서는 먼저 '관성계'[2]라는 개념을 정확히 이해하는 것이 필요하다. 우리는 수학시간에 함수를 배웠다. 함수의 값들은 X축과 Y축으로 그려진 평면 위에 점으로 표시할 수 있다. 이렇게 함수 값을 표시할 수 있는 체계를 '좌표계'라고 한다. 좌표계를 사용하면 물체의 위치를 숫자로 정확하게 표시할 수 있다.

---

2 관성계 : 관성의 법칙이 성립되는 좌표계. 관성계에 대하여 등속도 운동을 하는 좌표계도 관성계이며, 고전역학이나 특수 상대성 이론은 관성계에서의 기본 방정식을 기술한 것이다.

'관성계'란 독특한 좌표계를 말한다. 곧 관성계란 일정한 상대 속도로 움직이고 있는 좌표계이다. 예를 들면, 일정한 속도로 달리는 기차 안에서 사람들이 느끼고 있는 '계'가 관성계이다. 이렇게 서로 일정한 속도로 움직이고 있는 좌표계(관성계)에서 운동을 볼 경우, 그 운동법칙은 일정하다는 것이 갈릴레이의 상대성 원리다. 이를 다른 말로 표현하면, '모든 관성계에서 성립되는 물리법칙은 항상 같다'고 할 수 있다. 그리고 이것은 '우주의 가장 신성한 법칙'이다.

우리는 이 법칙을 일상에서 매일 확인한다. 가끔 우리는 시내버스를 타고 가다가 실수로 100원짜리 동전을 떨어뜨린다. 동전은 바로 버스 바닥으로 떨어진다. 마치 맨땅 위에서 동전을 떨어뜨릴 때와 같다. 집에서 쓰는 전기밥솥을 통해서도 이 법칙을 경험할 수 있다. 만약 밥이 끓는 온도가 속도의 변화에 따라 달라진다면 어떤 일이 생길까? 케플러의 법칙에 따르면, 실제 지구의 공전 속도는 일정하지 않은데 말이다. 아마 전기밥솥을 만드는 것 자체가 불가능할 것이다. 왜냐하면 전기밥솥은 '물은 항상 섭씨 100도에서 끓는다'는 사실을 전제로 해서 만든 것이기 때문이다.

그런데 '일정한 상대 속도로 움직이고 있는 좌표계(관성계)에서 물리법칙은 항상 같다'는 원리를 왜 '상대성' 원리라고 부를까? 그 이유는 이렇다. '상대성'이라는 단어에는 땅 위에 정지해 있는 좌표계와 일정한 속도로 움직이고 있는 좌표계 가운데 어느 쪽이 더 우위에 있다거나, 물리법칙을 기술하는 데 어느 쪽이 더 기본적이라고 할 수 없다는 뜻이 담겨 있다. 더 나아가서는 어느 쪽이 정말 움직이고 있고, 한쪽은 절대적으로 정지해 있다고 볼 수 없다는 생각을 나타낸 것이다.

다시 말해서 운동이나 물리법칙을 기술하는 모든 좌표계는 '상대적'이고 대등하다는 것이다. 그래서 우리는 이것을 상대성 원리라고 부른다. 실제 운동도 그렇다. 운동이란 본질적으로 상대적이다. 영수는 움직이고 있고, 철수는 서 있다는 것도 사실은 철수의 입장에서 보았기 때문이다. 만약 영수의 입장에서 자기는 서 있다고 보면, 철수가 움직이고 있는 셈이다. 마치 달리는 차 속에서 우리는 가만히 있는데, 길 옆 가로수가 뒤로 움직이는 것처럼 말이다.

갈릴레이의 상대성 원리는 아이작 뉴턴[3]의 고전역학으로 이어졌다. 뉴턴의 역학이 자연과학에 기여한 공은 무엇보다 코페르니쿠스나 케플러가 중요하게 사고했던 '천체운동법칙'과 갈릴레이가 깊이 연구했던 땅에서의 '물체운동법칙', 이 두 가지를 서로 연관시켜 볼 수 있는 이론을 발견한 점이다. 우리가 잘 알고 있는 '떨어지는 사과'에 대한 일화도 바로 이것이다. 그때까지 사람들은 땅 위에서 벌어지는 일(떨어지는 사과)과 하늘에서 벌어지는 일(지구 주위를 돌고 있는 달)을 별도의 것으로 생각했다. 그러나 뉴턴은 '중력'이라는 개념을 도입하여 이것을 하나로 묶었던 것이다.

사과가 땅으로 떨어지는 것이나, 달이 지구 주위를 도는 것이나 모두 '중력'이 작용해서 생기는 동일한 현상이다. 여기서도 역시 상대성 원리가 작용하고 있다. '움직이는 달'(상대적으로 움직이고 있는 천체라는 좌표계)과 '떨어지는 사과'(상대적으로 정지해 있는 지구라는 좌표계)에 적용되는 '중력의 법칙'은 동일한 것이니까 말이다.

---

3 뉴턴(I. Newton, 1642~1727) : 영국의 물리학자·천문학자·수학자. 근데 정밀자연과학의 시조. 광학연구를 통해 반사 및 빛의 입자설을 최초로 주장했으며 미분법 발견과 함께 역학체계를 건설하여 만유인력의 원리를 확립했다.

자, 여기서 다시《장자》의 꿈 이야기를 떠올려보자. 그 이야기와 지금까지 알아본 갈릴레이의 상대성 원리는 어떤 공통점이 있을까? 바로 '상대성'이라는 말이다. 광활한 우주를 정신 여행하고 있는 장자, 현실을 넘어선 진리를 깨달으려고 노력하는 장자! 이런 장자의 관점에서는 장자가 나비가 된 것인지, 나비가 장자가 된 것인지, 지금 눈앞에 펼쳐진 세상이 현실인지 꿈인지를 딱 부러지게 구별할 수 없었던 것이다. 바라보는 관점에 따라 모든 것이 달라질 수 있기 때문이다.

《장자》는 다양한 예화를 통해 모든 것이 '상대적'이라는 진리를 설파하고 있다. 마치 정지한 좌표계와 같은 속도로 움직이고 있는 좌표계(관성계)가 물리법칙에서는 단지 '상대적'인 것처럼 말이다. 이 같은 관점은 아인슈타인의 상대성 이론에도 그대로 이어지고 있다.

♌ 상대성 원리를 위배하는 전자기학

19세기에 들어서면서 전기와 자기 분야의 과학이 눈부시게 발전했다. 이와 더불어 빛에 관한 학문光學도 발전에 발전을 거듭하게 되었다. 마침내 19세기 중반에는 '전기'와 '자기' 그리고 '빛'이 동일한 것이라는 사실이 밝혀졌다. 곧 빛이란 전기나 자기의 물결현상 전자기파라는 것이었다. 그래서 빛에 대한 연구도 전기나 자기에 대한 연구 속에 포함될 수 있다는 생각에 이르게 되었다.

빛이 전자기파라는 생각에 도달하는 데 크게 기여한 사람들의 이름은 전자기학의 용어에 남아 있다. 전류의 단위를 '암페어^A'라고 하는데, 이는 프랑스의 학자 앙드레 앙페르^{A. Ampere}의 이름에서 따온 것이다. 전기 저항의 단위를 나타내는 '옴^Ω' 역시 게오르규 옴^{G. Ohm}의 이름이다. 그리고 마이클 패러데이^{M. Faraday}도 전자기학에 큰 기여를 했다.

이러한 학자들의 연구를 토대로 전자기학 분야를 집대성한 사람이 영국의 학자 제임스 맥스웰[4]이다. 맥스웰은 앞서 연구되었던 분야인 '전기'와 '자기'가 사실은 하나의 현상이고, 이것을 '전자기학'이라는 분야로 통일할 수 있다는 탁월한 생각을 해냈다. 그리고 순수한 전자기 이론에서 시작하여 정확하게 빛의 속도를 예측하는 '파동방정식'을 유도해내어 빛이 전자기파라는 점을 명확히 했다. 그런데 이렇게 전자기학이 발전하면서 몇 가지 문제에 직면하게 되었다. 그 문제는 한마디로 '전자기학'과 '고전역학'이 모순된다는 것이었다. 이게 무슨 말일까?

첫 번째는 '에테르^{ether}'[5]라는 물질에 관한 것이다. 앞에서 빛이란 전기나 자기와 같은 물결(파동)이라고 했다. 그런데 빛이 파동이라면, 빛이 전달되기 위해서는 어떤 매개체가 있어야 한다는 문제가 생긴다. 마치 소리가 공기나 금속 같은 매개체를 통해서 전달되는 것처럼 말이다. 그렇다면 빛의 매개체는 무엇일까? 공기일까? 그건 아니다. 빛은 진공 상태에서도 전달된다는 것이 실험을 통해 증명되었기 때문이다. 그렇다면 다른 것이 있어야 하는데, 맥스웰은 이것을 '에테르'라고 했다. 그의 이론에 따르면, 빛이 우주를 통해 지구에 도달하는 것은 에테르라는 매개

---

4 맥스웰(J. Maxwell, 1831~1879) : 영국의 물리학자. 패러데이의 연구를 이어받아 전자기학을 수학적으로 체계화시켰으며, 기체 분자 운동론, 색채론 등의 분야에 대해서 연구했다. 1869년에는 토성의 고리가 연속체가 아님을 증명했다. 주요 저서에 《전자기학》이 있다.

5 에테르 : 종전에 빛의 파동을 전하는 매질(媒質)로서 가상되어왔던 물질. 19세기 말, 마이컬슨·몰리의 실험에 의하여 그 존재가 부정되었다.

체 덕분이다.

에테르는 본래 아리스토텔레스의 천문학에 등장하는 개념이다. 아리스토텔레스학파는 행성이 지구 둘레를 일정하게 운동하는 것을 에테르를 통해 설명했다. 행성들이 에테르라는 보이지 않는 물질에 나 있는 궤도를 따라 움직인다는 것이다. 그러나 뉴턴이 등장하면서, 에테르는 허무맹랑한 것임이 증명되었다. 행성들은 에테르에 나 있는 궤도를 따라 도는 것이 아니라 태양의 인력으로 인해 돌고 있었다. 이 에테르 개념이 맥스웰의 전자기학에서 다시 빛의 매개체로 등장한 것이다.

그러나 곧 간단한 실험을 통해 에테르라는 기묘한 물질은 존재하지 않는다는 것이 증명되었다. 마이컬슨과 몰리라는 학자가 진행한 '거울 실험'을 통해서였다. 에테르가 존재할 수 없다는 사실을 입증한 이 실험의 원리를 간단히 알아보자.

강물 속에서 헤엄치는 물고기를 생각해보자. 만약 물고기가 강 위에서 아래로 헤엄치고 있다면, 물고기의 속도는 원래 자신이 헤엄치는 속도에 물의 속도를 더해주면 된다. 반대로 강 아래에서 위로 거슬러 올라가고 있다면, 물고기의 속도는 원래 자신이 헤엄치는 속도에서 물의 속도를 빼면 구할 수 있다.

이와 같은 원리로 에테르 속에서의 빛의 속도를 생각해볼 수 있다. 케플러[6]의 법칙에 따르면 지구는 타원 운동을 하고 있다. 이 때문에 지구의 공전 속도는 태양에 가까워질 때와 멀어질 때에 따라 조금씩 다르다. 따라서 만약 에테르를 통해 빛이 운동하고 있다면, 마치 강물 속에서 헤

---

6 케플러(J. Kepler, 1571~1630) : 독일의 천문학자. 코페르니쿠스의 설을 정정하고 '케플러의 법칙'을 발견했다. 그의 연구방법은 근대 정밀과학 발전의 기초가 되었다. 저서에 《우주의 조화》, 《광학》 등이 있다.

엄치는 물고기와 같은 형태로 속도를 내야 한다. 빠르게 공전할 때의 빛의 속도와 느리게 공전할 때의 빛의 속도가 달라야 하는 것이다. 강물을 따라 헤엄칠 때와 강물을 거슬러 올라갈 때 물고기의 속도가 다른 것처럼 말이다.

그러나 빛의 속도는 지구가 빠르게 공전할 때나 느리게 공전할 때나 항상 일정하다. 이를 통해 우리는 우주 공간에 빛의 운동을 매개하는 에테르라는 물질은 존재하지 않는다는 것을 알 수 있다.

두 번째는 빛의 운동이 상대성 원리를 정면으로 거부하고 있다는 문제였다. 앞에서 보았듯이 갈릴레이에서 시작하여 뉴턴이 완성한 고전역학은 상대성 원리를 기본 원리로 하고 있다. 상대성 원리에 따르면, 지구에 살고 있는 우리들은 실제 빠른 속도로 움직이고 있는 지구의 공전을 전혀 느끼지 못한다. 일정한 속도로 공전하는 지구는 마치 일정한 속도로 움직이는 배와 같기 때문이다. 그런데 빛은 그렇지 않다. 만약에 우리가 빛의 속도로 달릴 수 있다면, 우리는 상대성 원리를 벗어날 수 있다.

여기서 실험을 하나 해보자. 이 실험은 우리의 머릿속에서 하는 실험이다. 갈릴레이나 아인슈타인이 즐겨 했던 '사고 실험'thought experiment[7]이라는 것이다.

철수는 손에 든 거울을 보면서 달리고 있다. 철수의 뒤쪽 벽에는 어디서나 볼 수 있는 멋진 그림이 걸려 있고, 철수는 거울로 그 그림을 볼 수 있다. 철수는 속도를 내기 시작한다. 시속 100킬로미터, 300킬로미터,

---

7 사고 실험 : 실험 가능성에 구애되지 않고 단순화된 장치 등의 조건을 상정하며 거기에서 일어난다고 생각되는 현상을 이론적으로 따져 연구하는 일. 이론의 모순 검증 등에 이용한다.

500킬로미터, 1000킬로미터……. 드디어 철수는 빛의 속도(초속 30만 킬로미터)를 넘어서게 되었다. 바로 그 순간, 거울 속에 보이던 그림은 사라져버렸다. 왜 이런 일이 일어난 것일까? 철수가 거울 속에서 그림을 볼 수 있었던 것은 빛이 그림을 거울로 '옮겨다주었기' 때문인데, 이제 빛이 철수보다 느리기 때문에 거울에 도달할 수 없었던 것이다. 아니, 정지 상태에서는 볼 수 있던 그림을 광속으로 달리는 상태에서는 볼 수 없다니!

이것은 상대성 원리를 정면으로 위배하는 것이다. 또 하나, 거울에서 그림이 사라지자 철수는 '이제 광속을 넘었다'는 사실을 알 수 있었는데, 이것 역시 상대성 원리를 위배한 것이다. 왜냐하면 창밖을 볼 수 없는 선실 실험에서 보았듯이, 일정한 속도로 움직이는 상태에서는 배가 움직이고 있다는 사실을 알 수 없기 때문이다.

이처럼 전자기학은 뉴턴의 고전역학과 모순되었다. 도대체 무엇이 문제인 것일까? 고전역학이 틀렸을까, 아니면 전자기학이 틀렸을까? 고전역학과 전자기학이 모순된다면 과연 무엇을 버려야 할까? 당시 수많은 학자들이 이 문제를 끌어안고 씨름했다. 과학자들 사이에서 '모든 문제는 빛으로 통한다'는 말이 유행할 정도였다. 어떤 학자는 이 문제를 풀 수 있는 '근처'까지 도달하기도 했다. '로렌츠 변화'Lorentz transformation 로 유명한 로렌츠[8] 같은 학자가 그런 사람이다. 그러나 로렌츠는 전자기학이 고전역학과 모순되는 것은 전자기학이 '특수한 분야'이기 때문이라고 생각했고, 더 이상 고민하지 않았다.

---

8 로렌츠(H. A. Lorentz, 1853~1928) : 네덜란드의 이론 물리학자. 전자이론의 개척자로 통일된 전자론을 구성하여 상대성 이론의 선구적 역할을 했다. 1902년에 노벨 물리학상을 받았다.

아인슈타인의 '특수 상대성 이론'은 이런 배경 속에서 등장했다. 아인슈타인은 전자기학(빛에 대한 연구인 광학)과 고전역학이 서로 모순된다는 문제를 끝까지 추적해서 무엇이 문제였는가를 해명해냈다.

♌ 특수 상대성 이론

1900년, 아인슈타인은 스위스 취리히 연방 공과대학을 졸업했다. 그러나 젊은 아인슈타인에게는 커다란 문제가 있었다. 바로 취직이었다. 그는 원래 대학을 졸업한 뒤에 대학이나 고등학교(김나지움)의 교사가 되려고 했지만, 마땅한 자리가 없었다. 아마 유대인이라는 점도 직장을 구하는 데 장애가 되었을 것이다. 그는 어쩔 수 없이 '과외 선생' 비슷한 것을 하면서 1년 동안 실업자로 지내야 했다. 그러던 중 한 친구의 소개로 베른에 있는 특허국에 취직이 되었다.

아인슈타인은 특허국에 근무하면서도 연구를 게을리하지 않았다. 밤마다 베른에 있는 교사나 학자들과 토론을 하면서 문제의식을 키워갔고, 시간이 나는 대로 책을 읽으며 연구를 계속했다. 그 연구 성과들이 드디어 쏟아져 나오기 시작했다. 1905년 3월, 그는 노벨 물리학상을 안겨다준 논문인 〈빛의 발생과 변화에 대한 발견—방법적 관점에 관하여〉를 발표했다. 그 다음 달에는 박사학위 논문으로 〈분자 크기의 새로운 결정 방법에 대하여〉를 발표했다. 그리고 6월에는 드디어 특수 상대성 이론을 담고 있는 〈운동 물체의 전자기학〉이라는 논문을 발표했다. 그의 나이 스물여섯 살 때의 일이다.

그러나 아인슈타인은 실망했다. 열심히 연구한 내용, 상식을 뛰어넘는 내용을 담은 논문을 계속 발표했는데도 학계에서는 별 반응이 없었다. 한 달이 가고 또 한 달이 가고⋯⋯. 그러던 어느 날, 막스 플랑크[9]가 한 통의 편지를 보내왔다. 플랑크는 상대성 이론과 함께 현대 물리학의 한 축을 이루는 '양자역학'을 창시한 학자였다. 편지 내용은 상대성 이론을 이해하기 힘드니 좀 더 자세히 설명해달라는 것이었다. 아인슈타인은 뛸 듯이 기뻤다. 그처럼 유명한 학자에게 질문을 받다니⋯⋯. 플랑크 교수가 편지를 보냈다는 소식이 알려지자, 갑자기 상대성 이론에 관심을 기울이는 사람들이 많아졌다. 그러면서 그의 이론도 서서히 알려지기 시작했다.

그러면 아인슈타인은 이 논문에서 전자기학이 당면한 앞의 문제를 어떻게 해결했을까? 빛의 운동은 고전역학의 상대성 원리를 정면으로 위배한다는 것, 곧 우리가 빛의 속도로 달리면(운동을 하는 좌표계에 있으면) 거울 속의 그림(정지한 좌표계에 있을 때에는 볼 수 있음)은 사라진다는 문제를 어떻게 풀 수 있었을까?

아인슈타인은 아주 간단한 방법으로 이 '빛의 문제'를 해결했다. 그 해결책은 '만약 어떤 물체도 결코 빛의 속도로 달릴 수 없다면 문제는 생기지 않는다'는 것이었다. 왜냐하면 거울 속의 그림이 사라지는 문제는 철수가 빛의 속도로 달림으로써 발생한 것이기 때문이다.

아인슈타인이 접근한 방법은 바로 이런 식이었다. 그리고 이를 증명하기 위해 그는 '시간'과 '길이'에 대해 새롭고 올바른 정의를 내린다.

---

9 플랑크(M. Planck, 1858~1947) : 독일의 이론 물리학자로 열역학을 연구했다. 복사식 이론에 양자가설을 도입하여 양자물리학의 이론을 개척했다.

그런데 시간과 길이에 대한 그의 개념은 우리가 보통 알고 있는 것과는 완전히 다른 것이었다. 이 때문에 우리가 상대성 이론을 이해하는 데 애를 먹는 것이다.

이제 아인슈타인이 시간과 길이를 어떻게 이해했는지 살펴보자. 먼저 아인슈타인은 1905년에 나온 논문 〈운동 물체의 전자기학〉에서 '동시성同時性의 상대성'을 이야기한다. '시간의 상대성'을 검토한 것이다. 아인슈타인은 다음과 같은 예를 든다.

기차가 7시에 여기에 도착했다는 사실은, 내 시계의 짧은 바늘이 '7'을 가리킨다는 사건과 기차가 여기에 도착했다는 사건이 '동시'라는 점을 말해준다.

이 경우에는 '동시'라는 것을 아주 쉽게 확인할 수 있다. 시계를 보고 기차의 도착시간을 확인하면 되기 때문이다. 그러나 이것이 서로 떨어진 두 곳에서 발생한 사건이라면 문제가 생긴다. 예를 들어보자.

지금 우리는 기차여행을 하고 있다. 즉 우리는 움직이는 좌표계에 있다. 기차가 어느 마을을 통과하는 순간에 기차의 앞과 뒤, 두 곳에서 번개가 쳤다. 편의상 기차 앞에 있는 곳을 A라 하고, 기차 뒤에 있는 곳을 B라 하자. 그런데 그 마을에서는 마침 철수와 순이가 언덕 위에 올라 철로를 바라보며 사랑을 속삭이고 있었다. 즉 철수와 순이는 정지한 좌표계에 있다. 그들은 지나가는 기차를 볼 수 있었고, 번개가 치는 것도 볼 수 있었다. 그리고 그들은 A와 B에서 '동시'에 번개가 쳤다는 것을 알 수 있었다.

그런데 철수와 순이에게 동시였던 두 번개가 기차를 타고 있는 우리에게도 마찬가지로 '동시'였을까? 아니다. 우리에게는 A와 B, 두 곳에서 친 번개가 '동시'가 아니었다. A에서 먼저 번개가 쳤고, 그 다음에 B에서 번개가 친 것이었다. 왜냐하면 우리가 탄 기차는 A를 향해 달려가고 있었기 때문이다.

만약 기차 안에 있는 우리에게 두 번개가 동시에 친 것으로 보였을 때, 기차 밖에서 그것을 보았다면 어땠을까? 역시 동시가 아니라 번개 A가 조금 늦게 친 것으로 보였을 것이다. 왜냐하면 기차 안에서는 B에서 친 번개가 조금 늦게 보여야만 A에서 친 번개와 동시인 것으로 보이기 때문이다.

이번에는 시간의 길이라는 관점에서 보기로 하자. 기차 밖에서 동시에 친 번개가 기차 안에서는 동시가 아니라는 사실은 이해가 될 것이다. 그러면 기차 안에서 번개가 동시에 친 것으로 보이려면, 기차 밖에서 어떤 상태가 되어야 할까? 기차 앞에서 친 번개 A를 기준으로 하면 번개 A가 친 다음에 번개 B가 쳐야 하므로, 시간상으로는 밖에서 보았을 때 좀 더 시간이 흐른 것처럼 보일 것이다. 다시 말해서 기차 안의 시간은 기차 밖의 시간보다 더 길어 보인다는 것이다. 이 때문에 물체의 속도가 빨라지면, 시간이 천천히 흐른다고 할 수 있다.

이제 이야기를 정리해보자. 지금까지 본 것에 따르면, '동시'라는 것이 결코 '절대적인 것'이 아니라 '상대적인 것'임을 알 수 있다. 정지하고 있는 좌표계에서는 '동시'였던 것이 움직이는 좌표계에서는 동시가 아니었다. 이것은 더 나아가 우리가 느끼고 있는 시간도 결코 절대적일 수 없다는 말이 된다. 정지한 곳에서 느끼는 시간과 움직이는 곳에서 느끼는 시간이 결코 같을 수 없다. 따라서 이 세상에 존재하는 모든 시간은 상대적이라고 할 수 있다. 앞에서 보았듯이, 기차 안의 시간은 기차 밖에서 보았을 때 좀 더 천천히 흐른다고 할 수 있다. 이렇게 해서 아인슈타인은 뉴턴 이래로 물리학에서 당연시되어 왔던 시간의 절대성 개념을 뒤흔들어버렸다.

그러면 그동안 우리가 가져왔던 시간이란 개념은 무엇인가? 그 시간에서는 이 세상 모든 곳에서의 1시간 길이는 항상 같다고 했다. 우리는 시간에는 절대적 기준이 있다고 생각하고 느꼈던 것이다. 그러나 실제로는 이 세상에 절대적인 시간이란 없다. 다만 우리가 그렇게 느끼고 있고, 생활의 편리를 위해 그렇게 약속했을 따름이다.

'시간의 상대성'을 이야기한 뒤에 아인슈타인은 '길이의 상대성'에 대한 고찰을 계속한다. 우리가 보통 생각하는 '길이'란 무엇일까? 일정한 좌표계에서 길이란 '양쪽 끝에서 동시에 일어나는 사건의 거리'로 정의된다. 무슨 말인지 약간 이해하기 어려울 수도 있는 이 말의 뜻은 다음과 같다.

먼저 좌표계를 설정한다. 마치 종이 위에 X축과 Y축이 있는 그래프를 그리는 것과 같다. 그런데 여기서는 그 좌표계가 움직이는 좌표계인지, 정지한 좌표계인지를 먼저 분명히 해두어야 한다. 우리가 종이 위에 그리는 일반적인 그래프는 주로 정지한 좌표계이다. 길이를 측정하기 위해서는 좌표계에 정지한 자를 설치해두어야 한다. 그래프의 X축과 Y축의 눈금을 나누는 것과 마찬가지다. 여기까지 하면 길이를 잴 준비를 마친 셈이다.

길이는 이렇게 잰다. 좌표계에서 보아 동시에 측정하고자 하는 막대기 양끝의 위치를 정확하게 자에 표시한 다음 그 자의 눈금을 읽으면 된다. '동시에 정확하게 표시한다'는 것은 두 사건이 일어난 위치의 거리를 측정한다는 의미이다. 우리는 길이를 잰다고 하면 흔히 정지한 물체의 길이를 재는 경우를 떠올린다. 그렇지만 길이에는 움직이는 물체의 길이도 있다. 다시 기차 여행의 예를 들어보자.

우리를 태운 기차는 기분 좋게 달리고 있다. 나는 기차 안에서 창밖을 쳐다보고 있다. 내가 바라보는 창밖 표면에 개똥벌레 두 마리가 운동 방향과 나란히 앉아서 반짝이고 있다. 여기서 개똥벌레는 창에 붙어 있기 때문에 기차와 함께 달리고 있다는 것을 기억하자.

나는 이 개똥벌레 두 마리 사이의 거리를 재려고 한다. 그런데 나 혼자 하면 재미가 없을 것 같아서 기차 밖의 땅에서도 그 길이를 재도록 부탁했다. 이 실험을 위해 나는 슈퍼맨에게 협조를 요청했고, 지금 슈퍼맨은 어느 지점에서 자를 가지고 기다리고 있다. 길이를 재는 순간은 슈퍼맨이 신호를 하기로 했다. 개똥벌레 두 마리가 동시에 빛을 낼 때 슈퍼맨이 자를 갖다 대기로 했고, 나 역시 자를 갖다 대기로 했다. 드디어 개똥벌레 두 마리가 반짝 빛을 내었다. 창밖에 서 있던 슈퍼맨이 잽싸게 자를 갖다 댔다. 그 순간에 기차에 타고 있던 나도 자를 갖다 댔다.

내가 잰 길이와 슈퍼맨이 잰 길이는 같을까, 다를까? 물론 두 마리의 개똥벌레는 그동안 결코 움직이지 않았기 때문에 길이는 하나밖에 없다고 할 수 있다. 정답은 두 사람이 잰 길이가 다르다는 것이다. 왜 그럴까?

그 이유는 간단하다. 앞에서 길이란 양쪽 끝에서 동시에 일어나는 사건의 거리로 정의할 수 있다고 했다. 여기서 핵심은 '동시'라는 것인데, 달리는 기차 안(움직이는 좌표계에서 내가 바라본 동시와 땅 위의 정지한 좌표계)에 서 있는 슈퍼맨이 바라본 동시는 달랐던 것이다. 슈퍼맨에게 동시였던 두 지점의 길이가 사실 나에게는 동시의 거리가 아니었다. 앞쪽의 개똥벌레가 낸 반짝임이 내게는 먼저 보이고, 뒤쪽의 개똥벌레가 낸 반짝임은 조금 뒤에 보이기 때문이다.

그래서 내가 동시라고 보고 자를 갖다 대면, 내가 잰 거리는 정지해 있는 밖에서 잰 거리에 비해 더 짧다. 그 이유는 기차 안에 있는 내게 개똥벌레 두 마리가 동시에 반짝인 것으로 보이려면, 밖의 정지한 곳에서 보았을 때는 뒤에 있는 개똥벌레가 먼저 반짝인 뒤에 앞에 있는 개똥벌레가 반짝여야 한다. 그리고 그동안에도 기차는 앞으로 움직이므로 그 길이는 늘어나게 된다. 그래서 밖의 정지한 곳에서 잰 거리는 기차 안에서 잰 '동시'의 거리보다 더 길다. 바꿔 말하면, 달리는 기차 안에서 잰 거리는 정지한 곳에서 잰 거리보다 짧다.

이렇게 해서 아인슈타인은 우리가 암묵적으로 동의해왔던 '절대적인 길이'란 존재하지 않는다는 것을 증명했다. 이 세상에 존재하는 길이란 모두 상대적일 뿐이다. 앞에서 말했듯이, 운동하는 좌표계에서 잰 길이는 정지한 좌표계에서 잰 길이에 비해 짧다. 똑같은 길이도 그 좌표계가 어디냐에 따라 달라지는 것이다. 또한 이 '길이'를 확대하면 '공간'에도 적용할 수 있다. 왜냐하면 공간이란 가로, 세로, 높이의 길이로 표시할 수 있기 때문이다.

서로 운동하고 있는 좌표계들 사이에서는 '동시'라는 것이 변한다. 한 좌표계에서의 동시가 다른 좌표계에서도 동시일 수는 없다. 바로 이 전제에 근거하여 갈릴레이의 상대성 원리를 '새롭게' 해석한 것이 아인슈타인의 특수 상대성 이론[10]이다.

여기서 우리가 참 이해하기 힘든 것은, 시간과 공간이 좌표계에 따라 달라질 수 있다는 말이다. 달리 표현하면, 시간과 공간이 '상대적'이라는 것이다. 여기서 다시 장자의 꿈 이야기를 떠올려보자.

장자의 꿈 이야기에서 장자가 나비인지, 나비가 장자인지 구별할 수 없었다. 이 말은 사실일 수 있다. 만약 나비의 입장에서 보면, 나비가 장자가 되는 꿈을 꾼 것이다. 따라서 장자라는 사람은 나비가 꿈속에서 변한 것일 수 있다. 물론 이 경우에는 나비도 사람처럼 꿈을 꿀 수 있어야 한다. 반대로, 장자가 나비가 되는 꿈을 꾸었고, 나비는 꿈속에서 변화된 장자라고 할 수 있다. 이처럼 나비냐, 장자냐 하는 것은 순전히 관점의 문제일 수 있다. 따라서 그것은 완전히 '상대적'인 것이다.

아인슈타인의 상대성 이론이란 바로 이러한 관점이다. 시간과 공간이라는 것이 어느 좌표에서나 절대적이지 않다는 것이다. 그리고 그것을 이해하는 핵심은 바로 '동시성'이 상대적이라는 것, 곧 '시간'이 상대적이라는 것이다. 이 점이 바로 갈릴레이의 상대성 원리에는 없었던 것이다. 갈릴레이의 상대성 원리에서는 좌표계의 변환에 따라 시간이 변화하지 않았다. 어떤 좌표계에서나 시간은 동일하다고 여겼던 것이다. 이 때문에 갈릴레이의 상대성 원리는 문제가 있었고, 아인슈타인이 새롭게 해석한 상대성 이론은 이 점을 근본으로 하고 있다.

---

10 특수 상대성 이론 : 빛의 속도는 좌표계의 속도에 의하지 않고 항상 일정한 값을 취한다는 사실을 바탕으로 하며, 서로 등속 직선 운동을 하고 있는 관측자에 대하여 모든 물리법칙은 같은 형식을 취한다는 이론.

♌ 특수 상대성 이론의 효과

시간과 공간이 좌표계에 따라 변화한다면, 이제 남은 문제는 한 좌표계에서 다른 좌표계로 바뀔 때 한 점이 구체적으로 어떻게 달라지느냐 하는 것이다. 상대성 이론은 장자의 꿈 이야기와는 달리 과학이다. 과학은 객관적이어야 하고 증명할 수 있어야 한다. 그래서 등장한 것이 앞에서 언뜻 말한 '로렌츠 변환공식'이다. 아인슈타인은 로렌츠가 고안해낸 공식을 자신의 상대성 이론을 증명하는 데 사용했다.

여기서 '변환'이란 좌표계가 '변환한다(=바뀐다)'는 뜻이다. 간단히 설명하면 이렇다. 우리는 종이 위에 정지해 있는 좌표계를 설정하고, 그 위에 $X \cdot Y \cdot Z$라는 공간좌표와 시간을 나타내는 T를 표시할 수 있다. 그리고 이번에는 V라는 속도로 움직이고 있는 좌표계를 설정하고, 그 움직이는 좌표계 위에 역시 $X' \cdot Y' \cdot Z'$라는 공간좌표와 시간을 표시하는 T'를 표시할 수 있다.

그러고 나서 다음과 같은 질문을 던질 수 있다. V라는 속도로 움직이는 좌표계의 $X' \cdot Y' \cdot Z' \cdot T'$는 정지한 좌표계의 $X \cdot Y \cdot Z \cdot T$와 어떤 관계를 맺고 있는가? 좀 더 쉬운 말로 하면, 일정한 속도로 움직이는 좌표계의 한 점을 원래 정지하고 있던 좌표계의 다른 한 점으로 표시하려면 어떻게 해야 하는가 하는 문제이다. 로렌츠 변환공식은 이 질문에 답하기 위해 고안된 방정식이다.

앞에서 우리는 움직이는 좌표계에서는 시간과 길이 또는 공간이 달라진다는 것을 알았다. 그리고 로렌츠 변환공식의 도움으로 그 시간과 공간이 구체적으로 얼마만큼 달라질 수 있는가를 계산해낼 수 있게 되었다. 여기서는 그 결론만을 간단히 정리해보자.

첫째, 물체의 속도가 빨라지면 시간은 느리게 간다. 우주선을 타고 우주여행을 한다고 가정해보자. 이 우주선은 거의 광속에 가까운 속도를 낼 수 있다. 승객 가운데 쌍둥이인 사람이 있는데, 동생은 이번 여행에 참가하지 않고 고향에 남았다. 드디어 출발한 우주선은 속도를 내어 거의 광속에 가까워졌다. 이렇게 광속에 가까운 속도로 달리는 우주선은 몇 개의 행성을 둘러보고 1개월이 지난 후 다시 지구에 착륙했다. 쌍둥이 형은 자기가 본 신기한 것들을 동생에게 이야기해주려고 집으로 달려갔다. 그런데 이게 웬일인가? 동생은 이미 나이가 들어 세상을 떠난 뒤였다.

왜 이런 일이 발생했을까? 광속에 가까운 속도로 날아가는 우주선 안의 시간이 지구에서의 시간보다 훨씬 천천히 흘렀기 때문이다. 로렌츠 변환공식을 통해 계산해보면, 광속에 거의 근접할 경우 우주선의 1초는 지구의 약 3시간에 해당한다. 따라서 우주선에서는 시간이 1개월밖에 흐르지 않았지만, 지구에서는 엄청난 시간이 흘렀던 것이다. 이것을 '쌍둥이 패러독스'라고 부른다.

이는 실험을 통해 증명되었다. '입자가속기'는 입자(전자나 양성자, 중성자 같은 소립자)의 속도를 엄청나게 증가시키는 기계이다. 원자에서 분리되어 나온 입자들은 아주 짧은 시간 동안에는 존재할 수 있다. 그런데 입자가속기를 통해 어떤 입자의 속도를 가속하면 할수록 그 입자의 평균수명이 증가하는 것을 확인할 수 있다. 이를 통해 어떤 물체의 속도가 빨라지면 시간이 느리게 간다는 것을 입증할 수 있다.

둘째, 물체의 속도가 빨라지면 길이가 단축된다. 소설에 나오는 홍길동은 축지법을 써서 동에 번쩍, 서에 번쩍 한다. 또 무협영화의 주인공들은 내공의 힘을 빌려 먼 거리도 엄청난 속도로 삽시간에 주파한다. 이것은 결코 비과학적인 공상이 아니다. 특수 상대성 이론에 따르면 얼마든지 가능한 일이다.

앞에서 움직이는 좌표계에서 잰 길이는 정지해 있는 좌표계에서 잰 길이와 다르다고 했다. 이것을 로렌츠 변환공식으로 재면 그 구체적인 길이가 나오는데, 빠르게 움직이면 움직일수록 그 길이는 단축된다. 따라서 홍길동이 만약 광속에 가까운 속도로 달릴 수 있다면, 실제 거리가 엄청나게 단축되어서 아주 짧은 시간에 먼 거리를 이동할 수 있다. 그런데, 길이가 짧아진다는 이야기는 시간이 늘어난다는 말과 같다. 물체의 속도가 빨라져서 시간이 훨씬 느리게 간다는 말은, 정지해 있는 시간으로 보면 같은 시간에 훨씬 먼 거리를 간다는 말이기 때문이다. 어쨌든 물체가 광속으로 달리면 거리는 단축된다.

셋째, 물체의 속도가 빨라지면 질량이 늘어난다. 그래서 만약 그 물체의 속도가 광속에 가까워지면 질량은 거의 무한대가 된다. 이것은 뉴턴역학을 대체한 '상대론적 역학'으로 계산해서 나오는 것이다. 이 때문에 어떤 물체든 아무리 빨리 달려도 광속을 넘지 못한다. 어떤 물체가 광속이 되면 질량은 거의 무한대가 되고, 따라서 그 물체의 속도를 가속시키는 데도 거의 무한대의 추진 에너지가 들어가기 때문이다. 그런데 무한대의 추진 에너지는 자연에 존재하지 않는다. 따라서 어떤 물체도 결코 광속을 넘을 수 없는 것이다. 이로써 전자기학에서 발생했던 문제, 곧 어떤 물체가 빛의 속도로 달리면 상대성 원리에 정면으로 위배되는 현상이 발생하는 문제가 자연스럽게 해결되었다. 어떤 물체도 결코 빛의 속도로 달릴 수 없기 때문에 그런 일은 애초부터 생길 수가 없는 것이다.

이러한 질량 증가 현상 역시 실험으로 증명되었다. 어떤 입자를 입자 가속기에 넣고 속도를 증가시키면 입자의 질량은 계속 증가한다. 예를 들어 입자의 속도를 광속의 0.9배가 되게 하면, 질량은 정지하고 있을 때보다 2.3배가량 커진다. 현재의 가속기로는 질량을 약 1만 배까지 증가시킬 수 있다고 한다.

특수 상대성 이론과 관련하여 한 가지만 더 살펴보자. 아인슈타인의 상대성 이론을 생각하면 떠오르는 공식이 하나 있다. $E=mc^2$이다(E는 에너지, m은 질량, c는 광속). 이 공식의 의미는 '어떤 물질의 질량은 에너지와 같다'는 것이다. 그래서 이 공식을 '질량 에너지 공식'이라고 부른다.

이 질량 에너지 공식은 로렌츠 변환공식을 고전역학에 응용해서 정식화한 '상대론적 역학'으로 계산해낸 것이다. 따라서 '사고 실험'을 통해 특수 상대성 이론의 기본원리를 생각해내고, 이를 로렌츠 변환공식으로 증명한 앞의 경우와 달리, 우리가 이 공식을 도출해내려면 상당히 어려운 수학적 과정을 거쳐야 한다. 여기서는 이 공식이 무엇을 의미하는지만 정확히 이해하기로 하자.

우리는 이 공식을 통해 어떤 물질이 갖고 있는 실제 에너지를 알 수 있다. 예를 들어 여기 1그램짜리 분필 토막이 있다. 이것을 모두 에너지로 환산하면 얼마나 될까? 이 공식으로 계산해보면 다음과 같다.

$$E = (1g) \times (3 \times 10^8 m/sec)^2 = 9 \times 10^{16}(joules)$$

(C = 3×108m/sec, 줄은 에너지 단위)

이만한 에너지의 양은 섭씨 0도의 물 약 1만 톤을 섭씨 100도까지 끓일 수 있는 실로 엄청난 양이다. 1그램의 분필 한 토막으로 이 정도의 에너지를 낼 수 있다니! 그런데 실제로는 이런 일이 생기지 않는다. 그 이유는 어떤 물체의 질량을 모두 에너지로 바꾸는 것이 현재로서는 불가능하기 때문이다. 실제로 석유나 석탄도 에너지로 바꾸는 양은 1억분의 1도 안 된다고 한다. 이에 비해 방사능 물질(핵 연료)은 질량의 1000분의 1이나 1만분의 1정도까지 질량을 에너지로 바꿀 수 있다.

원자폭탄이나 수소폭탄의 가공할 파괴능력은 바로 여기서 나온다. 방사능 물질을 충분히 에너지로 전환하면, 엄청난 에너지가 나오는 것이다. 그리고 인류는 실제로 방사능 물질의 질량을 에너지로 전환시키는 방법을 알아냈다. 그것은 방사능 물질의 '원자핵'을 다른 입자로 때려 강제로 붕괴시켜서 에너지를 얻는 방법이다. 이 에너지는 '원자핵'에서 얻었다고 해서 핵에너지라고 부른다. 또 '원자'에서 나온 에너지라고 해서 원자력이라고도 한다.

또한 우리는 이 공식을 통해 태양이 그토록 오랫동안 빛과 열을 내면서도 식지 않는 이유를 설명할 수 있게 되었다. 태양은 수소원자의 핵융합 반응을 통해 자신의 에너지를 공급하고 있으며, 이는 질량 에너지 공식으로 계산해볼 때 충분히 가능한 이야기이다.

♌ 일반 상대성 이론

1919년 초, 제1차 세계대전이 끝난 지 1년밖에 되지 않아 사회는 어수선했다. 이때 영국의 천문학자 에딩턴[11] 경은 세상 사람들의 관심을 집중시킬 만한 한 관찰을 준비하고 있었다. 바로 아인슈타인의 일반 상대성 이론을 검증하기 위한 관찰이었다. 아인슈타인은 제1차 세계대전이 한창일 때, '빛은 중력이 있는 곳에서 휘어진다'는 일반 상대성 이론을 발표했다. 1919년 5월은 이 희한한 이론을 검증할 수 있는 좋은 기회였다. 왜냐하면 일식현상이 일어나는 때였기 때문이다. 평상시에는 태양빛이 강해서 태양 근처를 지나는 다른 별들의 빛을 볼 수 없지만, 일식 때는 이것이 가능했다.

에딩턴 경은 관찰대를 남아프리카로 파견해서 일식 때 별빛의 휘어짐 현상을 면밀히 촬영하도록 했다. 그들은 우여곡절 끝에 태양을 스치는 별빛의 휘어짐 현상을 성공적으로 촬영했고, 이것을 일식 전에 찍어 둔 다른 사진들과 비교해보았다. 아! 놀랍게도 별빛은 아인슈타인이 예견한 대로 태양 근처에서 휘어졌다.

이 발견은 언론에 대대적으로 보도되었다. 아인슈타인의 이론은 뉴턴 이래 최대의 발견으로 칭송받았고, 그는 일약 세계적으로 유명해졌다. 대중의 열광이 얼마나 대단했던지, 그해에 태어난 아이들 가운데는 '알베르트'라는 이름을 가진 아이들이 많았다. 또한 그해 베를린에서는 '상대성'이라는 상표의 담배가 나오기도 했다.

그런데 아인슈타인의 발견에 열광하는 사람들은 일반 상대성 이론을 제대로 이해했을까? 그렇지는 않았다. 일반 상대성 이론은 발표될 때부터 난해하기로 이름이 났다. 한번은 이런 일도 있었다. 어떤 사람이 에

---

11 에딩턴(A. Eddington, 1882~1944) : 영국의 천체물리학자. 행성의 내부 구조, 질량과 광도의 관계 등을 규명하고, 일식 관측을 통하여 일반 상대성 이론을 지지하는 결과를 얻었다.

딩턴 경에게 "일반 상대성 이론을 제대로 이해하는 사람은 전 세계에 세 명밖에 없다"는 말이 사실이냐고 물었다. 그러자 에딩턴 경은 불쑥 "그세 번째 사람은 도대체 누굽니까?"라고 되물었다. 에딩턴 경이 보기에 일반 상대성 이론을 제대로 이해하는 사람은 아인슈타인과 자신밖에 없었던 것이다.

이렇게 어렵다는 일반 상대성 이론은 도대체 어떤 이론일까? 우리는 '특수 상대성 이론'이 고전역학과 전자기학의 모순 속에서 만들어졌다는 것을 알게 되었다. 그 핵심은 빛에 대한 것이었다. 이를 해결하기 위해 아인슈타인은 그동안 당연한 것으로 여겼던 '절대시간'과 '절대공간'의 개념을 비판하고 새로운 개념을 제시했다. 이 특수 상대성 이론은 '시간'의 요소를 추가하여 갈릴레이의 상대성 원리를 새롭게 해석한 것이었다. 그리고 이 이론은 주로 일정한 속도로 움직이고 있는 좌표계, 곧 관성계를 주된 대상으로 한 이론이었다.

아인슈타인 앞에는 새로운 과제가 하나 제시되었다. 특수 상대성 이론은 아직 '중력'의 이론을 포함하고 있지 못했던 것이다. "만약 빛이 중력 속을 운동하면 어떻게 될까?" 아인슈타인은 중력의 상대성 이론을 포함한 좀 더 포괄적이고 '일반적인' 상대성 이론을 정립할 필요를 느꼈다. 아인슈타인뿐만 아니라 다른 학자들도 이 문제를 연구하고 있었다. 그런데 아인슈타인은 이 문제를 아주 독특한 시각에서 접근해 들어갔다. 중력(또는 중력 질량)과 관성력(또는 관성 질량)은 동등하고 등가等價라는 '등가성 원칙'에 착안한 것이다.

'관성력'이란 우리가 가속도 운동(운동의 속도를 변화시키는 운동)을 할 때 느끼는 힘이다. 예를 들어 차가 급하게 출발할 때 차에 타고 있는 우리 몸은 뒤로 젖혀진다. 또 달리던 차가 급격히 멈추면 우리 몸은 앞으로 쏠린다. 이처럼 속도를 바꾸는 운동을 가속도 운동이라 하고, 관성력은 이런 가속도 운동을 할 때에 받는 힘이다.

그러면 중력과 관성력이 동등하고 등가라는 것은 무슨 말일까? 첫째, 중력과 관성력은 모든 물체에 작용하는 힘이다. 그래서 이것을 '만유^{萬有}(모든 것에 있음)의 힘'이라고 한다. 둘째, 중력과 관성력은 물체의 종류나 질량에 관계없이 동등하게 작용한다. 만약 공기 저항이 없다면, 탑 위에서 떨어뜨린 솜과 쇳덩어리가 똑같이 땅에 떨어진다는 것을 우리는 알고 있다. 유명한 '피사의 실험'을 통해 확인된 것이다. 이런 일이 생기는 것은 중력이 질량에 상관없이 모든 물체에 똑같이 작용하기 때문이다.

이 점은 관성력도 마찬가지다. 예를 들어보자. 지금 우리는 승용차를 타고 신나게 달리고 있다. 차 뒤편에는 납으로 만든 인형과 플라스틱으로 만든 인형이 나란히 놓여 있다. 그런데 갑자기 차 앞에 어린아이가 나타나는 것을 보고 브레이크를 밟았다. 그러자 납 인형과 플라스틱 인형은 앞으로 떨어졌다. 이때 두 인형 가운데 어느 것이 더 멀리 날아가 떨어졌을까? 정답은 두 인형이 이동한 거리가 똑같다는 것이다.

이런 이유로 아인슈타인은 중력과 관성력은 같을 뿐만 아니라 그 값도 서로 같다고 생각했다. 중력과 관성력이 동등하고 등가라면 어떤 결과가 생길까? 아인슈타인은 만약 이것이 사실이라면, 중력은 사라질 수도 있고 또 생길 수도 있다고 주장했다. 마치 관성력이 생길 수도 있고 사라져버릴 수도 있는 것처럼 말이다. 중력이 사라져버릴 수도 있다니, 이게 무슨 말일까? 아인슈타인은 이것을 설명하기 위해 두 가지 사고 실험을 예로 든다.

먼저, 줄이 끊긴 엘리베이터 실험이라고 불리는 예를 보자. 엘리베이터에 탄 사람이 밖을 볼 수 없도록 한 상태에서 엘리베이터 줄을 끊어버렸다. 너무 잔인하다고 생각하지 말길 바란다. 어디까지나 머릿속에서 하는 사고 실험이니까 말이다. 줄이 끊긴 엘리베이터가 획 하고 아래로 떨어지는 동안, 그 안에 탄 사람에게는 일시적으로 중력이 사라져 버린 것처럼 보인다. 왜냐하면 손에 든 공을 놓아도 공이 아래로 떨어지지 않기 때문이다.

물론 이것은 공이 실제로 떨어지지 않는 것이 아니라 공이 떨어지는 것과 같은 속도로 그 사람도 떨어지고 있기 때문에 마치 공이 자기 손에서 떨어지지 않는 것처럼 보이는 것일 따름이다. 그는 중력이 사라진 무중력 상태에 놓이게 된 것이다. 그런데 이 장면을 투명한 유리를 통해 밖에서 보고 있는 우리에게는 어떻게 보일까? 그 엘리베이터에는 여전히 중력이 작용하고 있고, 그래서 아래로 떨어지고 있는 것으로 보인다. 그러나 그 안에 있는 사람은 밖을 볼 수 없기 때문에 그렇게 느끼지 못하는 것이다. 이처럼 가속도 운동을 하는 좌표계, 곧 엘리베이터에 고정되어 있으면서 엘리베이터와 함께 움직이고 있는 좌표계에서 보면 중력은 사라져버린다.

두 번째는, 우주선 뒤에 조그만 상자를 매달고 우주여행을 하는 실험이다. 여기는 중력도 뭐도 없는 우주공간이다. 한 우주선이 사람을 실은 상자를 뒤에 매달고 날아간다. 상자 안에서는 밖을 볼 수가 없다. 우주선은 점점 속도를 낸다. 가속도운동을 하고 있는 것이다. 이때 상자 속에 타고 있는 사람은 자동차가 속도를 낼 때처럼 뒤로 쏠리는 힘을 느낀다. 그런데 밖을 볼 수 없기 때문에 자신이 받는 힘이 중력인지, 관성력인지 구별할 수가 없다. 아마 상자 속에 있는 사람은 그것을 중력이라고 느낄 수도 있을 것이다.

공상과학영화에도 이와 비슷한 이야기가 나온다. 인공도시에 사는 사람들이 무중력에서 사는 거북함을 벗어나기 위해 도시 전체를 빙글빙글 돌려서 원심력을 만든다. 그리고는 이것을 중력이라 생각하며 살아간다. 물론 밖에서 보고 있는 우리는 그것이 관성력이라는 걸 알 수 있지만, 안에 있는 사람은 결코 알 수가 없다. 이렇게 해서 안에 있는 사람에게는 중력이 새로 생긴 것이다.

아인슈타인은 이 같은 사고 실험을 통해 관성력과 중력은 같은 것이며, 중력이 만들어질 수도 있고 소멸할 수도 있다는 사실을 증명했다. 그러면 이런 현상은 현실 속에서 어떤 효과를 만들어낼까?

♌ 일반 상대성 이론의 효과

다시 앞의 줄 끊긴 엘리베이터 실험으로 돌아가 보자. 우리의 불쌍한 주인공은 낙하하는 엘리베이터 안에서 공을 들고 있었다. 그리고 공이 아래로 떨어지지 않으니까 지금 자기는 무중력 상태에 있다고 생각한다. 그러나 투명한 유리를 통해 밖에서 보고 있는 우리는 떨어지는 엘리베이터에도 여전히 중력이 작용하고 있다는 것을 알고 있다.

이번에는 그 엘리베이터 한쪽 면에 전등이 있고, 그 불빛이 옆면을 향하고 있다고 해보자. 그리고 그 불빛은 우리가 감지할 수 있도록 '슬로모션'으로 운동하고 있다. 이때 엘리베이터 안에 있는 사람에게는 불빛이 어떤 운동을 하고 있는 것으로 보일까? 옆에서 옆으로 직선 운동을 하고 있는 것처럼 보일 것이다. 그런데 이 장면을 밖의 한 지점에서 지켜보는 우리에게는 어떻게 보일까? 포물선 운동을 하고 있는 것처럼 보인다. 이게 무슨 말일까?

빛이 옆으로 직진 운동을 하는 동안 엘리베이터는 급속히 아래로 떨어지고 있다. 그래서 처음 빛이 한쪽 면을 출발했을 때, 빛이 중간쯤 갔을 때, 그리고 빛이 반대쪽 면에 도착했을 때 엘리베이터 위치는 계속 아래로 이동한 상태이다. 곧, 엘리베이터가 빛을 싣고 밑으로 계속 내려오고 있었던 것이다. 그래서 우리에게는 빛이 마치 포물선을 그리면서 아래로 떨어지는 것처럼 보인다.

이를 정지한 엘리베이터의 위에서 아래로 빛을 발사하는 상태와 비교해보자. 그때는 한쪽 구석에서 비춘 빛이 직선으로 아래로 비칠 것이다. 이때는 빛이 한쪽 구석에서 중간으로, 또 다른 쪽 구석으로 이동하지 않는다. 그래서 우리는 빛이 직선 운동을 하고 있다고 느낀다. 그런데 위의 실험에서는 빛이 한쪽 면에서 중간으로, 마침내는 반대쪽 면으로 움직이기 때문에 정지한 우리가 보았을 때는 포물선 운동을 하는 것처럼 보이는 것이다. 이러한 실험의 결과를 정지해 있는 우리의 입장에서 표현하면 다음과 같이 된다.

빛은 중력이 작용하면 휘어진다.

지금까지 살펴본 사고 실험을 통해 아인슈타인은 이런 결론에 도달했다. 그리고 별빛이 태양을 스쳐 지나갈 때, 태양 근처는 중력이 대단히 강

하므로 빛은 그곳에서 휘어질 것이라는 가설을 세웠다. 이것이 1911년의 일이다. 이 가설은 1919년 5월, 일식 때의 관찰을 통해 증명되었다.

그렇다면 중력이 작용하고 있는 곳에서의 시간과 길이는 어떻게 될까? 특수 상대성 이론에서는 물체의 속도가 빨라지면 시간이 늘어나고 길이(공간)는 단축된다고 했다. 그러면 중력이 작용하고 있는 곳에서는 시간과 길이에 아무런 변동이 없을까? 아니다. 변화가 있다. 이것을 알아보기 위해 아인슈타인이 한 실험을 살펴보자.

《보거스는 내 친구》에 나오는 '보거스'가 지금 순이네 집에 머물고 있다. 보거스는 우리들 엄지손가락만 한 크기의 호기심 많은 장난꾸러기다. 보거스가 응접실을 막 지나갈 때, 턴테이블 위에서 레코드판이 돌아가고 있는 것을 보았다. 호기심이 발동한 보거스는 돌고 있는 레코드판 위로 펄쩍 뛰어 올라가서는 그 위를 걸어 다녀보았다. 레코드판 가운데에 있을 때는 괜찮았는데, 레코드판 가장자리로 가면 갈수록 밖으로 끌리는 힘이 느껴졌다. 아마 보거스는 왜 그런 현상이 생기는지 잘 몰랐겠지만, 우리는 그것이 관성력의 하나인 원심력 때문이라는 것을 알고 있다.

호기심 많은 보거스는 시계를 두 개 꺼내어 레코드판 위의 시간을 재보기로 했다. 두 시계의 시간을 똑같이 맞추어놓고, 하나는 레코드판 중심에, 다른 하나는 가장자리에 놓았다. 한동안 음악에 맞추어 춤을 추던 보거스는 두 시계를 들여다보았다. 그런데 이게 웬일인가? 두 시계의 바늘이 가리키는 곳이 서로 달랐다. 레코드판 가장자리에 둔 시계가 더 느리게 간 것이다. 다른 말로 하면 그곳의 시간이 더 천천히 흐른 것이다.

이유는 간단하다. 레코드판 가장자리는 가운데와 비교했을 때, 직선 운동으로 바꿔놓고 보면 속도가 빠른 곳이다. 여기서 특수 상대성 이론을 떠올려보자. 물체가 빠르게 움직이는 곳에서는 시간이 천천히 간다고 했다. 바로 그것이다. 여기서 한 발 더 나가보자. 레코드판 가장자리에는 어떤 힘이 작용하고 있을까? 원심력이다. 그리고 이 원심력은 관성력에 속하는 것이다. 따라서 레코드판 가장자리에는 관성력이 작용하고 있다고 할 수 있다. 그런데 앞에서 본 '등가성 원리'(중력과 관성력은 동등하고 등가이다)에 따르면, 관성력은 곧 중력이다. 그렇다면 이제 정리를 해도 될 것이다.

　강한 중력장이 있는 곳의 시간은 약한 중력장이 있는 곳에서보다 천천히 흐른다.

　이 사실은 이후에 실험을 통해 증명되었다. 최초의 실험은 1960년께에 실시되었다. 하늘 높은 곳(중력이 약한 곳)에서 잰 시간이 땅 위(중력이 강한 곳)에서 잰 시간보다 빨랐던 것이다. 현재 가장 정밀한 '원자시계'(원자핵에서 나오는 소립자의 진동수를 측정해서 시간을 재는 시계)를 이용해 시간을 측정해보면, 1미터 정도의 거리에도 시간 차가 난다는 것을 알 수 있다. 물론 이 차이는 너무나 미세해서 우리의 감각으로는 느낄 수가 없다.

　이번에 보거스는 길이를 재고 싶어서 같은 크기의 자를 두 군데에 놓아보았다. 하나는 레코드판 가장자리에 판이 돌아가는 방향과 평행이 되도록 놓았고, 다른 하나는 레코드판 가운데 중심선에 맞추어 놓았다. 그러자 똑같은 크기였던 자의 길이가 서로 달라져버렸다. 레코드판 가장자리에 판이 도는 방향과 평행이 되도록 놓았던 자의 길이가 더 짧았던 것이다.

왜 그런 것일까? 특수 상대성 이론에 따르면, 길이는 속도가 빠른 곳에서는 단축된다. 바로 그렇게 된 것이다. 또 레코드판 가장자리는 원심력이 작용하고, 그것은 다시 중력으로 볼 수 있으므로 다음과 같은 결론을 내릴 수 있다.

강한 중력장이 있는 곳에서의 길이는 약한 중력장이 있는 곳보다 짧아 보인다.

'중력이 강한 곳에서는 길이가 짧아 보인다'는 말을 달리 표현하면 '중력이 강한 곳에서는 공간이 휘어진다'가 된다. 가로 · 세로 · 높이 등 길이로 구성되는 것이 공간 도형이고, 길이가 짧아진다는 것은 곧 가로 · 세로 · 높이 등 길이가 짧아진다는 것이기 때문이다. 그런데 중력의 크기에 따라 가로 · 세로 · 높이 등 길이는 얼마든지 다를 수 있으며, 그렇게 되면 결국 공간 도형이 휘어지게 된다. 이 휘어진 공간 도형을 좀더 확대하여 공간 전체에 적용하면, 공간이 휘어진다고 말할 수 있는 것이다.

여기서 생각을 좀 더 확장해보자. 위의 사실을 토대로 볼 때, 우리는 다음과 같은 기하학의 정의가 항상 진리라고 이야기할 수 있을까?

삼각형의 내각의 합은 180도이다.

이 정의는 항상 옳다고 할 수 없다. '삼각형의 내각의 합은 180도'라는 원리는 엄격히 말해서 반듯한 유리면 같은 평면에만 해당하는 것이기 때문이다. 이것을 우리는 '유클리드Euclid 기하학'[12]이라고 한다. 삼각형을 그리는 면이 평면이 아니라 곡면이라면 어떻게 될까? 곡면에는 두 가지가 있다. 하나는 축구공 바깥 면처럼 '볼록한 곡면'이고, 다른 하나는 축구공 안쪽 면처럼 '오목한 곡면'이다.

만약 축구공 바깥 면처럼 볼록한 곡면에 삼각형을 그린다면, 이럴 때도 내각의 합은 180도일까? 당연히 그렇게 될 수 없다. 볼록한 곡면에 삼각형을 그리면 내각의 합은 항상 180도 이상이 된다. 또 평행선은 평면에서는 만날 수 없어도 곡면에서는 서로 만날 수 있다. 이 같은 볼록한 곡면에서의 기하학을 '리만Riemann 기하학'[13]이라고 한다. 반대로 오목한 곡면에 삼각형을 그리면 내각의 합은 어떻게 될까? 그 내각의 합은 항상 180도보다 작다. 또 이 경우에도 평행선은 서로 만날 수 있다. 이처럼 오목한 곡면에서의 기하학을 '로바체프스키Lobachevskii[14] 기하학'이라고 부른다.

이처럼 곡면에서는 리만 기하학이나 로바체프스키 기하학을 적용해야 한다. 그런데 중력이 작용하는 곳의 공간은 휘어진다고 했다. 달리 말하면, 중력이 작용하는 곳은 더 이상 평면이 아니고 곡면이라는 뜻이다. 따라서 중력이 작용하는 공간에는 곡면 기하학을 적용해야 한다.

자, 이제 더 나아가서 중력에 대해 검토해보자. 중력이란 무엇일까?

---

12 유클리드 기하학 : 기원전 300년경 그리스의 수학자 유클리드에 의해 다섯 공준(公準)과 다섯 공리(公理)로 이루어진 초등 기하학.

13 리만 기하학 : 비유클리드 기하학의 한 분야. 종래의 3차원에 대하여 7차원을 다루었으며 구면상의 기하학을 일반화했다.

14 로바체프스키(1793~1856) : 러시아의 수학자. 비유클리드 기하학 창시자의 한 사람으로 카잔 대학의 교수, 학장을 지냈다.

우리는 중력이 본질을 무엇이라고 규정할 수 있을까? 일정한 질량을 가진 물체가 끌어당기는 힘이 중력일까? 아니다. 언뜻 맞는 말 같지만, 이것은 중력의 본질에 대한 설명이 아니라 중력이 나타나는 현상을 표현한 것일 따름이다. 이 질문에 대해 뉴턴은 다음과 같은 말로 대답했다.

나는 중력이 어떻게 생겼는지 모른다. 또 나는 이 해답을 얻으려고 시도해보지도 않았다.

그러나 아인슈타인의 일반 상대성 이론을 배운 우리는 중력의 본질에 대해 이렇게 말할 수 있다. "중력을 다른 힘과 구별하는 특유의 본질이란 없다. 중력이란 단지 공간의 휘어진 곡면을 따라 물체가 굴러 떨어지는 현상에 지나지 않는다."

우리는 거대한 질량을 가진 물체는 중력을 갖는다는 것을 알고 있다. 그리고 어떤 물체가 그리로 끌려가는(중력에 의해 잡아당겨지는) 것을 통해 중력을 느낄 수 있다. 그런데 이것은 잘못된 표현이다. 사실은 물체가 끌려가는 것도, 잡아당겨지는 것도 아니기 때문이다. 중력이 있는 주위의 공간은 휘어진 상태이다. 곧 어느 곳은 높고 어느 곳은 낮은 상태이다. 따라서 이곳에 물체를 놓으면, 그것은 높은 곳에서 낮은 곳으로 굴러 떨어진다. 마치 물렁하고 두꺼운 고무판 위에 쇠공을 놓으면 그 주위가 움푹 패고, 그 옆에 골프공을 놓으면 쇠공이 있는 팬인 곳으로 굴러떨어지는 것처럼 말이다. 따라서 중력에는 어떤 본질도 없다. 중력 현상(물체가 당겨지는 현상)은 사실상 곡면에서 물체가 굴러떨어지는 현상일 뿐이다.

♌ 참으로 미안하오, 뉴턴 씨

지금까지 살펴본 상대성 이론의 요점을 정리하면 이렇다.

첫째, 중력이 강한 곳에서 시간은 천천히 흐른다.
둘째, 중력이 강한 곳에서 공간은 휘어진다.
셋째, 중력에는 특별한 본질이 없으며, 중력 현상이란 휘어진 공간 속으로 물체가 굴러 떨어지는 현상이다.

이렇게 정리한 상대성 이론을 가지고 아인슈타인과 함께 우주여행을 떠나보자. 먼저 지구가 속한 태양계를 보자. 태양계에는 중력이 작용하고 있다. 태양에도 중력이 있고, 지구에도 중력이 있다. 그리고 이 중력 덕분에 행성들은 태양 둘레를 돌고, 달도 지구의 둘레를 돈다. 이것은 뉴턴의 중력 이론에 따라서 설명한 것이다. 뉴턴 이론에 따른 설명과 '중력이 강한 곳에서는 공간이 휘어진다'는 아인슈타인의 일반 상대성 이론에 따른 설명은 어떻게 다를까?

태양과 같이 중력이 강한 곳에서는 공간이 휘어진다. 그래서 행성들은 중력에 의해 일정한 궤도를 돌고 있는 것이 아니라 태양의 중력에 의해 움푹 팬 공간을 따라 계속 굴러떨어지고 있다. 따라서 행성의 궤도는 일정할 수 없다. 좀 거칠게 비유하자면, 뉴턴의 중력 이론은 돌에 줄을 매어 돌리고 있는 아이의 모습을 떠올리면 쉽게 이해할 수 있다. 돌을 맨 '줄'은 중력, '돌'은 행성, 돌이 도는 궤도는 행성들의 궤도로 이해하면 된다. 이때 만약 아이가 움직이지 않고 돌을 돌리는 힘이 일정하다면, 행성이 도는 궤도는 항상 일정할 것이다. 그런데 공간 속을 미끄러지는 경우에는 이 같은 일정한 궤도를 보장할 수 없다.

아인슈타인의 이론이 옳다는 것은 곧 증명되었다. 태양계에서 태양에 가장 가까운 행성은 수성이다. 따라서 수성은 태양의 중력에 의해 만들어진 곡면의 영향을 가장 많이 받을 것이고, 수성의 운동은 뉴턴이 예견한 궤도와 다를 가능성이 가장 높다. 학자들은 그동안 관측한 수성의 궤도에 대한 자료를 검토했다. 놀랍게도 수성의 궤도는 정말로 조금씩 변했다. 비록 그 각도는 100년에 43초 정도로 아주 미세한 것이었지만 말이다.

이제 태양계를 벗어나 더 넓은 우주로 가보자. 우주에는 수십억 개의 별로 이루어진 수많은 은하가 있고, 이 때문에 항상 중력이 작용하고 있다. 중력이 작용하는 정도는 별이 밀집해 있는 곳에서 더욱 강할 것이며, 일반 상대성 이론에 따라 '우주 공간은 휘어져 있다'고 말할 수 있다. 그리고 휘어진 것이 '오목한 곡면' 형태인지, '볼록한 곡면' 형태인지는 중력의 크기(우주 내에 분포한 물질의 크기)에 따라 다를 것이다. 이를 달리 표현하면 "우주는 움직이고 있다"는 말이 된다.

이게 무슨 말일까? 우주 속의 물질은 늘 변화한다. 예를 들어 어떤 별은 폭발해버리고, 어떤 별은 새로 생겨난다. 이렇게 우주 속 어느 지점의 질량의 크기가 변하기 때문에 그 공간의 휘어짐은 커질 수도 있고 작아질 수도 있다. 이것은 곧 우주가 움직인다는 뜻이다. 이렇게 해서 아인슈타인의 일반 상대성 이론을 따를 때, 우주는 더 이상 '변하지 않고 크기도 일정한' 우주일 수 없게 된다. 우주는 끊임없이 변화한다. 더 정확히 표현하면, 우주는 계속 확대되고 있다. 즉 '팽창'하고 있는 것이다.

이는 일반 상대성 이론에서 수학적으로 계산할 때 자연스럽게 나오는 결론이다.

아인슈타인 스스로도 우주가 이렇게 팽창한다는 것을 도무지 믿을 수 없어서 초기에는 이를 부정했다. 그러나 그의 이론을 통해 우주에 대한 우리의 관점은 근본적으로 바뀌었고, 그 뒤 관찰을 통해 실제로 우주가 계속 팽창하고 있다는 사실이 입증되었다. 아인슈타인은 이렇게 말했다.

나는 신이 세계를 어떻게 창조했는지 알고 싶다. 나는 신의 생각을 알고 싶다.

그는 이 원대한 바람을 안고 평생 동안 앎의 탐구를 계속했다. 그의 탐구는 '빛'에서 시작됐다. 철이 들고 학문에 관심을 보였던 16세 때에 아인슈타인은 다음과 같은 질문을 던졌다.

만약에 우리가 빛의 속도로 달린다면 빛은 어떻게 보일까?

이것은 당시 물리학이 대면했던 커다란 문제, 곧 전자기학과 고전역학의 모순이라는 문제의 핵심을 찌르는 질문이었다. 낮에는 직장에서 일하고 밤에는 연구하는 생활을 거듭한 끝에 그는 이 질문에 대한 답을 찾아냈다. 그리고 그 답은 물리학의 커다란 숙제를 해결해주었다. 그것이 1905년에 발표된 특수 상대성 이론이다.

아인슈타인은 여기서 멈추지 않았다. 이번에는 중력까지 포괄하는 일반적인 상대성 이론을 만들고 싶었다. 이것은 뉴턴이 완성한 고전역학에 정면으로 대결하는 힘겨운 작업이었다. 그 지난한 연구의 결과는 1915년과 1916년에 발표되었다. 바로 일반 상대성 이론이었다.

3년 뒤인 1919년에는 일식 관찰을 통해 그의 이론이 사실임이 증명되었고, 세상은 온통 떠들썩해졌다. '시간과 공간의 파괴자', '과학의 공산혁명', '아인슈타인은 뉴턴을 녹다운시켰다.' 당시 신문을 장식했던 기사의 제목들이다. 아인슈타인은 뉴턴의 고전역학을 부수어버렸던 것이다. 그리고 새로운 물리학을 개척한 대중의 영웅으로 등장했다. 아인슈타인은 자신의 연구실에 걸려 있던 뉴턴의 사진에 다음과 같이 써놓고 사과했다.

참으로 미안하오, 뉴턴 씨.

하이젠베르크, 《부분과 전체》

하이젠베르크는 스물세 살에 불과했던 1925년에 '불확정성의 원리'를 발표하여 세상을 깜짝 놀라게 한 독일의 천재 과학자다. 그는 스물여섯 살에 대학교수가 되었고, 서른할 살의 나이로 노벨 물리학상을 수상했다. 그러나 그의 저서 《부분과 전체》는 어려운 물리학 이론서가 아니라 1920년대 초부터 1960년대 말까지 50년 가까운 세월에 걸친 원자 물리학에 관한 이야기다. 내용도 물리학에만 국한되어 있지 않고, 물리학을 연구하면서 부딪쳤던 여러 가지 문제들, 곧 정치와 종교의 문제 등 자연과학과 연관된 여러 가지 주제를 다루고 있다. 학생이나 동료 교수와의 대화, 토론 형식을 취한 서술도 평이해서 물리학에 문외한인 사람도 쉽게 읽을 수 있는 책이다. 하이젠베르크는 이 책의 내용과 집필 의도에 대해 다음과 같이 말하고 있다.

"토론과 대화에서 원자물리학이 항상 주역을 연출하는 것은 아닙니다. 오히려 인간적이고 철학적이며 정치적인 문제들이 빈번하게 등장하는데, 이는 자연과학이 이 같은 일반적 문제들과 분리되어서 성립되기가 매우 어렵다는 사실을 밝히는 데 큰 도움이 될 것이라고 생각하기 때문입니다."

"현대 원자물리학은 철학적, 윤리적, 정치적인 문제에 이르기까지 새로운 문제점을 던지고 있다는 사실을 간과할 수 없습니다. 이런 점에서 최대한 넓은 범위의 사람들이 이 토론에 참여해주었으면 합니다."

그의 의도대로 《부분과 전체》는 현대 물리학이 탄생하여 발전해온 역사부터 과학과 종교, 과학과 철학, 과학과 정치 등의 관계에 대해서도 폭넓게 다루고 있다. 책의 앞부분에서 그는 학문과 정치의 관계를 이야기한다. 1922년 여름, 그가 아인슈타인의 강연장에 들어서려는데 한 학생이 빨갛게 인쇄된 종이를 손에 쥐어주었다. 그 종이에는 아인슈타인의 상대성 이론은 독일의 본성과는 아무런 관계가 없는, 유대인 신문들이 부당하게 과대평가하고 있는 아주 불확실하기 짝이 없는 사변이라고 씌어 있었다. 하이젠베르크는 이것이 학회에 곧잘 나타나곤 하는 미치광이의 소행일 것이라고 생각하고 있다가, 이후에 그 일이 이름이 좀 알려진 학자의 짓이라는 것을 알고는 깜짝 놀랐다. 그는 이때 학문이 정치적 목적에 따라 악용될 수 있다는 사실을 깨달았다.

그러나 이 사례는 지극히 병적인 개인이 벌인 촌극에 지나지 않는다. 더 심각한 것은, 학문을 조직적으로 악용하려는 정치권력의 문제다. 1939년 제2차 세계대전이 터지자 하이젠베르크는 우라늄 클럽에 징집되었다. 이 클럽은 원자폭탄의 개발 가능성을 연구하는 곳이었다. 1941년에 우라늄 클럽은 원자폭탄의 제조가 가능하다는 것, 그러나 연구개발비가 너무 많이 든다는 것 등을 기록한 보고서를 정부에 제출했다. 물론 학자들은 비용이 많이 든다는 점을 들어 정부가 원자폭탄 개발 계획을 포기할 것을 기대했고, 국제적으로 고립된 채 전쟁을 수행하던 독일 정부는 재정 문제로 이 계획을 포기했다. 그러나 만약 독일의 히틀러 정권이 이 계획을 추진해서 원자폭탄을 보유하게 되었다면, 세계대전의 양상은 크게 달라졌을 것이다.

독일은 원자폭탄 개발을 포기했지만, 엄청난 예산을 투자하여 개발에 성공한 미국은 일본에 두 발의 원자폭탄을 사용했다. 당시 상황에 대해 하이젠베르크는 다음과 같이 회고한다.

"심리학적으로도, 내가 잘 알고 있는 미국의 원자 물리학자들이 이 프로젝트를 위해 그렇게 전력을 투입했다고는 믿어지지 않았다. 그래서 나는 선전용으로 생각되는 아나운서의 말보다는 나를 신문하던 미국 물리학자를 더 믿고 싶은 마음이었다. …… 그러나 그날 밤, 라디오에서 거기에 소요된 막대한 기술 출자에 대한 뉴스 해설자의 설명을 듣고서 나는 25년이라는 긴 세월 동안 우리가 심혈을 기울인 원자물리학의 발전이 지금 10만 명이 훨씬 넘는 인간의 죽음의 원인이 될 수밖에 없었던 엄연한 사실과 직면하지 않을 수 없었다."

이와 같은 방법으로 그는 과학과 종교의 문제, 과학과 철학의 문제, 양자역학과 칸트 철학의 문제 등을 현대 물리학의 발전 과정 속에서 하나씩 짚어가고 있다. 중요한 것은 이런 문제들이 여전히 해결되지 않은 채 남아 있다는 것이다. 그래서 하이젠베르크는 머리말에서 이 토론에 더 많은 사람들이 참여해줄 것을 촉구한 것이다. 이 책의 제목이 '부분과 전체'인 이유도 여기서 찾아볼 수 있다. 과학 기술의 발전에 따라 학문이 매우 세분화, 전문화되면서 부분을 넘어선 전체를 보는 시각이 더욱 중요해지고 있다. 나무만 보고 숲을 보지 못하는 우를 범하지 않기 위해서는 관련 분야 간의 교류와 토론이 활발히 진행될 필요가 있는 것이다.

9장

우주의 신비에
한 걸음 다가서다

—— 빅뱅 이론

The Big Bang Theory

우주는 마치 하나의 생물처럼 변화하는 동적인 존재인가, 아니면 고정되어 흔들림이 없는 정적인 존재인가? 이 논쟁은 점점 더 빅뱅 이론과 팽창 우주론에 유리하게 전개되어 가는 듯하다. 하지만 우주와 자연의 신비에 도전하는 인류의 노력은 이제 막 걸음마를 떼고 있을 뿐이다. 우리가 우주에 대해 아는 것보다 모르는 것이 훨씬 더 많다는 것을 인식하는 데서 인류의 미래 과학이 싹터 나올 것이다.

태초에 우주는 마치 거대한 달걀처럼 하늘도, 땅도, 해도 달도 없는 암흑의 덩어리와 같았다. 태초의 혼돈 속에서 생물이 하나 생겨났고, 그것이 1만 8000년을 자라서 반고盤古라는 산이 되었다. 반고는 암흑 속에서 꼼짝도 않은 채 몸을 웅크리고 있었다.

어느 날, 굉장한 소리가 나면서 반고가 갑작스럽게 쪼개졌다. 내부의 가볍고 맑은 성분은 뭉게뭉게 구름이 되어 위로 올라가 하늘天空이 되었고, 무겁고 탁한 성분은 아래로 가라앉아 굳어져서 땅大地이 되었다. 그래서 반고는 우뚝 서서 머리와 두 손으로 하늘을 떠받치고, 두 발로 땅을 밟고 서 있는 형상이 되었다.

우주는 급속히 팽창해서 매일 하늘은 한 장丈씩 높아지고, 땅은 한 장씩 두터워졌다. 따라서 반고의 몸도 점점 커졌다. 이런 팽창이 1만 8000년 동안 계속되었다. 바야흐로 높고 푸른 하늘과 넓은 땅 사이에 한없이 거대한 거인 반고가 하늘과 땅의 기둥으로 우뚝 서게 되었다.

반고는 어둡고 고요한 우주의 한가운데서 외로움을 꾹 참고 하늘을 떠받치면서 오랫동안 견뎌냈다. 하지만 피곤함을 견디지 못하고 마침내 땅에 쓰러져 죽고 말았다. 그러나 기둥 역할을 하던 거인이 사라졌어도 이미 굳어진 하늘과 땅은 무너져 내리지 않았다. 반고가 죽자 그의 우렁

찬 목소리는 번개가 되었고, 숨(호흡)은 바람이 되었다. 그리고 왼쪽 눈은 태양, 오른쪽 눈은 달, 손과 발은 산, 피는 하천이 되는 등 신체의 각 부분이 모두 변화해서 하늘과 땅 사이의 만물이 되었다.

하늘과 땅이 열리고 산천초목과 벌레, 물고기, 짐승들이 생겨났지만 아직 사람은 없었다. 그때 여와라는 신이 물로 흙을 이겨서 처음으로 사람을 만들었다. 처음에는 사람을 하나하나 정성 들여 빚어냈다. 하지만 언제까지 그렇게 만들고 있을 수만은 없어서 나중에는 밧줄을 진흙에 늘어뜨렸다 끌어올려서 뚝뚝 떨어지는 흙으로 사람을 만들었다. 처음에 정성들여 만든 것은 우수한 사람이 되고, 나중에 만든 것은 하등 인간이 되었다.

또 이때 물의 신 공공共工과 불의 신 축융祝融이 격렬한 싸움을 벌였는데, 이 싸움에서 진 공공은 부주산不周山에 머리를 부딪쳐 죽고 말았다. 그 격렬함에 산이 깎이고, 땅이 갈라지고, 하늘에는 주름이 잡혔다. 여와는 하천 바닥을 뒤져서 다섯 색깔의 돌을 주워 모았고, 그것을 불에 달구어서 하늘의 주름을 바로잡았다. 또 큰 거북을 죽인 다음 네 다리를 잘라서 사방에 세우고 하늘과 땅의 기둥으로 삼았다. 이렇게 해서 하늘과 땅은 무너지지 않았지만, 이때부터 하늘은 서북쪽으로 기울어졌다. 그래서 해와 달, 별들은 동쪽에서 떠서 서쪽으로 지게 되었다. 또 땅은 동남쪽으로 움푹 패였고 하천이 그쪽으로 흘러 들어가 바다를 이루었다.

♌ 우주론의 역사

예나 지금이나 우리는 밤하늘의 별을 쳐다보면서 한 가지 의문을 갖게 된다. '우주는 언제, 어떻게 시작해서 지금까지 온 것일까?' 인류는 이 근원적인 궁금증을 풀기 위해 많은 노력을 했다. 옛 조상들이 들려준 이야기도 참고하고, 그동안 관찰한 사실을 덧붙이고, 또 여기에 인간만이 가진 상상의 날개를 활짝 펴서 가능한 한 그럴싸한 이야기를 지어내려고 했다. 그렇게 해서 만들어진 것이 '천지창조 신화'이다.

우리에게 가장 잘 알려진 천지창조 신화는 《구약》 창세기에 나오는 이야기다. 이것은 아마 옛날 이스라엘 민족의 신화였을 것이다. 또 《그리스 로마 신화》에도 천지창조에 대한 이야기가 나온다. 물론 동양에도 그와 같은 천지창조 신화가 있다. 앞에서 인용한 것이 바로 중국에서 전해진 대표적인 천지창조 신화의 일부이다.

우주에 대한 인류의 의문은 교육을 통해 끊임없이 후대로 전달되었다. 예를 들어, 동양에서 글을 처음 배우는 어린아이가 읽는 책은 《천자문[1]千字文》이었다. 이 책을 통해 어린이들은 기본 한자를 익혔다. 그 《천자문》의 첫마디는 이것이다. "천지현황 우주홍황"天地玄黃 宇宙弘荒. 이를 우리말로 옮기면 "하늘은 검고 땅은 누렇다. 우주는 넓고 거칠다"는 말이다. 처음 글자를 배우는 어린아이들에게 '하늘과 땅, 우주'를 이야기하는 것이다. 마찬가지로 서양 아이들도 《성경》의 첫 편 창세기 이야기를 들으며 우주에 대한 호기심을 키워갔을 것이다.

---

1 《천자문》: 중국 양나라 주흥사가 지은 책. 자연현상부터 인류 도덕에 이르는 백반의 지식 용어를 수록했고 한문 학습의 입문서로 널리 쓰였다. 사언고시 250구로 모두 1,000자로 이루어져 있다.

이제 인류는 과학의 발달에 힘입어 '우주의 기원과 진화'에 대해 사실에 좀 더 가까운 가설을 가질 수 있게 되었다. 하지만 그 탐구의 시작이 되는 근본적인 질문에는 조금도 변함이 없다.

우주에 대한 인류의 관점(우주관)은 몇 차례 결정적인 변화를 겪었다. 첫 번째 변화는 천동설에서 지동설로 바뀐 것이다. 이 변화는 코페르니쿠스에서 시작되어 갈릴레이, 케플러[2]를 거쳐 뉴턴에 의해 완성되었다. 두 번째 변화는 '고정된 우주'에서 '변화하는 우주'로 관점이 바뀐 것이다. 아인슈타인이 완성한 이 변화는 현대 우주론의 시작이 되었다.

서양의 우주론은 고대 그리스에서 시작되었다. 1500~2000년 전에 그리스 인들은 이미 우주를 체계적으로 관측하기 시작했다. 그 결실은 아리스토텔레스의 우주관으로 정리되었다. 그의 우주관은 부분적인 수정을 거치기는 했지만 중세를 거쳐 르네상스 시대까지 우주를 설명하는 지배적인 이론이 되었다.

아리스토텔레스는 우주 창조의 순간에 원동력Prime Mover (아리스토텔레스가 생각한 창조자)이 천구에 완벽하고 영원한 운동을 부여했다고 말한다. 태양, 달, 행성들 그리고 중심에 위치한 지구 주위를 도는 여덟 개의 천구에 고정된 수많은 항성들이 하늘에 있었다. 비어 있는 곳은 어디에도 없었다. 모든 것은 성스러운 존재로 가득 차 있었다.

모든 물질은 흙, 물, 공기, 불의 4원소로 이루어졌다. 다섯 번째 원소가 천구를 형성했는데, 그것은 파괴되지도 않고 다른 것으로 변화할 수도 없는 완벽한 물질이었다. 아리스토텔레스는 이러한 제5의 원소를

2 케플러(J. Kepler, 1571~1630) : 독일의 천문학자. 코페르니쿠스의 설을 정정하고 '케플러의 법칙'을 발견했다. 그 연구방법은 근대 정밀과학 발전의 기초가 되었다. 저서에 《우주의 조화》, 《광학》 등이 있다.

'에테르'ether라 불렸다. 하늘은 완벽하고 불변인 반면, 땅은 저급하고 쇠락의 운명을 지고 있었다.

이 우주론은 뒷날 알렉산드리아의 천문학자 프톨레마이오스[3]에 의해 약간 수정을 거친 뒤에 집대성되었다. 그리고 기독교 신학에 수용되어 신학과 조화를 이루면서 거의 2000년 동안 지속되었다. 우리는 이 우주론을 '천동설'天動說, the geocentric theory이라고 부른다.

천동설은 폴란드의 수학자 코페르니쿠스에 의해 무너졌다. 1514년, 교황은 코페르니쿠스에게 달력에 관한 법칙을 개정할 것을 요구했다. 코페르니쿠스는 교황의 요구를 수락했고, 그러기 위해서는 먼저 하늘의 천체와 그 운동 사이의 관계가 해결되어야 한다고 말했다. 코페르니쿠스는 그 작업을 수행했고, 1543년에 《천구의 회전에 대하여》라는 저서를 발간한 뒤에 세상을 떠났다. 그런데 이 책에는 더 이상 지구가 우주의 중심이 아니라는 '혁명적인 내용'이 들어 있었다. 그것은 2000년 동안 세상을 지배해온 아리스토텔레스의 우주관을 허무는 것이었다. 우리는 이 우주론을 '지동설'地動說, the heliocentric theory이라고 부른다.

아인슈타인의 상대성 이론the theory of relativity의 발견은 또 한 번 인류의 우주관을 바꾼 대사건이었다. 먼저 특수 상대성 이론에 따르면, 이 세상에 절대공간과 절대시간은 없다. 뉴턴의 운동법칙과 중력법칙, 만유인력의 법칙은 모두 절대공간과 절대시간을 전제로 한 것인데, 아인슈타인은 공간과 시간이 물체의 속도에 따라 달라질 수 있다는 사실을 밝혀낸 것이다.

---

3 프톨레마이오스(Ptolemaeos, ?~?) : 2세기 중엽의 그리스 천문학자·지리학자. 천동설에 근거를 둔 수리 천문서 《알마게스트》를 지었다.

예를 들어 물체의 속도가 광속(초속 30만킬로미터)에 가까워지면, 공간은 축소되고 시간은 늘어난다. 그래서 홍길동의 축지법도 가능해진다. 또 물체가 광속에 가까운 속도로 달리면, 그 질량은 거의 무한대로 커진다. 따라서 질량을 가진 물체라면, 아무리 빨리 달려도 광속을 능가할 수 없다.

이 같은 특수 상대성 이론은 그간의 상식을 깨버리는 획기적인 발상이었다. 이제 우리는 시간과 공간, 물질의 질량을 따로 떨어진 것으로 생각할 수 없게 되었다. 그것들은 마치 동전의 양면처럼 서로 밀접하게 관련되어 있기 때문이다. 또 우리는 시간과 공간이라는 것도 절대적이고 고정적으로 존재하는 것이라는 생각을 버리게 되었다.

시간과 공간, 물체의 질량에 대한 새로운 생각은 우주의 전 영역으로 확대되었다. 그것이 바로 아인슈타인의 일반 상대성 이론이다. 이 이론에 따르면, 강한 중력이 작용하는 공간은 '휘어지게' 된다. 이 때문에 태양 근처를 지나가는 '빛'은 굴절 현상을 일으킨다. 또 중력에 의해 물체가 끌어 당겨진다는 뉴턴의 '발견'도 사실은 휘어진 공간 속으로 물체가 굴러떨어지는 현상일 뿐이다.

우주는 거대한 질량을 가진, 무한한 별들로 가득 차 있다. 또 우리 눈에 보이지는 않지만 엄청난 질량을 가진 물질들로 이루어져 있다. 이 물질을 '암흑물질'dark matter이라고 부른다. 우주는 이러한 물질들이 만들어 내는 중력으로 인해 '공간이 휘어져' 있다. 다른 말로 하면, 우주는 줄어들 수도 있고 늘어날 수도 있는, 그래서 살아 움직이는 공간이다. 실제로 일반 상대성 이론을 수학적으로 계산하면 우주가 끊임없이 팽창하고 있다는 것을 알 수 있다. 일반 상대성 이론은 인류가 수천 년 동안 믿어

온 '정적이고 불변인 우주'라는 생각을 뒤바꾸어놓았고, 이 이론 덕분에 우리는 20세기의 우주론을 확립할 수 있었다. 아인슈타인의 상대성 이론은 20세기 과학의 시작을 알리는 신호였던 것이다.

♌ 우주의 탄생과 끝은?

허블[4]은 매일 밤 성운의 사진을 찍었다. 그가 미국 팔로마 산 천문대에서 근무하게 된 것은 전적으로 천체 관측에 대한 열정 때문이었다. 그는 옥스퍼드 대학에 다니면서 육상선수 생활을 했고, 고등학교 교사 생활을 하기도 했다. 켄터키 주에서 잠시 변호사 개업을 하기도 했지만 곧 흥미를 잃었다. 이제 그는 비로소 가장 하고 싶었던 천문학에 열정을 쏟을 수 있게 되었다.

천문 관측은 생각보다 쉬운 일이 아니었다. 온 신경을 한곳으로 모으는 집중력, 망원경의 진동을 막기 위해, 또는 계속되는 추위 때문에 오는 떨림을 억누를 수 있는 비상한 인내력이 필요했다. 허블은 천문학을 변혁시키겠다는 일념으로 이러한 불편을 감수했다.

1924년, 허블은 사진 속에서 무엇인가 매우 중요한 것을 식별해냈다. 그것은 안드로메다 성운에 있는 특수한 종류의 항성이었다. 안드로메다 성운은 카시오페이아자리 가까이에서 긴 타원형의 희미한 빛을 내는 성운이다. 이 성운은 아주 커서 약 6도에 걸쳐 있으며, 크기로는 달의 10

4 허블(E. Hubble, 1889~1953) : 미국의 천문학자. 윌슨 산 천문대에서 당시 세계 최대의 100인치 망원경으로 성운을 연구했다. '은하의 허블의 분류법', '허블의 법칙' 등으로 유명하다.

배가량 된다.

허블이 안드로메다 성운에서 발견한 특이한 항성은 세퍼이드^{Cepheid} 변광성變光星(빛의 밝기가 변하는 별)이었다. 이런 종류의 항성은 일정한 주기로 광도光度(빛의 밝기)가 변동하는 특성이 있다. 허블은 흥분을 감추지 못하고 세퍼이드 변광성을 찍은 사진에 'VAR!'(변광성의 약자)라고 적어 놓았다. 이 발견으로 허블은 천문학자들이 수년 동안 노력해야 얻을 수 있는 성과를 얻었다. 성운까지의 거리를 측정할 수 있게 된 것이다.

측정 결과, 허블은 안드로메다 성운까지의 거리가 80만 광년(지금은 정밀한 측정을 통해 200만 광년으로 밝혀짐)이라고 결론지었다. 그 거리는 우리 은하계 내에 있는 항성까지의 통상 거리보다 열 배가 넘는 것이었다. 따라서 안드로메다 성운은 우리 은하계의 범위를 훨씬 넘어서는, 새로운 은하임에 분명했다.

허블의 발견으로 천문학자들은 성운이 독립된 은하라는 사실을 확인하게 되었다. 그리고 우리 은하 외에도 셀 수 없이 많은 다른 은하가 존재한다는 사실이 분명해졌다. 그것은 우주가 이전의 생각보다 훨씬 더 클 것이라는 의미였다. 허블의 발견은 천문학의 새로운 시대를 연 혁명적인 것이었다. 허블은 여기서 한 걸음 더 나아가 '우주가 끊임없이 팽창하고 있다'는 사실을 밝혀냈다. 그동안 별들의 빛에서 나타난 '도플러 편이'^{Doppler shift5}를 새롭게 해석함으로써 이 사실을 밝혀낸 것이다. 그런데 이게 무슨 말일까?

1910년대 슬리퍼라는 천문학자는 미국의 한 사막에 있는 로웰 연구소에서 천체 연구에 몰두하고 있었다. 그는 안드로메다 성운의 스펙트

5 도플러 이동 : 음파나 빛의 주파수가 발생원과 관측자의 상대 운동에 의해 변화하여 관측되는 현상.

럼에 대한 사진 촬영을 시작했다. 우리가 잘 알듯이, 빛이 프리즘을 통과하면 여러 가지 색으로 분리된다. 전형적인 빛의 분리는 빨·주·노·초·파·남·보로 이루어진 무지개 색이다.

1912년이 거의 끝나갈 무렵인 크리스마스이브가 되자, 슬리퍼가 그동안 촬영한 스펙트럼 사진은 넓은 범위에 걸쳐 상당한 양이 되었다. 이 사진들을 조사하던 그는 이상한 현상을 하나 발견했다. 안드로메다 성운의 스펙트럼 선에서 '도플러 편이'가 나타났던 것이다. '도플러 편이'란 오스트리아 물리학자 도플러[6]가 발견한 현상으로, 그의 이름을 따서 붙인 것이다.

도플러 효과는 내 옆을 스쳐 지나가는 기적소리를 생각하면 쉽게 이해할 수 있다. 열차가 다가올 때는 기적소리가 상대적으로 높은 음으로 들린다. 그러다가 열차가 나를 지나쳐 멀어지면 갑자기 소리가 낮아진다. 정지해 있는 열차의 기적은 일정한 진동수를 가진 소리를 만든다. 이 때문에 정지한 기차의 소리는 어디서 들어도 같은 높이의 음으로 들린다.

그런데 기차가 어떤 사람이 있는 곳으로 달려올 때에는 매순간 생성되는 음파 마루 사이의 거리가 정지해 있을 때에 비해 그 사람에게 더 가까워진다. 이때 생성되는 음파 마루는 그 사람을 향한 열차의 운동 때문에 서로 밀집하게 된다(파장이 짧아짐=음이 높아짐). 따라서 내 귀에는 주파수(음의 높이)가 높아진 것처럼 들리는 효과를 낸다. 열차가 선로를 따라 멀어지면 정반대 현상이 일어난다. 점점 멀어지는 거리 때문에 음파 마루가 생성되는 거리가 멀어지고, 음파는 점점 느린 속도로 우리 귀

6 도플러(J. C. Doppler, 1803~1853) : 오스트리아의 물리학자로 도플러 효과를 발견했다.

에 도달한다. 따라서 음파의 주파수가 낮아지고, 귀에 들리는 기적소리도 낮아진다.

움직이는 물체가 방출하는 빛에서도 이와 동일한 효과가 나타난다. 이때 소리의 높낮이에 해당하는 것이 빛의 색色이다. 빛의 스펙트럼 안에서는 붉은색의 주파수가 낮고(낮은 음의 기적소리와 마찬가지로), 푸른색의 주파수가 높다(높은 음의 기적소리에 해당함). 따라서 우리를 향해 다가오는 항성은 더 푸르게 보일 것이다. 다시 말해서 그 빛의 주파수가 스펙트럼의 푸른색 끝을 향해 이동할 것이다. 반대로 우리로부터 멀어지는 항성은 스펙트럼의 붉은색 끝쪽으로 이동할 것이다. 이때 앞의 경우를 '청색 편이'blue shift, 뒤의 경우를 '적색 편이'red shift라고 한다.

1913년 초, 슬리퍼는 안드로메다 성운[7]이 분명한 청색 편이를 보인다는 사실을 알았다. 이것은 다른 말로 하면, 이 성운이 우리 은하를 향해 초속 약 300킬로미터의 속도로 달려오고 있다는 것이다. 그 뒤로 3년 동안 슬리퍼는 안드로메다 성운 외에 22개의 나사선 성운을 연구했고, 그것들 대부분이 (안드로메다 성운과는 반대로) 적색 편이를 보인다는 사실을 발견했다. 이 적색 편이가 도플러 효과에서 기인한 것이라면, 그 22개의 성운은 최고 초속 수천 킬로미터의 속도로 우리 은하에서 멀어지고 있다는 의미이다.

미국 천문학회에서 이 같은 연구 결과를 발표한 슬리퍼는 열렬한 갈채를 받았다. 그러나 슬리퍼 자신을 포함해서 그 누구도 그 관찰 결과가 무엇을 의미하는지 제대로 알지 못했다. 이런 적색 편이 현상을 제대로

---

7 안드로메다 은하 : 안드로메다 자리에 있는 소용돌이 은하. 북쪽 하늘에서 육안으로 보이는 단 하나의 은하계 외성운이다. 5등급의 밝기로 거리는 약 200만 광년이다.

해석한 사람은 허블이었다. 허블은 적색 편이 현상을 근거로, 수많은 은하가 서로서로에 대해 모든 방향으로 물러나고 있다는 것을 알아냈다. 다시 말해서, 우주는 고정된 공간에 무수히 많은 천체들이 매달려서 정지해 있는 실체가 아니라는 뜻이다. 우주는 팽창하고 있었던 것이다. 이같은 허블의 발견은 현대 우주론에서 아주 중대한 것이었다. 이 발견으로 인해 오랫동안 지속된 우주에 대한 유일한 가정, 곧 '우주는 정지해 있다'는 가정이 깨진 것이다.

허블은 여기서 멈추지 않고 계속 나아가서 '허블의 법칙'을 제시하기에 이르렀다. 그 법칙이란 '모든 은하계는 그 거리에 비례하는 속도로 우리 지구로부터 멀어지고 있다'는 것이다. 이것을 달리 표현하면 모든 은하계는 우리 지구에서 멀어지고 있는데, 그 멀어지는 속도는 지구에서의 거리에 비례한다고 할 수 있다. 멀리 떨어진 별일수록 더욱 빠른 속도로 멀어지고 있는 것이다. 이를 공식으로 표시하면 아래와 같다.

$V = H \times r$ (V: 은하의 후퇴 속도, H: 허블 상수, r: 은하까지의 거리)

이처럼 허블은 천체에 대한 끊임없는 관찰을 통해 우주가 우리 은하계를 벗어나 무한히 펼쳐져 있다는 사실, 우주는 무한히 팽창하고 있다는 사실을 발견하고 증명할 수 있었다. 그런데 '우주는 계속해서 팽창한다'는 허블의 발견에서 다음과 같은 아주 흥미로운 문제를 논리적으로 유추해낼 수 있다.

첫째, 우주가 팽창하고 있다면 우리는 우주가 팽창을 처음 시작한 과거의 어느 시점과 상태를 유추할 수 있다. 그 시점을 허블의 법칙을 통해 계산하면 지금부터 약 200억 년 전이며, 그 초기 상태는 모든 물질이 한 점으로 응축되어 있었을 것이다. 왜냐하면 우주가 팽창한다는 말은 곧 우주의 공간이 확대되고 있다는 것이고, 팽창이 처음 시작된 탄생의 시기는 무한히 작은 어떤 '상태'라고 생각할 수 있기 때문이다. 이것은 '우주의 기원'에 관한 문제이다.

둘째, 우주가 팽창하고 있다면 '우주의 끝'을 생각할 수 있다. 우주는 과거에도 팽창했고 지금도 팽창하고 있다. 따라서 앞으로도 계속 팽창할 것인가 하는 질문을 던질 수 있다. 이것은 '우주의 종말'에 관한 문제이다.

이 두 가지 문제는 이후 과학자들이 집중적으로 연구한 핵심 주제이다. 허블의 발견은 이 문제들을 제기할 수 있는 과학적 기반을 마련해준 것이다.

♌ 빅뱅 이론과 정상 우주론

허블의 발견 이후, 많은 과학자들은 우주에는 태초가 있을 수밖에 없다는 생각을 하게 되었다. 그 가운데 하나였던 러시아 태생의 과학자 조지 가모[8]는 우주의 기원과 관련해서 아주 재미있는 가설을 하나 제기했다.

가모에 따르면, 태초에 우주는 '원시 물질'로 이루어졌다. 그는 이 원시 물질을 '아일럼'ylem(그리스어로 원시 물질이라는 뜻)이라고 불렀다. 아

---

8 가모(G. Gamow, 1904~1968) : 러시아 태생의 미국 물리학자. 원자핵 붕괴의 양자역학에 의한 설명과 원자핵 반응에 의한 별의 생성과 진화, 원소의 창생론 등의 선구적인 업적이 있다. 핵산이 유전정보로 작용함을 최초로 주장하였고, 현대과학에 대한 평이한 계몽서를 많이 저술했다.

일럼은 매우 높은 온도(수백억 도)를 가진 동시에 엄청나게 높은 밀도를 가진 중성자 가스이다. 그런데 대다수 아일럼은 자유로운 상태였기 때문에 양성자, 그리고 양성자에 부수되는 전자와 중성미자로 붕괴하기 시작했다(양성자, 중성자, 전자, 중성미자 등은 모두 원자를 구성하는 소립자다). 그 결과 중성자와 양성자가 뒤섞여 끓고 있는 일종의 바다가 생겼다. 높은 온도에서 중성자와 양성자는 점점 더 무거운 원소로 융합되기 시작했다. 그래서 처음 만들어진 것이 수소이고, 그 다음이 헬륨 등의 원소이다. 더 무거운 다른 원소들은 시간이 흐른 뒤에 핵반응을 통해 만들어졌다.

그는 아일럼에서 원소들이 만들어지는 시간은 극히 짧을 것(원 논문에서는 약 20분)이라고 생각했다. 이렇게 원시 물질인 아일럼은 내부 변화를 일으키면서 팽창해 확대되어 갔고, 그것을 모태로 지금의 우주가 만들어졌다는 것이다.

한편, 가모는 아일럼이 이렇게 팽창하면서 초기에 수백억 도였던 우주의 온도가 서서히 식었다고 보았다. 그리고 식어가는 과정에서 우주를 향해 수많은 열복사를 방출했을 것이라고 생각했다. 마치 우리가 성냥불을 켤 때, 그 열복사가 공기 중에 방출되는 것처럼 말이다. 이러한 복사를 '우주 배경 복사'cosmie background radiation 라고 부른다. 또 그는 우주 배경 복사의 온도가 계속 식어서 현재는 절대 온도[9] 5도일 것이라고 예측했다.

우리는 우주의 기원에 대한 가모의 이론을 '빅뱅 이론'the big bang theory 이

---

9 절대 온도 0도는 어떤 물체가 사용할 수 있는 모든 열을 상실한 온도를 가리킨다. 절대 온도 0도는 섭씨 -273도를 말한다. 따라서 절대 온도 5도는 섭씨 -273도보다 5도 높은 -268도이다.

라고 부른다. '빅뱅'은 우리말로 하면 '빵, 꽝'(폭발물 터지는 소리) 정도의 의미를 가진 의성어이다. 그래서 빅뱅 이론을 우리말로 '대폭발 이론'이라고 번역하기도 한다. 이 말은 원래 1950년, 라디오 방송 프로그램에서 가모의 이론을 반대하던 한 천문학자가 그 이론을 깎아내리기 위해 '빅뱅'이라고 불렀던 것에서 유래했다. 그러나 그 명칭이 듣는 이의 마음을 끌고, 상상력을 불러일으키는 훌륭한 이름이었기 때문에 그대로 굳어지게 되었다.

어떻게 보면 빅뱅 이론은 아인슈타인에서 허블로 이어진 현대 우주론을 집대성한 것이다. 또 여기에다 1900년 플랑크에 의해 본격화된 '양자역학'quantum theory[10]의 연구 성과를 접목한 것이기도 했다. 그러나 빅뱅 이론은 실제적으로 아무것도 검증된 것이 없었다. 아무리 그럴듯한 과학 이론도 실험이나 관찰을 통해 확인된 증거가 제시되지 않으면 결코 정설이 될 수 없으며, 빅뱅 이론도 예외는 아니었다.

빅뱅 이론을 검증한다고 할 때, 핵심은 무엇일까? 만약 빅뱅이 실제로 일어났다고 해도 그것은 약 150억~200억 년 전의 일이다. 이미 엄청난 시간이 흘러버린 지금, 그것을 무슨 방법으로 검증할 수 있겠는가? 그러나 '우주 배경 복사'가 남아 있다. 아일럼이 팽창하면서 서서히 식어갔고, 그 와중에 우주에 엄청난 복사를 방출했는데, 그것이 지금 우주에 남아 있다면 절대 온도 약 5도가 된다. 따라서 만약 그 같은 우주 배경 복사를 관측할 수만 있다면 가모의 이론은 입증되는 것이다.

빅뱅 이론 지지자들은 이 복사를 찾기 위해 온 하늘을 샅샅이 뒤졌다.

10 양자역학 : 소립자, 원자, 분자 등의 미시적인 분야에 적용되는 역학. 슈리핑거 방정식에 따르는 상태를 도입하여, 관측으로 얻어지는 측정값 사이에 확률적인 해석을 하는 일로 입자가 가지는 파동과 입자의 이중성, 측정에 있어서의 불확정 관계 등을 모순 없이 설명한다.

그러나 1940년대 수준의 과학기술로는 이 우주의 '고아'를 찾아낼 방법이 없었다. 그래서 이 멋들어진 우주론은 당분간 찬밥 신세가 되어야 했다. 또 다른 경쟁 이론에 발길질을 당하면서 말이다.

1946년 어느 날 밤, 호일은 캠브리지 대학의 동료인 토머스 골드, 허먼 본디와 함께《밤의 죽음》이라는 영화를 보러 갔다. 영화의 줄거리는 흔한 유령 이야기였지만 마지막 장면이 특이했다. 영화의 끝 장면이 처음 장면과 똑같았다. 그러니까 이 영화는 끝이 없이 계속 순환되는 이야기였다. 들리는 이야기에 따르면, 이 영화 기법이 골드에게 영감을 주어 우주 역시 순환적이라는 가정을 하게 만들었다고 한다.

빅뱅 이론에 따르면, 공간이 팽창해 은하들이 퍼져 나가고 우주는 점차 구름처럼 흩어지게 된다. 골드는 그런 개념에 반대했다. 그는, 우주는 팽창에 의해 끊임없이 새로운 공간을 만들어낼 뿐 아니라 낡은 은하를 대체할 새로운 물질 역시 생성하기 때문에 결코 구름처럼 흩어지지 않는다고 주장했다. 그렇다면 새로운 물질은 어디에서 오는 것일까? 어떤 것으로부터도 오지 않는다! 우주는 진공으로부터 끊임없이 새로운 원자를 낳는다. 이 새로운 원자들이 모여서 은하를 형성하고, 새롭게 형성된 은하가 팽창을 계속하는 것이다!

《우주의 역사》

우리는 이 같은 우주론을 '정상 우주론'steady state theory(우주의 상태는 변함이 없다는 이론)이라고 부른다. 정상 우주론은 한마디로 말해서 '우주는 과거에도 그렇고 현재에도 그렇고 앞으로도 계속 같은 상태로 남아 있게 될 것이다'라는 이론이다. 따라서 이것은 빅뱅 이론과 정면으로 충돌하는 이론이다. 정상 우주론을 주로 주장한 사람은 인용문에 등장하는 세 사람, 호일과 골드, 본디 등이다.

그런데 정상 우주론에는 문제가 있다. 아무것도 없는 무無의 상태로부터 물질이 지속적으로 창조된다는 주장을 한 것이다. 이것은 상식적으로 이해하기가 쉽지 않다. 정상 우주론의 대표적 이론가인 호일은 이 점에 대해 다음과 같이 설명한다.

그 개념이 몹시 낯설게 들릴지 모르지만, 나는 그 개념에 동의한다. 과학에서는 어떤 개념이 작용할 수 있는 한, 다시 말해서 그 개념이 정확한 형식으로 표현될 수 있고, 그 결과가 관찰과 합치될 수 있다면, 아무리 낯설다 하더라도 문제가 되지 않는다.

호일은 물질이 '창조의 장'에서 끊임없이 창조될 수 있다고 주장했다. 여기서 창조의 장이란 가상의 것인데, 중력이 작용하는 중력장이나 전자기장과 비슷하다. 한편 물질이 창조되는 속도는 은하들이 멀어져 가는 속도에 따라 결정된다. 허블의 법칙에 따르면 우주는 계속 팽창하고 있으므로, 물질이 창조되는 속도도 여기에 맞춰진다는 것이다. 또 정상 우주론은 실제로 새로운 물질의 창조가 우주의 팽창을 일으키는 것이라고 주장한다.

정상 우주론은 빅뱅 이론에 비해 매우 커다란 장점이 있다. 바로 과학적 분석이 쉽다는 것이다. 빅뱅 이론은 우주에 출발점을 설정했다. 그런데 우주가 시작되는 순간의 조건은 현재 우주의 조건과는 극도로 달랐기 때문에 어떤 물리학자도 설명할 수가 없었다. 또 빅뱅 이론에서는 만약 우주에 출발점이 있었다면, 출발점 이전은 어떤 것이었느냐는 질문이 제기될 수 있다. 이것은 과학에서 가장 반대하는 '신'神을 등장시킬 가능성이 있는 질문이었다.

이에 반해 정상 우주론에는 우주의 출발점이라는 것이 없다. 따라서 우주 창조 이전에 어떤 일이 벌어졌는가를 설명할 필요도 없다. 또한 '창조론'의 흔적을 우주론에서 깨끗이 지워버릴 수가 있다. 그래서 아인슈타인도 자신이 수학적으로 계산한 결과 '우주가 팽창한다'는 사실을 발견하고도 이를 억지로 무시하려 했던 것인지도 모른다. 물론 아인슈타인은 뒷날 이것이 일생일대의 실수라는 것을 인정하고 바로잡았다.

이 같은 이유로 정상 우주론은 1950년대와 1960년대 초기까지 상당한 인기를 얻었고, 빅뱅 이론만큼 그럴싸한 이론으로 받아들여졌다. 우주론은 근 20년 동안 빅뱅 이론과 정상 우주론의 끈질긴 싸움터가 되었다. 한 이론은 다른 이론의 허점을 공격했고, 다른 이론은 이에 대답하면서 공격을 가했다. 두 이론의 혈투는 1964년, 결정적인 사건이 발표될 때까지 계속되었다.

1964년 봄, 미국 전신전화사AT&A 벨연구소 연구원인 펜지어스[11]와 로버트 윌슨[12]은 홀름델 안테나를 이용해서 에코 1호와의 통신을 방해할 수 있는 잡음 수준을 측정하고 있었다. 에코 1호는 1959년 8월에 미국

---

11 펜지어스(A. Penzias 1933~) : 독일 태생의 미국 물리학자. 1964년에 3K 우주 배경 복사를 발견했다. 1978년에 윌슨과 함께 노벨 물리학상을 받았다.

12 윌슨(R. Wilson 1936~) : 미국의 물리학자·천문학자. 펜지어스와 함께 3K 우주 배경 복사를 발견했다.

이 쏘아 올린 인공위성의 이름이다. 그들은 전혀 예상치 못한 지속적인 극초단파 복사(파장 7.35센티미터)를 발견했다. 그 복사의 온도는 일정하게 절대 온도 3.5도를 유지하고 있었고, 전파 신호는 하늘의 모든 방향으로부터 왔다. 그들은 이 이상한 잡음을 없애려고 노력했다. 부품을 다시 손질하고, 안테나 면의 비둘기 똥도 깨끗이 치웠다. 그러나 아무리 노력해도 잡음을 없앨 수가 없었다.

매사추세츠 공과대학에 근무하는 동료 전파 천문학자인 버나드 버크는 그 신호가 우주에서 오는 현상일지도 모른다며, 길 아래쪽 프린스턴 대학의 천체물리학자 로버트 디케와 제임스 피블스에게 문의해보라고 권했다. 그렇게 해서 이상한 잡음의 정체가 밝혀졌다. 그것은 바로 가모가 예견했던 '우주 배경 복사'였다.

펜지어스와 윌슨이 발견한 전파는 절대 온도 3도의 '등방성等方性 흑체黑體 복사'였다. 등방성이란 해당 파장의 복사가 눈에 보이는 하늘의 모든 방향에서 같은 세기로 발견된다는 뜻이다. 만약, 빅뱅으로부터 잔존 복사가 나온다면 바로 그러한 성질을 가질 것이다. 빅뱅은 우주 초기에 일어난 현상이므로 그 복사는 온 하늘에 균등하게 나타날 것이고, 잔존 복사 역시 모든 방향에서 동시에 발생할 것이기 때문이다.

'흑체' 복사는 입자들이 열평형 상태(열의 분포가 매우 균일한 상태)에서 아주 빠른 속도로 충돌할 때는 언제든 나타나는 현상이다. 빅뱅 이론에 따르면, 우주는 초기 단계에 열평형 상태를 이루었다고 한다. 따라서 빅뱅 초기 단계에 엄청난 복사의 흐름이 생성되었을 것이며, 그것은 아직까지도 전 우주에 흑체 복사로 잔존할 것이다.

여기서 이런 의문을 제기하는 이들이 있을 것이다.

'지금 우리가 어떻게 우주 배경 복사를 관측할 수 있는 것일까? 왜 그 빛은 먼 곳에서 일어난 폭발로 발생한 섬광이 일순간에 사라져버리듯이 우리를 지나쳐 우주 공간으로 사라져버리지 않은 것일까?'

이런 의문은 빅뱅에 대해(또는 빅뱅 이론에 대해) 잘못 이해하고 있기 때문에 생기는 가장 흔한 오해이다. 무엇이 오해라는 말일까?

사람들은 보통 빅뱅이란 옛날 무한히 텅 빈 우주 공간 어느 곳에서, 뜨겁고 밀도 높은 작은 물질이 뻥 하고 터져서 텅 빈 우주 속으로 퍼져 나간 사건으로 이해하고 있다. 여기에는 빅뱅이 일어난 한 지점이 있고, 빅뱅으로 물질이 퍼져 나가는 '우주의 텅 빈 공간'이 있다는 전제가 깔려 있다. 바로 이것이 잘못되었다는 것이다. 한마디로 말해서 빅뱅 이전에는 물질도 공간도 시간도 없다. 물질과 공간은 바로 빅뱅에 의해 만들어졌고, 시간도 빅뱅과 함께 시작되었다. 그렇기 때문에 빅뱅 '밖'의 텅 빈 공간, 광활한 우주를 생각하는 것은 잘못이다.

아인슈타인의 상대성 이론, 곧 공간과 시간도 일반 물체들처럼 변할 수 있다는 것을 떠올리면 쉽게 이해할 수 있을 것이다. 빅뱅의 순간 방출한 복사는 우주의 모든 곳에 있고, 모든 방향으로 우주의 팽창과 함께 퍼져 나가는 것이다. 그것은 지금도 우주에 떠다니고 있기에 지금 당장이라도 관측할 수 있다.

펜지어스와 윌슨의 우주 배경 복사 발견은 정상 우주론에 결정타를 날렸다. 빅뱅 이론의 결정적 근거인 우주 배경 복사가 발견된 이상, 이에 저항하는 것은 어렵게 되었다. 정상 우주론을 주장하던 몇몇 학자들은 자신의 이론을 철회했다. 1967년, 그동안 용감하게 저항해왔던 정상 우주론 이론가 데니스 시아마는 마침내 두 손을 번쩍 치켜들고 항복을 선언했다. 그는 이렇게 애도했다.

　나에게 정상 우주론의 상실은 크나큰 슬픔이다. 정상 우주론은 설명 불
가능한 어떤 이유 때문에, 이 우주를 창시한 창조주가 간과한 아름다움을
간직하고 있다. 실제 우주는 실패작이다. 그러나 우리들은 그 속에서 최
선을 다해야 한다고 생각한다.

♌ 급팽창 이론

　1964년 펜지어스와 윌슨이 우주 배경 복사를 관측한 이후 빅뱅 이론
은 표준적인 우주론으로 자리 잡았다. 그러나 빅뱅 이론에 전혀 문제가
없는 것은 아니었다. 모든 우주론이 그렇듯 빅뱅 이론에는 해결해야 할
것이 너무 많았다. 빅뱅 이론으로 설명되지 않는 사실이 많았던 것이다.

　빅뱅 이론이 부딪힌 문제 가운데 대표적인 것은 초기 우주가 놀라울
정도로 균일하다는 사실이다. 이것은 앞에서 말한 우주 배경 복사의 관
측을 통해 확인되었다. 우주의 어느 방향에서 관측하더라도 모든 방향
에서 오는 우주 배경 복사의 강도는 거의 같다. 연구에 따르면, 이 우주
배경 복사는 빅뱅이 일어난 후 약 30만 년이 흐른 뒤에 나온 빛의 잔광
이다. 그런데 이 우주 배경 복사의 강도가 같다는 것은, 우주의 초기 상
태가 지극히 균일하다는 것을 보여준다. 빅뱅 후 팽창하면서 서로 떨어
져 있는 우주의 여러 지역이 어떻게 이토록 균일할 수 있을까? 서로 직
접적인 상호 작용이 없는데도 말이다. 이것이 빅뱅 이론으로는 잘 설명

되지 않는 가장 중요한 문제였다.

이 문제를 다른 말로 표현해보면 이렇다. 현재 관측 가능한 우주의 크기는 대략 100억 광년光年 정도다. 이 말은 만약 우리가 빛의 속도로 달릴 수 있다면, 우주의 한 끝에서 다른 끝까지 100억 년 정도 달리면 완전히 주파할 수 있다는 뜻이다. 한편 현재 우주의 나이는 대략 100억년, 최대한 잡아도 200억 년을 넘지 않는다고 한다. 그런데 우주의 나이가 약 10만 년 정도 되었을 때, 현재 관측 가능한 10만 년 전 당시 우주의 크기를 계산하면 대략 1000만 광년의 크기를 갖는다. 그런데 문제는 우주 탄생 후 10만 년 동안 달린 빛의 최대 거리가 10만 광년 이상일 수 없다는 것이다. 실제 우주의 크기는 1000만 광년의 크기를 가졌으므로 빅뱅 이론에 따르면, 빛이 도달하지 못하는 지역이 무수히 많을 수밖에 없다. 그런데 실제 측정된 우주 배경 복사는 어느 지역에서나 거의 동일하다. 이는 문제가 있는 것이다.

또 빅뱅 이론에는 자기 단극자의 문제가 있다. 자기 단극자란 자석의 N극 또는 S극만 있는 반쪽 자석을 말한다. 빅뱅 이론에 따르면, 우주가 탄생하는 과정에서는 반드시 자기 단극자가 수없이 많이 존재해야 한다. 그런데 지금까지 실험 관측된 자기 단극자는 하나도 없다. 빅뱅 이론에 따르면 셀 수 없이 많아야 할 자기 단극자가 왜 실제로는 하나도 없는가? 이것이 바로 자기 단극자 문제이다. 이밖에도 빅뱅 이론으로는 해결할 수 없는 문제가 많았다. 이런 문제들로 인해 빅뱅 이론은 계속 시달림을 받았다.

1979년 12월, 알렌 구스 박사가 발표한 '급팽창 이론'inflation theory은 빅뱅 이론이 직면한 문제를 해결하는 과정에서 나온 것이다. 이 이론은 빅뱅 이론을 폐기하는 것이 아니라 미비점을 보완하는 이론이다. 급팽창 이론은 한마디로, 최초의 우주가 탄생한 이후 지극히 짧은 순간에 다시 한 번 급팽창을 했다는 것이다. 여기서 주의할 것은 '짧은 순간'이 정말로 짧은 순간이라는 것이다. 여기서는 모든 것이 수십조분의 1초 이내에 일어났다, 사라졌다 한다.

먼저 우주가 탄생하는 순간이 있다. 빅뱅의 순간이라고 불러도 좋다. 우주가 탄생한 뒤 눈 깜짝할 시간(10^{-35}초)이 지나자 우주를 구성하는 모든 잠재적인 물질과 복사는 양성자 크기의 1조분의 1(약10^{-25}센티미터)이라는 미미한 크기로 에너지의 원시 수프(국물) 속에 한데 섞여 있었다. 이때의 온도는 엄청난 고온이었고, 밀도 또한 이루 말할 수 없을 만큼 높았다. 이 무렵 양성자나 중성자 같은 소립자와 전자기력(전기나 자기의 힘), 강한 핵력(원자핵에서 양성자와 중성자를 묶어주는 힘), 약한 핵력 등 자연에 존재하는 힘들은 함께 결합되어 구별할 수 없는 상태를 이루고 있었다. 원시적 균등성이 형성되어 있었던 것이다.

그 후 우주는 믿을 수 없을 만큼 빠른 시간 동안에 공간의 폭발을 경험하게 된다. 그 결과 우주는 빅뱅으로부터 10^{-32}초가 지난 뒤, 최소한 직경 10미터 크기로 팽창했다. 이것이 어느 정도의 팽창인지 실감나지 않을 테니 예를 하나 들어보자. 50원짜리 동전(원래는 양성자의 1조분의 1=10^{-25}센티미터)이 극히 짧은 시간 동안 100억 광년(여기서는 10미터) 이상으로 커지는 팽창을 했다는 것이다. 이것을 이후의 팽창과 비교하면, 1초의 극히 일부에 지나지 않는 시간 동안 우주는 그 후 150억 년 동안 계속된 팽창에 비해 100배 이상 되는 놀라운 팽창률을 보인다. 그런 엄청난 급팽창(인플레이션)이 끝나고 10미터 정도 되는 크기의 우주는 다시 정상 속도의 팽창을 하게 되어 현재에 이르렀다.

　그러면 이 급팽창은 어떻게 해서 일어날까? 급팽창을 일으킬 정도의 에너지는 어디서 생긴 것일까? 이것도 쉽게 설명할 수 있다. 우리가 알 듯이 물에 온도를 가하면 액체 상태에서 기체(수증기) 상태로 변한다. 또 물에서 온도를 빼앗으면 물은 고체(얼음)로 변한다. 이처럼 물질의 상태가 변화하는 것을 상전이相轉移라고 한다. 그런데 상전이에는 반드시 에너지가 관계된다. 물이 수증기로 바뀔 때에는 많은 에너지가 필요하다. 반대로 물이 얼음으로 바뀔 때는 많은 에너지를 방출한다.

　우주의 급팽창을 가능하게 했던 것도 바로 상전이를 통해 방출된 에너지였다. 구체적으로 말해서, 우주가 막 탄생했을 때는 모든 소립자들과 전자기력, 강한 핵력 등의 힘이 하나로 뭉쳐 있었다. 그런데 시간이 흐르면서 하나로 뭉쳐 있던 이 초기 상태에서 강한 핵력이 분리되어 나오고, 바로 그 과정에서 엄청난 양의 에너지가 발생했다. 그 힘이 초기 우주의 급팽창(인플레이션)을 일으켰던 것이다. 급팽창의 발생을 설명한 이 부분은 동시에 초기 우주가 왜 계속 팽창을 일으켰는지, 곧 왜 '빅뱅'이 발생했는지를 설명해주는 중요한 대목이다. 그리고 이것은 현대 물리학의 한 축으로 발전해온 '양자 소립자 물리학'(양자역학)의 성과를 천체물리학에 접목한 위대한 업적이기도 하다.

　급팽창 이론은 빅뱅 이론이 해결하지 못한 문제들을 쉽게 해결해주었다. 초기 우주가 놀라울 정도로 균일한 것 역시 급팽창 때문이었다. 예를 들면 이런 것이다. 100원짜리 동전 옆에는 우글쭈글한 주름이 있다. 마치 빅뱅 직후의 초기 우주처럼 말이다. 그런데 이 100원짜리 동전을 '뻥튀기' 기계에 넣고 100배로 키웠다고 해보자. 동전 옆의 주름이 과연 그대로 있을까? 완전히 평평하게 펴질 것이다.

자기 단극자의 문제도 쉽게 해결된다. 자기 단극자는 원래 물질이 상전이할 때 발생하는 것으로, 하나의 물질이 상전이하면 여기에 하나의 자기 단극자가 생성된다. 그런데 지금은 광활해 보이는 우주도 사실은 하나의 물체가 상전이를 한 것이기 때문에 여기에는 하나의 자기 단극자밖에 존재할 수 없다. 따라서 우주에는 하나의 자기 단극자가 있는데, 드넓은 우주에서 어떻게 하나의 자기 단극자를 찾을 수 있겠는가. 그래서 우리는 자기 단극자를 발견할 수 없는 것이다.

급팽창 이론(인플레이션 이론)은 우주론자들이 오랫동안 씨름해온 여러 문제를 일거에 해결해준 획기적 이론이다. 그래서 이 이론은 우주론 분야의 세 번째 주요한 지적 혁명으로 인정받을 만큼 위대한 업적으로 여겨졌다. 급팽창 이론이 중요시되는 까닭은, 겉으로 보기에 아무 관련이 없는 것처럼 보이는 두 가지 주제인 천체물리학(상상할 수 없을 만큼 거대한 우주를 다루는 과학)과 양자 소립자 물리학(양자역학, 상상할 수 없을 만큼 작은 세계를 다루는 과학)을 접목시켰기 때문이다. 이런 이유로 구스는 이 논문을 발표한 직후 MIT 대학의 정교수로 임명되는 파격적 대우를 받았다. 그 당시 구스는 MIT 대학의 젊은 연구원이었다.

1992년 4월 23일, 오전 8시가 조금 지나자 나는 그날의 첫 번째 발표를 하기 위해서 강당에 올라섰다. 그 회의는 미국 물리학회의 연례회의였는데, 회의장은 워싱턴DC. 도심에 있는 라마다 르네상스 호텔이었다. 정장을 차려 입은 나는 발표를 기다리는 많은 청중 앞에 섰다. 우리는 미리 코비 팀의 중대 발표가 있을 것이라는 예고를 했기 때문에, 사람들이 자리에 앉으면서부터 기대감에 들뜬 소란이 시작되었다. 이제 우리는 연구 결과에 대해서, 18년 동안의 피나는 노력을 통해 어렵게 얻은 결실을 최초로, 공개적으로 발표하게 될 것이다. 안도와 긴장감이 교차되는 순간이었다. 나는 천천히 노트를 뒤적였다.

내게는 12분이 할당되었다.

"안녕하십니까?"

나는 이야기를 시작했다.

"할 말은 많지만, 내게 주어진 시간이 별로 없어서 곧바로 본론으로 들어가겠습니다."

우리가 모든 크기의 주름의 스펙트럼을 발견했다는 사실은 분명 대부분의 사람들에게는 큰 충격이었을 것이다. 그 순간은, 나 개인에게는 지난 18년간의 연구를 완성시키는 절정이었고, 우주의 본질을 이해하려는 우주론의 기나긴 여정으로 보면 중요한 이정표가 되었다. 주름의 발견은 반대론자들이 빅뱅 이론에 대한 공격을 점점 더 퍼붓던 시기에 간단히 빅뱅 이론을 구해냈다. 그 결과는 오늘날의 우주가 실제로 탄생 직후 최초의 1초 이내에 일어난 극미한 양자 요동으로부터 형성되었음을 알려준다. 후일 스티븐 호킹은 우리의 발견을 '20세기, 아니 어쩌면 전 역사에 걸쳐 가장 중요한 발견일 것'이라고 표현했다. 물론 그의 말은 지나친 과장일 수 있지만, 우리의 발견이 중요한 것만은 틀림없는 사실이다.

주름의 발견이 있기 전까지 우주의 기원과 역사에 대한 우리의 이해는 주요한 네 가지 관측에 의존하고 있었다. 첫 번째는 밤하늘의 어둠, 두 번째는 무거운 원소에 비해서 수소와 헬륨이 압도적으로 많은 원소의 구성, 세 번째는 우주의 팽창, 네 번째는 우주 배경 복사의 존재, 즉 격렬한 창조의 잔광이었다.

우주 탄생 30만 년 후의 시간이라는 직물織物에 나타난 주름의 발견은 지성知性이라는 이름의 대저택의 다섯 번째 기둥이 되었으며, 은하에서 초은하단에 이르기까지 지난 150억 년 동안 우주가 진화하면서 어떻게 형성되었는지 이해할 수 있는 길을 마련해주었다.

《우주의 역사》

코비 위성COBE, Cosmic Background Explorer(우주 배경 복사 탐사위성)으로 잘 알려진 우주탐사선을 통해 우주 배경 복사를 연구해온 조지 스무드G. Smoot 교수의 감회어린 발표 과정을 생생한 육성을 통해 들어보았다. 좀 긴 인용문이지만, 우리는 이 글을 통해 그의 끈질긴 연구 집념과 그가 발견한 '주름'이 갖는 의의를 확인할 수 있다.

구스의 '급팽창 이론'을 통해 빅뱅 이론은 더욱 확고한 이론적 지위를 확보하게 되었다. 그러나 빅뱅 이론이 갖고 있는 문제점이 완전히 해결된 것은 아니었다. 물론 우주론에서는 '완전한' 이론이란 말도 안 되는 소리일지 모른다. 그것은 인간의 턱없는 지적 오만일 것이다. 아직도 우리는 우주에 대해 아는 것보다 모르는 것이 훨씬 더 많기 때문이다. 따라서 우주론 가운데 가장 올바른 이론이란, 의문시되는 사항을 가장 많이, 현재 수준에서 가장 정확히 설명해주는 이론일 수밖에 없을 것이다.

여하튼 빅뱅 이론에는 여전히 해결해야 할 커다란, 그러나 지극히 상식적인 의문이 있었다. 우리가 알고 있듯이 우주에는 수천억 개의 별들이 모여 형성된 '은하'와 무수한 은하가 모여 이루어진 '은하단', 그리고

'초은하단' 같은 거대한 구조가 있다.[13] 반면에 그 구조 사이에는 별 하나 찾아보기 힘든 커다란 빈 공간이 놓여 있다. 이것을 비누 거품에 비유하면 이해하기 쉬울 것이다. 비누 거품은 수십, 수백의 동그란 원을 이루면서 서로 엉겨 붙어 있다. 그래서 거품과 거품은 서로 면으로 만나 커다란 덩어리를 이룬다. 그러나 각각의 거품 안에는 커다란 빈 공간이 존재한다. 우주에도 수억, 수백억의 별들과 별들이 서로 모여 있는 밀집된 공간이 있는가 하면, 빈 공간 역시 존재한다.

이런 불규칙한 우주의 대규모 구조를 어떻게 설명할 수 있을까? 앞에서 살펴보았듯이, 급팽창 이론에 따라 초기 우주는 균질하게 팽창했고, 이것은 우주 배경 복사 관측을 통해 확인할 수 있다. 그런데 이렇게 균질했던 초기 우주가 어떻게 해서 지금처럼 행성, 항성, 은하 등의 구조와 텅 빈 공간이 있는 우주를 만들어낼 수 있었을까? 이것이 급팽창 이론 이후에도 여전히 풀어야 할 과제였다. 정상 우주론은 이 허점에 맹타를 가하면서 빅뱅 이론을 공격했다.

우리는 이 문제를 풀 수 있는 힌트를 어느 정도 유추해낼 수 있다. 그것이 무엇일까? 초기 우주의 물질 분포가 완전히 균일하지 않고 약간의 차이를 보인다는 것을 증명하는 것이다. 만약 초기 우주의 물질 분포에 약간의 차이가 있었다면 그것은 이후 우주가 팽창하는 과정에서 충분히 확대될 수 있고, 그것이 현재의 불균등한 우주를 형성할 수 있기 때문이다.

만약 초기 우주의 물질 분포에 약간의 차이가 실제로 있다 해도, 그것을 지금 어떻게 알아낼 수 있을까? 그것은 쉽게 유추할 수 있다. 초기 우

---

13 은하계 : 태양계가 속해 있는 거대한 천체의 덩어리. 오늘날에는 대우주의 구성요소인 소우주 중의 하나로 본다. 중심을 이루는 핵, 원반 모양으로 항성과 성간 물질이 집합한 원반부, 구상 성단이 포함되는 헤일로 등으로 이루어져 있다. 태양 질량의 2000억 배의 질량을 가지며, 지름은 약 10만 광년이다.

주의 물질 분포에서 보이는 약간의 차이는 우주 배경 복사의 미세한 온도 차이로 나타난다. 물질 분포가 다르면 당연히 온도 분포도 차이가 나기 때문이다. 따라서 초기 우주의 물질 분포에서 보이는 약간의 차이를 증명하는 작업은, 지금까지 관측한 우주 배경 복사에서는 나타나지 않은 온도 차이를 증명하는 작업이다. 만약 이 온도 차이를 증명해낼 수 있다면, 초기 우주의 물질 분포에도 차이가 있었음을 증명하는 것이다. 이렇게 되면 앞에서 제기한 커다란 문제가 풀린다. 이것은 빅뱅 이론을 더욱 굳건한 반석 위에 올려놓는 의미 있는 발견이 될 것이다.

이런 생각을 하면서 실제로 그 미세한 온도 차이를 찾기 위해 노력한 사람들이 조지 스무드를 비롯한 연구팀이었다. 스무드는 우주 배경 복사에서 발견되지 않은 미세한 온도 편차가 있을 것이라고 믿었다. 빅뱅 이론을 굳게 믿었기 때문이다. 스무드는 빅뱅으로 탄생한 시간과 공간이라는 직물織物(초기 우주의 물질 분포)에 극미한 주름(요동, 물질 분포의 차이)이 있었을 것이며, 이 미세한 주름은 이후 팽창에 의해 확대되어 오늘날 우주의 구조를 이루었을 것이라고 생각했다.

스무드 연구팀은 특수한 나팔 안테나를 사용하는 DMR(시차 극초단파 복사계)이라는 측정장비를 만들어, 우주 배경 복사의 온도 편차를 발견하기 위해 끈질긴 실험을 했다. 지상의 방해전파와 열을 최대한 피하기 위해 그들은 더 높은 하늘 위로 측정 장비를 올려야 했다. 처음에는 커다란 풍선(기구)을 사용했고, 다음에는 정보 정찰기인 U-2 첩보기를 사용했다.

스무드 교수의 신념과 노력은 우주 배경 복사 관측을 위해 제작된 코비 위성 발사를 통해 결실을 맺을 수 있었다. 1989년에 발사된 코비 위성의 관측을 통해 스무드는 '절대 온도 10만분의 3도'라는 극히 미세한 온도 분포의 차이를 발견할 수 있었다. 그리고 그 결과를 몇 번이나 확인하고 점검한 뒤 마침내 1992년 4월 23일에 발표한 것이다.

여기서 우주의 탄생 이후 '우주 배경 복사'와 '주름'이 형성되는 과정을 다시 한 번 간략히 정리해보자. 이것은 가모가 처음 빅뱅 이론을 주장했을 때보다 관측과 실험이 더욱 정밀해져서, 기본 골격에는 차이가 없을지라도 내용은 상당히 다른 모습이다.

우주는 대폭발(빅뱅)을 일으킨 후 일정 기간 동안 상상할 수 없을 정도로 높은 온도(빅뱅 이후 10^{-42}초 때에 1억 도의 1조 배의 1조 배의 온도. 이때 우주의 크기는 양성자 정도)에서 모든 물질(중성자, 양성자, 전자 등의 소립자)과 힘(전자기력, 강한 핵력, 약한 핵력), 복사가 마치 수프처럼 한데 섞여 있었다.

그 후 약 30만 년이 지나자 우주의 팽창으로 점차 온도가 떨어졌고(약 3000도), 우주 공간을 '자유롭게' 날아다니던 전자는 에너지를 잃고 원자핵과 결합해 원자를 형성했다. 이때 최초로 형성된 것이 가장 단순한 구조를 가진 수소와 헬륨이다. 이렇게 전자와 원자핵이 모여 원자를 이루자, 그동안 전자와 원자핵에 의한 플라스마[14] 상태로 뿌옇던 우주는 투명하게 개었다. 이 투명해진 우주에서 비로소 복사가 방출될 수 있었다. 이것이 바로 우리가 관찰할 수 있는 우주 배경 복사이다. 그러니까 우주 배경 복사는 약 150억 년 전 최초로 물질(원자)이 생성되면서 우주가 투명해진 순간, 물질에서 방출된 복사인 것이다.

---

14 플라스마(plasma) : 자유로이 운동하는 양음의 하전 입자가 혼재하여 전체로서 전기적 중성이 되어 있는 물질의 상태. 기체 방전으로 기체 분자가 고도로 전리한 상태나 별의 내부 성간 공간에 있는 물질의 상태 외에 반도체 내의 전자와 정공의 집단도 플라스마라 생각할 수 있다.

스무드가 발견한 미세한 온도 차이는 우주가 탄생한 지 30만 년 후에 나온 우주 배경 복사 사이에서 발견한 편차였다. 그 온도 편차는 우주 탄생 후 30만 년 당시 '밀도 차이'에 의해서 나타난 공간의 비틀림이 우주 배경 복사에 새겨진 것이다. 그 밀도 차이로 인해 오늘날 우리가 살고 있는 우주의 별, 은하 같은 공간이 만들어질 수 있었다. 그래서 이것을 '우주의 씨앗'이라고 부른다. 우주 배경 복사에서 상대적으로 온도가 낮은 곳은 밀도가 높은 곳이어서, 이후 별·은하·은하단과 같은 구조를 형성했다. 이제 스무드의 발견으로 빅뱅 이론은 흔들리지 않는 근거를 얻었고, 빅뱅 이후에 항성, 은하 등의 구조가 탄생하는 과정이 해명된 것이다.

우주도 마치 하나의 생물처럼 변화하는 동적인 존재인가, 아니면 고정되어 흔들림이 없는 정적인 존재인가? 이 논쟁은 점점 더 빅뱅 이론과 팽창 우주론에 유리하게 전개되어 가는 듯하다. 하지만 우주와 자연의 신비에 도전하는 인류의 노력은 이제 막 걸음마를 떼고 있을 뿐이다. 우리가 우주에 대해 아는 것보다 모르는 것이 훨씬 더 많다는 것을 인식하는 데서 인류의 미래 과학이 싹터 나올 것이다.

쿤,《과학혁명의 구조》

1962년 토머스 쿤의 《과학혁명의 구조》가 발표된 이후 현대 과학 철학을 '쿤 이전'과 '쿤 이후'로 구분할 만큼 쿤은 과학 철학에서 커다란 비중을 차지하고 있는 학자이다. 쿤이 사용한 패러다임이라는 용어는 자연과학뿐 아니라 인문·사회 과학 전 분야에 걸쳐 널리 사용되는 유행어가 되었다.

우리가 가진 과학에 대한 신뢰감은 어디에서 비롯된 것일까? 그것은, 과학은 객관적이며 경험적으로 검증할 수 있고, 그 연구는 항상 엄밀하고 합리적인 방식으로 진행된다는 일반적 관념과 관련되어 있다. 이러한 과학관은 전문가든 비전문가든 관계없이 거의 모든 사람에게 상식으로 통했으며, 1950년대 중반까지 여기에 이의를 제기한다는 것은 생각조차 하기 어려운 일이었다. 그러나 1950년대 후반부터 부분적으로 이러한 과학관에 대한 의문이 조심스럽게 제기되다가, 쿤의 《과학혁명의 구조》가 발표되면서 결정적 타격을 가했다. 과학은 반드시 객관적, 합리적으로만 진행되는 것이 아니라는 사실이 쿤의 과학사 연구를 통해 제시되었던 것이다.

쿤은 이 책에서 그동안의 생각과는 달리 과학의 발전에 있어서 과학자 집단의 권위와 과학자 개인의 주관적 신념이 많은 역할을 하며, 과학의 역사는 하나의 신념에 입각한 지배적 이론이 새로운 신념에 입각한 또 다른 이론으로 '혁명적으로' 교체되면서 발전한다는 것을 과학사의 사실들을 가지고 설득력 있게 주장하고 있다. 그는 어느 특정한 시대의 과학자들 사이에 공유된 신념이나 가치, 문제풀이 방식 등을 '패러다임'이라는 개념으로 규정하고 "과학은 누적적으로 발전하는 것이 아니라 패러다임이 불연속적으로 교체되는 방식으로 발전한다"고 주장했다. 인류 역사에서 혁명이 일어나듯이 자연과학에서도 패러다임 교체라는 혁명이 일어난다는 것이다.

쿤의 주장은 여기서 더 나아간다. 과학 연구의 대상이 되는 자연 현상조차 사람에 따라 달리 선택된다는 것이다. 바라보는 이의 선입견과 그 시대를 지배하는 패러다임에 따라 연구하는 자연 현상이 달라지고 그 현상 가운데 강조하는 측면이 달라진다. 관찰 대상을 선택하는 데에 관찰자의 주관적 생각이 영향을 미치고, 관찰자의 생각은 또 패러다임의 지배 아래 있을 때 '과학 연구는 과학자의 개인적 가치관과는 별개로 경험적 관찰을 통해서만 이루어진다"는 과학의 가치중립성을 믿는 실증주의적 전통은 무너지지 않을 수 없다.

서양의 중세가 종교의 시대로 기록되었듯이, 20세기는 과학의 시대로 기록될 것이 틀림없다. 그런데, 갈릴레이를 심판했던 중세 기독교의 영토는 유럽으로 제한되어 있었지만 과학은 지구 전체를 상대로 힘을 떨치고 있다. 이런 20세기의 한복판에서 쿤은 스스로 원했든, 원치 않았든 과학관의 혁명가 역할을 했다. 그는 실증주의 과학관이라는 견고한 체제를 전복시킨 '실증주의의 분해자'였다.

그때 이미 많은 사람들은 누군가가 나서서 '과학의 신화'를 그만 깨뜨려주기를 바라고 있었는지도 모른다. 《과학혁명의 구조》는 뜨거운 찬사와 비판을 한몸에 받으며 과학 철학책 치고는 엄청나게 팔려나갔다. 그의 책은 1990년대 초까지 30년 동안 16개 언어로 번역 출판되어 100만 부 정도 판매되었고, 사회학과 정치학 등 비자연과학 분야에서도 패러다임이라는 용어가 유행처럼 사용되기 시작했다.

과학기술의 미래는 희망적인가?

21세기에 들어서 과학은 사회·정치·경제·문화 등 모든 분야에서 우리의 삶 전체를 좌우하는 엄청난 힘을 가지게 되었고, 오늘날 과학자들은 인류의 생존과 직결되는 일을 다루고 있다. 우리가 과학기술을 어떻게 바라보고 어떻게 활용하느냐에 따라 인류의 미래는 장밋빛이 될 수도, 잿빛이 될 수도 있게 된 것이다. 21세기는 누가 뭐라 하건 과학기술이 주도하는 사회가 될 것임에 틀림없다. 그것은 마치 거대한 파도와 같은 시대의 물결이다. 인류의 밝은 미래를 위해 우리는 이 시점에서 과학기술에 대해 어떤 관점을 가져야 할까?

서양 역사에서 과학기술을 바라보는 주된 관점은 16~18세기의 '과학혁명'을 통해 형성되었다. 그것은 '아는 것이 힘'이라는 프란시스 베이컨[1]의 말에 잘 나타나 있다. 베이컨에 따르면 과학의 목적은 자연의 진

---

1 베이컨(F. Bacon 1561~1626) : 영국의 철학자·정치가. 학문의 대혁신을 구상하고 관찰·실험에 기초를 둔 귀납법을 확립함으로써 근대과학의 방법론에 커다란 영향을 주었다.

리를 발견함으로써 인간 생활에 도움을 주는 것이다. 그리고 인간은 오직 과학의 힘으로만 생활의 향상을 달성할 수 있다. 이는 과학기술의 발전을 곧 인간 사회의 진보와 발전으로 간주하는 과학관이다. 즉 한마디로 '실용주의적 과학관'이라고 할 수 있다.

서양의 역사에서 이 같은 과학관은 중세의 세계관을 던져버리고 합리적 이성에 따라, 과학의 가르침에 따라 생각하고 행동하도록 이끄는 커다란 역할을 했다. 그리고 베이컨의 과학관은 데카르트[2], 뉴턴 등의 과학 연구에 의해 뒷받침되면서 더욱 확고한 지위를 차지하게 되었다. 현대에 들어와 이런 과학관은 실용주의[3]pragmatism 철학으로 계승, 발전되었다. 실용주의는 모든 학문과 기술의 가치를 평가하는 기준으로 실용성을 제기하였다. 즉 사람들의 생활을 향상시키는 데 이바지하는 것은 올바르고 좋은 것이며, 그렇지 못한 것은 잘못이고 의미가 없다는 것이다.

현재 세계 대부분의 국가는 기본적으로 이 과학관을 따르고 있다. 그들은 약육강식의 국제질서에서 살아남기 위해서는 과학기술의 발전이 절대적으로 필요하다고 주장하고 행동한다. 여기에는 과학기술의 발전이 곧 경제 발전이자 국가 발전이며, 더 나아가 국민 생활의 발전이라는 전제가 깔려 있다. 그 속에는 오직 과학기술의 발전을 통해서만 미래 사회에서 살아남을 수 있다는 비장한 각오도 서려 있다.

이런 과학관은 과학기술의 미래에 대해서도 상당히 낙관적이다. 지금

---

2 데카르트(R. Descartes 1596~1650) : 프랑스의 수학자·철학자. 방법적 회의에 의해 모든 것을 회의한 다음, 이를 철학의 기초로 삼았다. 해석 기하학의 창시자이기도 하다.

3 실용주의 : 19세기 후반 이후 미국을 중심으로 일어난 반형이상학적 철학 사상으로 행동을 중시했다. 사고·관념의 진리성은 행동 결과의 유효성에서 실험적 검증을 통하여 귀납적으로 유도되며, 객관적으로 타당해야 한다고 주장했다. 제임스 듀이 등이 대표적 인물이다.

까지 과학기술은 비약적인 지수, 함수 곡선의 형태로 발전해왔으며, 앞으로도 그럴 것이라고 믿어 의심치 않는다. 즉 인간의 생활은 더욱 편리하고 안락하게 향상될 것이며, 그것을 가능하게 만드는 동력은 과학기술의 발전에서 나온다는 것이다. 또한 지금 인류에게 닥친 중대한 문제들도 결국은 과학기술의 발전을 통해서만 해결할 수 있다고 믿는다. 그들은 앞으로 과학기술이 계속 비약적으로 발전할 것이기 때문에 환경문제도 충분히 풀어갈 수 있다고 낙관한다. 우리는 이러한 관점을 '긍정적 · 낙관적인 과학관'이라고 부를 수 있다.

그러나 과학기술 발전을 바라보는 시각에 긍정적 · 낙관적인 관점만 있는 것은 아니다. 특히 전 세계적인 환경 문제, 핵 문제 등과 관련해서 과학기술의 발전을 매우 비판적으로 바라보는 시각이 빠르게 확산되고 있다. 이들의 관점에 따르면 지금까지의 주류 과학관은 인간 중심 · 기술 중심의 과학관이었으며, 이것이 바로 오늘날 생태 환경 문제를 야기한 주범이다.

인간 중심의 과학관에서는 자연이나 생태계는 중요한 고려의 대상이 아니다. 오로지 인간 생활의 향상을 위해 자연을 개발하고 이용할 뿐이며, 과학기술은 그것을 가능하게 만들어주는 유용한 도구이다. 이 때문에 숲은 베어지고, 강과 호수는 오염된다. 공기는 더럽혀지고, 대기의 오존층에는 구멍이 나며, 인간을 둘러싼 환경은 점차 황폐화된다.

기술 중심의 과학관은 곧 물질 중심의 가치관, 세계관이다. 과학기술의 발전은 생산의 향상과 경제의 발전을 의미한다. 그리고 생산의 향상과 경제의 발전은 인간에게 물질생활의 풍요를 가져다주고 그것을 더욱 촉진한다. 이렇게 과학기술의 발전은 물질 생활의 풍요와 연결되고, 물질 생활의 풍요는 곧 모든 사람의 삶의 목표가 된다.

　이 같은 주류 과학관을 비판하는 사람들은 새로운 과학관을 제시한다. 그들은 무엇보다 환경 문제와 관련하여 '생태 중심의 관점'을 주장한다. 이들의 주장에 따르면 인간은 지구에서 함께 살아가는 다양한 생물들과 동등한 존재이다. 인간이 다른 생물보다 우월하기 때문에 그들을 이용할 권리를 가졌다고 보는 것은 인간의 오만일 뿐이다. 따라서 지난 역사를 뒤돌아보았을 때, 자신들의 생활 향상을 위해 환경을 파괴하고 다른 생물을 위협해온 인간은 지구에게 전혀 반갑지 않은 존재였다. 따라서 앞으로의 과학기술은 어떻게 하면 인간의 물질생활을 향상시킬 것인가를 생각하는 것이 아니라 어떻게 하면 자연을 파괴하지 않을까, 더 나아가서는 어떻게 하면 파괴된 자연을 회복하고 보호할 수 있을까를 생각해야 한다고 이야기한다.

　이들은 인간의 가치관과 생활양식부터 근본적으로 바꾸어야 한다고 주장한다. 과학기술 중심주의에서 초래된 물질 중심의 가치관을 버려야 하며, 무조건 많이 생산하고 많이 소비하는 생활양식을 폐기해야 한다고 주장한다. 그런 가치관과 생활양식은 필연적으로 환경 파괴로 귀결되어 인류의 생존마저 위태롭게 할 것이기 때문이다.

　이런 관점을 가진 사람들은 과학기술의 미래에 대해서도 상당히 비관적이다. 지금까지 과학기술이 비약적으로 발전해온 것은 사실이지만, 앞으로도 계속 그럴 것이라는 보장은 없다는 것이다. 그들은 현재의 과학이 지나치게 세분화되어서 서로 무엇을 하는지조차 모르기 때문에 교류가 차단되고 발전이 저해될 것이라고 본다. 또 과학기술이 초래한 환경 파괴와 인간 생명의 위협 등에 대해 사람들이 비판적이므로 과학기술 역시 더 이상 예전과 같이 발전할 수 없다고 주장한다.

이런 관점을 가진 이들은 인류 사회의 미래가 '장밋빛'이라는 데에 동의하지 않는다. 만약 지금과 같은 산업 발전과 자연 파괴, 물질 소비와 향락을 계속한다면 인류 사회의 미래는 암담하다는 것이 그들의 주장이다. 또 어떤 면에서 보면 인간의 자연 파괴는 이미 한계를 넘어섰으며, 지금 당장 자연 파괴를 중단하고 그것을 회복시키기 위해 노력해야 한다는 것이다.

우리는 이와 같은 과학관을 과학기술에 대한 '부정적·비관적인 시각'이라고 부를 수 있다. 물론 이런 시각은 '긍정적·낙관적 시각'에 비해 아직 소수이다. 그러나 점차 많은 사람들의 생각이 바뀌어가고 있다. 사람들은 더 이상 과학기술의 발전이 무조건 옳다거나, 과학기술의 발전이 인간 생활의 발전을 가져온다고 보지 않게 되었다.

그렇다면 지금 우리가 가져야 할 올바른 과학관은 무엇일까? 과학기술의 발전은 무조건 올바른 것일까? 과학기술의 주장은 항상 정당하고 반드시 진리일까? 또 과학기술은 항상 객관적이었을까? 과학기술은 가치의 문제, 옳고 그름의 문제와는 상관없는 중립적인 것일까? 우리는 이제 더 이상 미루지 말고 이런 질문에 답해야 한다.

이런 질문에 대해 다음과 같이 대답하는 사람들도 많다.

"과학기술은 항상 올바른 것도, 항상 정당한 것도 아니다. 또한 가치의 문제와 관계없는 중립적인 것도 아니다. 과학기술의 주장은 틀릴 수도 있으며, 인류 역사를 돌아보면 실제로 틀린 적도 많았다."

우리는 이 같은 관점을 과학기술에 대한 '상대적인 관점'이라고 부른다. 우리에게 지금 필요한 것은 바로 상대적인 관점이 아닐까? '상대적인 관점'은 그동안 과학기술이 이룩한 업적을 무시하지도 않고, 과학기술이 필요 없다거나 버려야 한다고 주장하는 것도 아니다. 다만, 과학기술의 절대성을 주장하는 것에 반대하는 것이다. '상대적 관점'을 주장하는 사람들이 원하는 것은 우리가 좀 더 바람직한 생각을 가질 수 있도록 물꼬를 트는 것이다.

과학기술의 절대성을 신봉하는 한, 우리는 삶의 참된 가치나 문화·예술이 갖는 의의, 인간과 자연의 올바른 관계 등에 대해 진지하게 고민할 여지가 적어진다. 또 과학적 논리로는 설명할 수 없는 인간의 제반 가치를 무시하는 경향을 띠게 된다. 실제로 인류의 지난 역사는 그런 모습을 보여왔다. 따라서 지금 우리에게 무엇보다 중요한 것은 '과학기술의 상대성'을 인정하는 것이다.

또 한 가지 중요한 것은 인류의 '과학적 능력'과 '사회적 능력'의 균형을 이루는 일이다. 다른 모든 분야와 마찬가지로, 과학기술도 진공 상태에서 형성되고 발전된 것이 아니다. 그것은 인간 사회 속에서, 인류 역사 속에서 이루어진 것이다. 따라서 우리는 과학기술을 바라볼 때 인간의 역사와 사회라는 관점을 놓치지 말아야 한다.

역사와 사회의 시각에서 바라볼 때, 과학기술 그 자체를 '올바르다' 혹은 '틀리다' 하고 말하는 것은 아무런 의미가 없다. 지금 과학기술이 문제가 되는 것은, 과학기술 그 자체가 아니라 그것이 사회의 다른 영역과 관계를 맺고 있기 때문이다. 다시 말해 인간 사회가 과학기술을 잘못 사용하기 때문에 문제가 되는 것이다. 예컨대 인간의 건강한 삶을 위해 개발된 유전공학의 성과가 개인과 사회의 불행을 초래하는 수단이 될 수도 있는 것이다.

따라서 과학기술을 평가할 때는 반드시 그것이 형성되고 발전하는 인간 사회와 역사를 염두에 두어야 한다. 더 정확히 말하면, 과학기술의 문제를 인간의 사회와 역사라는 맥락에서 바라보아야만 과학기술이 초래한 문제를 제대로 이해할 수 있고, 올바른 해결책을 제시할 수 있다.

이렇게 보면 과학기술의 옳고 그름을 결정하는 것은 결국 인간의 역사와 사회다. 다이너마이트가 사람을 죽이는 무기로 사용되느냐, 광산의 채굴도구로 사용되느냐를 결정하는 것은 다이너마이트 그 자체가 아니라 그것을 사용하는 사람들이다. 즉 인간의 역사와 사회가 문제인 것이다. 그동안 일부 과학기술이 잘못 사용되었던 것도 결국은 인간의 역사와 사회에 문제가 있었기 때문이다. 따라서 과학기술의 문제를 해결하는 근본적인 방법은 잘못된 인간의 사회를 고쳐서, 과학기술이 바르게 형성되고 이용될 수 있도록 하는 것이라 할 수 있다.

이 같은 관점은 특히 환경 문제를 다룰 때 필요하다. 환경 문제는 과학기술의 발전 그 자체가 아니라 인간의 잘못된 관점과 그릇된 이용방식 때문에 빚어진 것이다. 그동안 우리는 인간도 자연의 일부분, 생태계의 일원이라는 생각을 갖지 못했다. 우월한 존재로서 자연을 이용하고 파괴할 권리를 가졌다고 생각했고, 이런 관점 아래서 인간의 이익을 위해 자연을 파괴하는 데 과학기술을 이용해왔다. 그리고 지금 그 대가를 치르고 있다. 만약 지금이라도 올바른 제도와 정책을 실시하는 데 주력하는 등 사회의 변화를 꾀한다면, 과학기술은 환경 보호의 주요한 수단이 될 것이다.

마지막으로 하이젠베르크[4]의 다음 말에 주의를 기울여보자. 그는 '불

---

4 하이젠베르크(W. Heisenberg 1901~1976) : 독일의 물리학자. 주로 원자역학을 연구하여 1925년에 양자역학의 한 형식인 매트릭스역학을 창시했다. 불확정성 원리와 원자핵의 구조를 밝혔다.

확정성 원리'를 제기한 독일의 과학자로, 1932년에 노벨 물리학상을 받았다. 또 제2차 세계대전과 나치의 통치, 원자폭탄 투하, 1950~1960년대의 냉전 등 어려운 시대를 몸으로 겪으면서 과학 연구에 평생을 바친 사람이다.

과학은 사람이 만든 것이다. 이 사실을 사람들이 다시 한 번 새겨본다면, 때때로 한탄하고 있는 정신과학 예술 분야와 기술 자연과학 분야라는 두 문화 사이에 가로 놓인 단절을 메울 수 있지 않을까 생각한다. ……(중략)…… 토론과 대화에서 원자물리학이 항상 주역을 한 것은 아니다. 오히려 인간적이고 철학적이며 정치적인 문제들이 빈번하게 등장하는데, 이는 자연과학이 이 같은 일반적 문제들과 분리되어서는 성립하기가 매우 어렵다는 사실을 분명히 밝히는 데 큰 도움이 되리라고 생각하기 때문이다.

《부분과 전체》중에서